Colección Támesis
SERIE A: MONOGRAFÍAS, 270

EL DISCURSO COLONIAL EN TEXTOS NOVOHISPANOS
ESPACIO, CUERPO Y PODER

El discurso colonial en textos novohispanos se apoya en trabajos recientes sobre el análisis del discurso y la crítica de la representación que se están desarrollando en áreas como antropología, historia, y geografía cultural. Al analizar una gran variedad de textos, tales como el *Diario* de Colón, la *Lettera* de Vespucio, el *Alboroto y motín* de Sigüenza y Góngora, el *México en 1554* de Cervantes de Salazar, la *Grandeza mexicana* de Balbuena, y la *Historia antigua de México* de Clavijero, traza los orígenes y usos del saber geopolítico desde la época clásica hasta el siglo XVIII novohispano, para aportar nuevas perspectivas sobre etnicidad, género, subjetividad europea, y construcción de geografías coloniales.

Este libro mira los movimientos de ideas más allá de las fronteras espaciales y temporales, e identifica la percepción europea del cuerpo americano como un cuerpo abyecto, que desestabiliza el sistema, la identidad y el orden. Explora la relación del cuerpo y del espacio como una continuidad de las prácticas y las representaciones estratégicas del discurso colonial, enfocándose en la construcción de la identidad, y en las definiciones de las fronteras físicas y culturales. Este estudio va más allá de las lecturas previas, y sugiere nuevas direcciones para el análisis e interpretación de la espacialidad, corporalidad y agencia en la America española colonial.

SERGIO RIVERA-AYALA es profesor en la Universidad de California, Riverside.

SERGIO RIVERA-AYALA

EL DISCURSO COLONIAL EN TEXTOS NOVOHISPANOS

ESPACIO, CUERPO Y PODER

TAMESIS

First published 2009 by Tamesis, Woodbridge

ISBN 978–1–85566–179–0

Tamesis is an imprint of Boydell & Brewer Ltd
PO Box 9, Woodbridge, Suffolk IP12 3DF, UK
and of Boydell & Brewer Inc.
668 Mt Hope Avenue, Rochester, NY 14620, USA
website: www.boydellandbrewer.com

A CIP catalogue record for this book is available
from the British Library

This publication is printed on acid-free paper

Printed in Great Britain by
CPI Antony Rowe, Chippenham and Eastbourne

ÍNDICE

AGRADECIMIENTOS

Este libro no se hubiese podido completar sin la valiosa ayuda que recibí del University Research Grant, y el Research and Inquiry Grant del College of Liberal Arts de Wayne State University. Muchas personas han contribuido, directa e indirectamente, en el proceso de este libro, que considero como el punto culminante de una etapa que comenzó hace ya algunos años en las aulas de las escuelas de la ciudad de México. Para empezar, me gustaría reconocer la labor de todos mis profesores que me inculcaron, durante mi paso por los recintos de la escuela primaria hasta mis estudios posgraduados, el valor de la cultura, el conocimiento y saber humanos. Entre ellos está un gran maestro, escritor y amigo muy querido, que desgraciadamente ya no está con nosotros: me refiero a Mario Julio del Campo, quien no solamente hizo una de las últimas lecturas y comentarios del manuscrito para ayudarme a mejorarlo, sino también fue quien infundió un interés muy especial en la literatura, la historia y el arte colonial durante los años de mi formación universitaria. El gran conocimiento que tenía sobre la arquitectura colonial se hacía patente en las diferentes excursiones que por los conventos del siglo XVI en los estados de Hidalgo, Morelos, Tlaxcala, Michoacán, hicimos por muchos años. Agradezco también a los lectores anónimos por las sugerencias y comentarios expresados, los cuales me ayudaron a sortear muchos de los obstáculos que me impedían esclarecer mejor mis ideas en este trabajo; y especialmente a Judy Jiménez y Eglee Rodríguez por las numerosas lecturas que realizaron del manuscrito; a mi editora, Ellie Ferguson, por su eficacia y gran paciencia, así como a Nigel Griffin a quien le debo el gran trabajo editorial realizado; a amigos y colegas Anne Duggan, Víctor Figueroa, Eugenia Casielles, José Cuello, Jorge Chinea, Helene Weldt-Basson, Alejandro Cortazar, Mariselle Meléndez, José Rabasa, Antony Higgins†, Santa Arias y Susan Antebi, quienes directa e indirectamente contribuyeron a pensar y repensar las ideas contenidas en este libro.

Durante la ardua tarea que significó la realización del presente estudio se me presentaron momentos difíciles y críticos. No obstante, pude sobrepasar esas etapas engorrosas y trabajosas gracias al apoyo de varias personas. Entre ellas, quisiera mencionar a mis segundos padres, Fred y Elizabeth Lipsett quienes me ayudaron a superar algunas de las dificultades a las que me estaba enfrentando. A ellos les doy mis más sinceras gracias. Mi familia, por supuesto, merece una mención muy especial aquí. Primero, a mis hermanos y hermanas les agradezco el que me hayan dado su respaldo y cariño durante los años fundamentales de mi desarrollo, y por haberme aguantado mis pretensiones intelectuales. A mis padres, Amalia Ayala y Francisco Rivera quienes con su amor incondicional y su apoyo total no solamente cimentaron las bases de lo que soy ahora, sino además han sido siempre un gran ejemplo a seguir. Si bien mi madre ya no pudo ver el presente trabajo, sé que en estos momentos me sigue apoyando, esté donde esté. A mi hijo, José Francisco quien a pesar de su corta edad me ha dado grandes lecciones a lo largo de estos años que ha estado conmigo. Quiero agradecer de una manera especial a Sonya Lipsett-Rivera por su amor, y la confianza y ayuda que me dio en los momentos más difíciles y desafiantes de mi vida, ya que cuando pensaba que ya había llegado al límite, ella siempre estaba ahí para darme aliento y seguridad. Muchos años pasamos juntos y los recuerdos de ese andar dentro de la historia novohispana están bien archivados, y no se podrán borrar nunca. A todos les dedico este libro.

Sergio Rivera-Ayala
Ferndale, Michigan y
Riverside, California 2008

The author and publishers are indebted to the Program for Cultural Cooperation between Spain's Ministry of Culture and United States Universities for assistance with the production costs of this volume.

El autor y los editores agradecen al Programa de Cooperación Cultural entre el Ministerio de Cultura de España y las universidades de Estados Unidos por ayudar a solventar los costos de producción del presente volumen.

INTRODUCCIÓN

Gran parte de la producción discursiva que se desarrolla a lo largo de la empresa colonial española en América está encaminada a describir y representar la realidad del llamado Nuevo Mundo. Los textos que resultan de la exploración, conquista y colonización van a responder a una serie de necesidades del imperio español por adquirir un conocimiento sobre la naturaleza humana y territorial en cuestión, que les posibilita justificar la presencia cristiana en esos lugares, así como la posesión de los mismos, configurados dentro de las relaciones de poder geopolítico que se vendría a implantar.

Hernán Pérez de Oliva en su obra intitulada *Historia de la invención de las Indias*, hace constar que los reyes de España habían nombrado a Cristóbal Colón Almirante de la Mar Océano, en agradecimiento por el servicio prestado a la corona, y para que por segunda ocasión fuera enviado a las Indias Occidentales 'a mezclar el mundo y a dar a aquellas tierras *forma de la nuestra*' (1991: 50, énfasis mío). Dentro de esta nueva configuración planetaria, se les dara 'forma' a las nuevas tierras a la manera europea, y con ello ser colocadas en los extremos del nuevo orden mundial, como una otredad, una extensión de lo oriental, una periferia siempre concreta y geopolíticamente determinada.

Si para Michel Foucault la producción discursiva y la genealogía del saber deben ser analizadas como estrategias de dominación, el poder que los textos de exploración producen está en relación con la economía del proyecto imperial:

> La formación de los discursos y la genealogía del saber deben ser analizados a partir no de tipos de conciencia, de modalidades de percepción o de formas de ideología, sino de tácticas y estrategias de poder, tácticas y estrategias que se despliegan a través de implantaciones, de distribuciones, de divisiones, de controles de territorios, de organizaciones de dominios que podrían constituir una especie de geopolítica. (1992: 123–24)

A partir de esta actividad discursiva, Europa, bajo el comando de España, comienza a reestructurar su archivo arqueológico, utilizando las viejas categorías de su otredad, muy arraigadas por siglos en la memoria colectiva, para ir entremezclándose hasta adquirir un significado propio durante el proceso hermenéutico de la representación de ese Nuevo Mundo, cuya aparición se articulaba bajo el mensaje de un mesianismo cristiano: 'Quiso Dios descobrir las Indias – escribe Francisco López de Gómara al monarca español, Carlos V – en vuestro tiempo y a vuestros vasallos, para que las convirtiésedes a su santa ley, como decían muchos hombres sabios y cristianos. Comenzaron las conquistas de Indias acabada la de los moros porque siempre guerreasen españoles contra infieles' (1946–47: I. xx). Dentro de este marco geopolítico mesiánico, la Europa cristiana se irá definiendo espacialmente como un 'nosotros' colectivo, marcando su superioridad posicional ecuménica para contraponerla con la de 'ellos': los no cristianos, los infieles cuya inferioridad estará también manifiesta discursivamente dentro de esta episteme de la retórica providencial cristiana.

Aquí concuerdo con la tesis de Enrique Dussel quien ve la empresa colombina como un evento primordial para la formación de la subjetividad moderna. Desde el siglo XVIII los filósofos nordeuropeos han venido dominando y proponiendo las pautas sobre el surgimiento de la subjetividad moderna dentro de la conciencia europea. Filósofos como Hegel, Kant y Habermas, entre otros, le han dado mayor énfasis a los acontecimientos históricos suscitados o propiciados por los pueblos a los que ellos mismo representaban como los iniciadores de la Modernidad: reforma protestante, Ilustración y Revolución francesa, negando o restándole importancia al impacto que había traído el contacto europeo con el llamado Nuevo Mundo.

El sentido de superioridad que asumen los europeos, señala J. H. Elliott, hace que se le dé mayor énfasis al impacto – siempre positivo – de Europa sobre el resto del mundo, y que se ignore lo que el resto de los pueblos no europeos han influido en el desarrollo cultural y económico europeo (1970: 3). No es hasta la segunda mitad del siglo XX cuando el llamado 'descubrimiento' de América se empieza a ver desde una perspectiva más periférica, entendido como el motor mismo que impulsa el surgimiento del mito de la modernidad, e iniciador de la visión eurocentrista que ha regido la configuración del mundo a lo largo de los últimos quinientos años.[1] Indudablemente, es durante el proceso de exploración y (re)conocimiento topográfico – natural y humano – cuando el europeo se da a la tarea no solamente de 'inventar' la imagen de América, sino de 'inventarse' la suya propia.[2]

---

[1]   Amin señala que 'la progresiva occidentalización del mundo no sería sino la expresión del triunfo del universalismo humanista inventado por Europa.' (1989: 103). Véase también Hulme (1989).

[2]   La idea de América como 'invención' histórico-geográfica la dilucida primeramente el historiador mexicano Edmundo O'Gorman en su obra intitulada *La invención de América* (1958). La tesis de O'Gorman se orienta hacia el análisis del 'descubrimiento' colombino y la aparición de éste dentro de la producción discursiva de Occidente. Según O'Gorman, la entrada de América en el panorama europeo se debe no al viaje del mismo Colón, sino a la interpretación (invención) que se hace de él. A partir de esta interpretación, el discurso occidental realiza la 'invención' de tales

Contrariamente a las tesis que sobre los orígenes de la modernidad occidental exponen los filósofos nordeuropeos arriba señalados, Enrique Dussel pone al centro del desarrollo de la Modernidad la misma empresa colombina:

> El 1492, según nuestra tesis central, es la fecha del 'nacimiento' de la modernidad; aunque su gestación – como el feto – lleve un tiempo de crecimiento intrauterino. La modernidad se originó en las ciudades europeas medievales, libres, centros de enorme creatividad. Pero 'nació' cuando europa pudo confrontarse con 'el otro' [y] controlarlo, vencerlo, violentarlo; cuando pudo definirse como un 'ego' descubridor, conquistador, colonizador de la alteridad constitutiva de la misma modernidad.
>
> (1994: 9–10)

Al ubicar el origen de la modernidad y su mito a finales del siglo XV, Dussel busca darle un mayor protagonismo e importancia a la influencia de la empresa colombina debido a las consecuencias que ésta trae no sólo al desarrollo económico, social y político en las naciones europeas, sino al subdesarrollo que origina en la periferia mundial. Dussel deconstruye ese 'mito' de la modernidad al conferirle un peso más significativo al descubrimiento de América:

> Para Habermas, como para Hegel, el descubrimiento de América no es un determinante constitutivo de la modernidad. Deseamos demostrar lo contrario. La experiencia no sólo del 'descubrimiento', sino especialmente de la 'conquista' será *esencial* en la constitución del 'ego' moderno, pero no sólo como subjetividad, sino como subjetividad 'centro' y 'fin' de la historia. (28–29)

La crítica que Dussel hace al mito de la modernidad se dirige a desenmascarar la posición ideológica europea que ha minimizado el papel que jugó la conquista y explotación de los pueblos y culturas americanos en el desarrollo económico, político y cultural de las naciones de Europa, ya que estos últimos logros se han enmarcado dentro de una dialéctica lineal desarrollista, y vistos como un proceso indígena europeo.

Consciente de la magnitud que el viaje colombino había representado, el humanista milanés y miembro del Consejo de Indias, Pedro Mártir de Anglería, concibe a Europa consecuentemente como el lugar privilegiado de la enunciación al señalar que 'España es en estos momentos digna de mayor alabanza', ya que ha suministrado 'a los de genio sobresaliente amplia materia para escribir' (1974: I. 201). Esta visión unívoca y mesiánica que el

---

tierras las cuales sé estructuran bajo las categorías de su tradición historiográfica. Al respecto, véase también el excelente estudio de Rabasa (1993).

humanista expresa sobre la escrituración de las nuevas tierras que se estaban explorando está relacionada con la empresa hegemónica antes mencionada y, por tanto, con el proceso narrativo que la Europa cristiana – como agente principal de la historia – estaba emprendiendo en ese momento, y que más tarde se impondrá al resto del mundo como universal.

La nueva 'cruzada' que estaba teniendo lugar no solamente se daba en el terreno mismo de la acción bélica, sino en el campo de la producción textual a través de imágenes y representaciones en donde se festejaba a los guerreros cristianos con la narración de sus epopeyas de conquista y evangelización, y en donde los 'infieles' eran presentados como seres transgresores de la moral imperial, así como de los modelos de humanidad europea, lo cual los llevaría, de una manera irremediable, a un estado de esclavitud y servidumbre (Florescano 1999: 235). La producción y compilación de toda esta historiografía del descubrimiento y conquista sirve para crear toda una conciencia y mentalidad imperiales en el europeo, enmarcadas bajo una misión providencial que justificaba la violencia contra todos los infieles, cuya religión era vista como mera idolatría o culto satánico, violadora del dogma cristiano y que, por tanto, merecedora de ser aniquilada.

Dentro de esta racionalización de la práctica (discursiva) colonial, no solamente se estaba justificando el dominio de los indígenas por medio de la fuerza, con el fin de transformarlos en cuerpos dóciles y obedientes, sino la misma apropiación de sus territorios y pertenencias.[3] El nuevo proyecto globalizador del sistema colonial impondrá la relación amo/esclavo que hará posible la acumulación primitiva de capital en la temprana edad moderna, así como la descapitalización y empobrecimiento de las sociedades americanas, tal y como las nuevas relaciones de poder lo exigían. Esto crearía, por un lado, el desarrollo de una clase burguesa en las metrópolis europeas; y por el otro impidía que la burguesía brotara en tierras americanas ya que su surgimiento pondría en peligro los intereses del naciente capitalismo europeo (Semo 1973: 17).

Con los reacomodamientos geopolíticos que se dan a partir del siglo XVIII en la Europa occidental, las nuevas potencias del momento – Inglaterra, Francia y Alemania – se dan a la tarea de hacer una revisión de la historiografía colonial española, aplicando lo que Jorge Cañizares-Esguerra (2001) identifica como una 'nueva manera de leer' las fuentes que habían glorificado precisamente la gesta de la conquista y colonización españolas. Esta nueva orientación epistemológica, con una clara agenda anti-española que emprende la Europa del norte, tenía como intención imponer el nuevo lenguaje científico desarrollado por los nuevos centros hegemónicos, el cual se desenvolvía

---

[3]   En su análisis del colonialismo europeo, Rabasa señala que el practicado por la corona española no era solamente para dominar los pueblos mediante el uso de armas, sino para transformar a los indios en mano de obra y súbditos obedientes (2000: 20).

paralelamente a los propios proyectos e intereses de dominación que en ese momento se imponían sobre el resto del mundo no occidental.

La descalificación que se hace de la historiografía renacentista imperial española tenía como propósito poner en duda la veracidad de las fuentes historiográficas que glorificaban precisamente la epopeya española, ya que para los propios intelectuales nordeuropeos, éstas no seguían los nuevos criterios de la verdad histórica que el racionalismo ilustrado proponía en el ámbito de la producción intelectual.

Dentro de esta misma producción del saber desarrollada sobre los territorios americanos se encuentra implícito el deseo de poder. Este es precisamente el objetivo del presente libro: el analizar los mecanismos geopolíticos del discurso colonial que se desarrollan durante los tres siglos de dominación española en América con el fin de explorar, colonizar y, consecuentemente, explotar los territorios colonizados. Mi análisis se enfoca en estudiar las estrategias discursivas de control y dominación europeos para ver cómo, a través de las imágenes de los textos coloniales, se establecen los dispositivos sociopolíticos de la empresa hegemónica que se implantan sobre el espacio y el cuerpo americanos, con el fin de reafirmar e imponer los valores socioculturales de la Europa cristiana. Pongo especial énfasis en la manera en que la corporeidad del sujeto masculino europeo se establece como el marco universal de referencia mediante el cual se viene a definir, tanto al poblador indígena como a las tierras americanas. Por medio de esta relación espacio-corporal masculina se implantan los mecanismos de dominación con los que el sistema colonial va a diferenciar, excluir y dominar las colonias americanas.

Se observa una preocupación imperial muy insistente sobre la idea de orden en las instrucciones de 1513 que la Corona española dirige a Pedrarias Dávila para la colonización de los territorios americanos (en lo que hoy es Panamá):

> Vistas las cosas que para los asientos de los lugares son necesarias, e escogido el sitio más provechoso y en que incurren más de las cosas que para el pueblo son menester, habréis de repartir los solares del lugar para facer las casas, y éstos han de ser repartidos segund las calidades de las personas, e sean de comienzo dados por orden; por manera que, hechos los solares, el pueblo parezca ordenado, así en el lugar en que se dejare para la plaza, como en el lugar en que hobiere la iglesia, como en la orden que tovieren las calles, porque en los lugares que de nuevo se hacen dando la orden en el comienzo sin ningund trabajo ni costa quedan ordenados e los otros jamás se ordenan. (Fernández de Navarrete 1964: II. 209).

Dentro de este contexto, el orden se entendía no sólo desde el punto de vista de la disposición y simetría que los nuevos asentamientos debían guardar sobre el terreno conquistado sino, más esencialmente, en la distribución jerárquica que debían seguir éstos, en donde dicha jerarquía estaba relacionada con la naturaleza, tanto del terreno elegido para poblar, 'el sitio más provechoso', como de los nuevos pobladores, 'segund las calidades de las personas' que vendrían a instalarse en él para hacer funcionar el proyecto imperial. En otras palabras, dichas instrucciones se encaminaban a fijar el modelo del espacio colonial a seguir durante el proceso de colonización y posesión de los terrenos conquistados, y dentro de la cuales sería implantado el cuerpo del colonizador para así permitir y facilitar el vasallaje de la población colonizada.

Inicio el presente estudio con la idea de que América (significante) no es un mero espacio dado, una entidad natural que está allí, al 'otro' lado de Europa en espera de ser 'descubierta', sino una noción geográfica (significado) que va a emanar de la actividad discursiva del proyecto colonial y, por lo tanto, perteneciente a la historiografía europea. Si se analizan más detalladamente los señalamientos de Mártir de Anglería citados anteriormente, la empresa colombina o, mejor dicho, las Indias Occidentales, como las conocía el discurso oficial español, vienen a formar parte de esa 'materia escrita' que producen 'los de genio sobresaliente' de la Europa cristiana y en las que se irán a proyectar, a partir de entonces, los deseos e intereses del proyecto hegemónico imperial.

Así, los territorios 'descubiertos' por Cristóbal Colón, y concebidos por Amerigo Vespucci como un 'Nuevo Mundo', se presentan como una 'página blanca', sin historia (en el sentido de Michel de Certeau), sobre los cuales se va a plasmar la gran hazaña (historia) de Europa. Enrique Florescano bien ha señalado que 'la naturaleza, los hombres y la historia de la tierra conquistada sólo cobran vida cuando son iluminados por la acción de los españoles; se convierten en historia cuando interviene el vencedor; pasan a ser materia histórica como testimonio de la gesta del conquistador' (1977: 198).

Dentro de esta glorificación y racionalización de la violencia colonial, la empresa colombina sería el mayor bien que les pudo haber pasado a los habitantes de los territorios encontrados, pues los liberaría, como el fin justo, de la 'falsa' religión y de las prácticas 'bárbaras', así como de los crímenes contra la naturaleza que, según los españoles, cometían los primeros, negando o borrando así la deshumanización que la conquista y explotación iba a producir de ellos.

La división binaria cristianos/infieles, mencionada anteriormente, establece también nociones jerárquicas espaciales – oriente/occidente primeramente – para luego convertirse en divisiones étnicas y raciales, sin dejar a un lado las categorías genéricas que a cada paso son utilizadas para establecer las relaciones de poder y dominación.

El marco geopolítico medieval cristiano, establecido desde la génesis bíblica con la distribución del espacio ecuménico, dividido en tres territorios

asignados a los tres hijos de Noé (Sem, Cam y Jafet), se readapta para luego
ser manipulado a partir del siglo XV por los propios amanuenses medievales
que vieron en el mito una forma de justificar el ascenso de la Europa cristiana
para tomar ventaja en el nuevo escenario de la economía mundial.

No es de estrañar que la visión que predomina en las representaciones de
la empresa de conquista y colonización está enmarcada dentro de los valores
de la épica caballeresca europea, que exaltaban la heroicidad masculina, a la
vez que regularizaban la formación del sujeto masculino europeo durante la
temprana Edad Moderna. Un sujeto masculino en crisis, para usar la noción
de Anthony Cascardi, que ya desde la Edad Media se estaba enfrentando,
según Michael Horsewell, a las otras masculinidades que se encontraban
disputando la hegemonía dentro de la península ibérica: la musulmana,
primero, y la vieja aristocracia después. Horswell ve en *El poema de mio Cid*
la consolidación del proceso de masculinización de la cultura española que se
estaba dando a lo largo de la Reconquista, en donde el Cid, 'as a performance
of an unchallenged ideal masculinity' se convierte en 'the personification of
masculine values and attitudes that will become iterations in future literary
texts'. En este sentido, la masculinidad se entiende no como algo naturalmente obtenido desde el nacimiento, sino como una construcción social, un
imperativo que se tiene que alcanzar a través de una actuación (performatividad), de una teatralidad para lograr así su adscripción, en donde el cuerpo
se convierte en el sitio en el que los nuevos valores se van inscribiendo (2005:
40–41).

Tanto en los textos de Cristóbal Colón como en los de Amerigo Vespucci,
a quienes considero como los iniciadores de la circulación de las primeras
imágenes sobre los territorios descubiertos, inauguran esa 'manera de ver' lo
americano configurada dentro de ciertas jerarquías simbólicas de la economía
sexual, las cuales tienden a exponer, tanto al hombre como a la mujer americanos como seres meramente corpóreos, cuya masculinidad en los primeros
se pone en duda; mientras a la segúnda se le describe alejada de las virtudes
según los ideales de la mujer cristiana.

La relación hombre/mujer se establece desde el inicio de la empresa
colombina como una estrategia que se irá repitiendo de una manera persistente, con el fin de facilitar el establecimiento del ambiente masculino para
justificar las significaciones de poder (Scott 1988: 45). Esto nos ayudará a
entender la conexión entre las identidades genéricas que entran en conflicto,
así como el acomodamiento de la ideología dominante genérica que establece el ideal moderno de la subjetividad masculina española, como lo
señala Horsewell:

> The early modern Spanish monarchy needed men to identify with the values
> of new society offered, values linked to the masculine: power, wealth,
> status, literacy and solitude. Feminine values, especially represented by

> the maternal figure, were associated with the medieval Spain: the earth, the countryside, food, companionship, and orality were antagonistic to modernization. (52–53)

Es así como la cultura europea define lo americano como otredad en relación con la igualdad con el propósito de establecer una dicotomía jerárquica en donde la identidad masculina se establezca como un estado privilegiado del que solamente pueden gozar y ser alcanzado por los hombres (colonizadores). Por lo tanto el indígena se define dentro de la economía cultural europea no tanto como lo opuesto al hombre sino como una anomolía del hombre. El humanismo renacentista se destaca por reducir lo otro a lo extraño, incluyéndolo dentro de una lógica de identidades, la cual niega su alteridad radical para reducirla a lo mismo.

Con la conquista de México-Tenochtitlán, y la derrota del imperio mexica, se introduce, como parte de este mismo proceso de escrituración y posesión del espacio americano, el discurso urbano, el cual José Rabasa (1993) ha llamado 'el nuevo topos discursivo'. La colonización de los territorios conquistados hacía imperativo el establecimiento y creación de centros urbanos que irían a albergar y salvaguardar a los colonizadores. Es así como la corriente humanista de la temprana edad moderna convierte el espacio urbano en el lugar adecuado y privilegiado para el establecimiento de las estructuras de poder con las que se enmarca la identidad y autoridad del sujeto masculino moderno. De la misma urbe iban a emanar tanto las leyes y las ordenanzas así como la demarcación de la propiedad – ya haya sido privada o del estado – reflejando la nueva jerarquía del orden colonial, para facilitar el control de la población nativa y las áreas de producción localizadas en los alrededores de la urbe.

Los propios tratadistas del urbanismo renacentista habían tomado en cuenta este principio del orden sociopolítico que se exigía en las ciudades, ya que la movilidad y el dinamismo que estaban causando el desarrollo económico en las principales ciudades europeas hicieron que la reestructuración espacial se convirtiera en una de las preocupaciones de las clases gobernantes para quienes los tratadistas trabajaban. La creación de las ciudades utópicas, como espacios urbanos ideales para el deleite y tranquilidad de los grupos poderosos, había sido el resultado de los proyectos que el humanismo renacentista realizara para complacer las demandas de las clases burguesas.

En efecto, conforme el europeo se iba posesionando del terreno americano e incorporándose en él, se va llevando a cabo una interacción entre su cuerpo y el espacio conquistado, de tal manera que resulta un ambiente dirigido a reproducir y reflejar los intereses del propio cuerpo hegemónico. Esta concepción urbana requería también de una propaganda visual que pone en marcha el gobierno colonial, configurada no solamente en su propia fábrica, sino en obras como *México en 1554* de Francisco Cervantes de Salazar, las cuales reflejan la organización ideal del espacio sociopolítico, tal y como quería imaginarla el reducido número de 'vecinos' privilegiados de la capital novohispana.

Por lo tanto, el cuerpo del europeo se produce en concordancia con los valores culturales hegemónicos de la época, los cuales trataban de impulsar un proyecto imperial en donde las categorías genéricas jugaban un papel decisivo en la interacción que la humanidad colonial iba a tener con los demás cuerpos subordinados al poder institucional. Los valores masculinos se utilizan como instrumentos privilegiados de control y dominación, e instauran formas de subjetividad establecidas como elementos inherentes del poderío (masculino) europeo. En contrapartida, a lo americano se le adjudican rasgos femeninos muy apegados a las imágenes fetichistas del discurso patriarcal, las cuales se convierten también en elementos inherentes de lo oriundo de esas tierras, de una manera que se pudiera convalidar su condición de sometimiento y vasallaje para asegurar y mantener el estado subordinado de los colonizados.

La representación textual del espacio y cuerpo coloniales es una parte importante del presente estudio. Veo el espacio y el cuerpo no como entes dados, contextos físicos *per se*, sino entendidos como productos sociales cuya formación está derivada de la organización y producción discursiva de la época. Según Henri Lefebvre cada cultura crea su propio espacio de acuerdo a las relaciones sociales (de producción y reproducción), y dentro de ella cada individuo tiene asignado un sitio específico que las prácticas sociales le vienen a asignar (1986: 44). El mismo Lefebvre distingue entre 'naturaleza', es decir, la contextualidad física primaria, 'vaste terrain des naissances' y la transformación o concretización social de ésta, como producto ya de la labor humana. Según Lefebvre, es a través de la producción del espacio como se van a vivenciar las prácticas culturales: 'les rapports sociaux de production ont une existence sociale en tant qu'ils ont une existence spatiale; ils se projettent en un espace, ils s'y inscrivent en le produisant' (152).

Por su parte, Michel Foucault ofrece todo un marco teórico con el que analiza la relación entre la producción del 'saber' – discurso y las instituciones de poder. Para Foucault, tanto el cuerpo como el espacio son el resultado de la elaboración de una pluralidad de textos cuyo fin no es simplemente formalizar un conocimiento científico sobre ellos, sino obtener su control y manipulación. A partir de ello, la producción espacial es fundamental para el ejercicio del poder, pues, según Foucault, es a través del espacio en donde se realiza el control y manipulación del cuerpo: 'La disciplina precede ante todo a la distribución de los individuos en el espacio ... A cada individuo su lugar; y a cada emplazamiento un individuo' (1977: 145–46). El poder disciplinario se puede entender como una forma de colonización, a través del cual los proyectos de dominio se instituyen como nuevas formas de ver, ordenar y dominar, tanto el espacio como el cuerpo de los otros – entiéndase indígenas, negros, castas, mujeres.

Aunque el interés que Foucault muestra por el espacio va dirigido particularmente a las instituciones de clausura (asilos, prisiones, hospitales), el marco teórico con el que realiza su análisis puede ser llevado hacia otros sitios de interacción social, ya que las técnicas disciplinarias no dependen necesariamente de un encierro espacial físico, pues operan en diferentes contextos o sitios sociales, y aun simbólicos.

El interés del presente trabajo es la producción de la realidad americana. La forma en que es vista y representada en los textos que analizo está en relación con los intereses de la empresa hegemónica europea. Los valores culturales de la Europa cristiana tienen un papel importante, como horizonte ideológico para intervenir en la producción del objeto que las necesidades socioeconómicas coloniales deseaban. O, en palabras de Karl Marx: 'The need which consumption feels for the object is created by the perception of it' (1973: 92). La realidad entendida aquí no como un orden de cosas prefijadas y que el lenguaje meramente tiende a reflejar, sino como un producto de éste.[4] Tal y como señala Bertil Malmberg, 'la realidad extralingüística (referente) existente detrás de las denominaciones, es evidentemente igual sea cual fuere la lengua empleada. Sin embargo, es a través de la lengua como vamos a concebir, diferenciar, agrupar y clasificar el mundo que nos rodea' (1986: 311).

Si la realidad no es otra cosa que un producto del lenguaje que una sociedad produce en un momento determinado, quedaría otra pregunta por hacer: ¿cómo se construye la realidad en el discurso historiográfico? Para Roland Barthes, el discurso histórico es sobre todo un producto de la ideología, o de la imaginación que el historiador realiza a través de una selección, no tanto de hechos sino de significantes, con el fin de producir el efecto de realidad que se desea crear. En dicho proceso discursivo, según Barthes, se realizan dos operaciones. En la primera, el referente se separa del discurso con el fin de darles a los hechos una existencia extralingüística. Al mismo tiempo, se pretende establecer la función del discurso como fiel reproductor de la realidad histórica. En la segunda, se rechaza la idea de que la historia pueda tener otro significado que el referencial y, con ello, reducir el discurso histórico a la relación entre el significante y el referente. Así, la función del discurso histórico se limita a la pura significación de la realidad, es decir, a

---

[4]   La interpretación burguesa de la época argüía que el mundo era exactamente tal y como lo percibían los sentidos y, por consiguiente, la percepción de lo exterior era totalmente natural y 'real'. Dicho concepto de realidad va a continuar vigente hasta los principios del siglo XX cuando la corriente estructuralista viene a desmitificarlo. La arbitrariedad del signo – apuntada por Saussure – desarticula totalmente la noción de la realidad del empirismo burgués (Eagleton 1983: 107–8).

darle un significado. De ahí que, como señala Barthes, 'reality is nothing but meaning, and so can be changed to meet the needs of history', es decir, el deseo de poder con el que se fundan las civilizaciones (1970: 154–55).

Walter Mignolo, en su libro *The darker side of the Renaissance* (1995) analiza la historiografía de Occidente como una construcción y una manifestación de poder que se da a partir del 'descubrimiento' de América, en donde dicho acontecimiento se narra desde el punto de vista de los europeos. Europa, por medio de España, no sólo se apropia de tierras y de bienes materiales que le son útiles para su desarrollo, sino también del control del pasado, la cultura y el conocimiento de los pueblos conquistados. El proyecto colonial implicaba no solamente la derrota y el control de los cuerpos y espacios físicos americanos, sino también, como lo advierte Enrique Florescano, en el manejo de la memoria de los derrotados, y así seguir con 'la intrusión de un nuevo protagonista del relato histórico: el conquistador' (2002: 256).

A lo largo de los viajes de exploración el conocimiento geográfico de la tradición europea influye en la construcción de las imágenes de las tierras recién encontradas. Tanto Cristóbal Colón como sus lectores, llevaban en mente las categorías geográficas y antropológicas del archivo cultural europeo, las cuales habían servido de guías en el pasado para representar las regiones inexploradas de la geografía medieval y que muchas veces se identificaba con el lejano Oriente. Este archivo arqueológico que se poseía sobre la otredad hace que la percepción de la realidad americana se tome como la confirmación de lo antes 'dicho' y 'conocido' por el enciclopedismo europeo.

Para comprender cómo el archivo cultural de la época regula la descripción de lo que el europeo 've' en los territorios americanos es de suma importancia tener en cuenta la relación que existe entre la 'visión' y el 'conocimiento'. Dentro de la cultura helénica dos eran los instrumentos para conocer la naturaleza circundante: la vista y la palabra. Conocer, para los griegos, significaba 'ver bien' y la tarea principal del filósofo consistía en ver bien las cosas. No obstante, además del acto de ver se requería de otro paso fundamental: el acto de 'hablar bien'. Esta era la operación del *logos* en su doble acepción: razón y palabra. El pensador griego se sirve del logos para conocer y ordenar las cosas que lo rodeaban y así marcar sus fronteras sociopolíticas, lo cual le permitía diferenciarse de los bárbaros, es decir, los que 'tartamudean' o balbucean, y no poseían el logos griego, el arte de ver y hablar bien. Así, el bárbaro no sólo era aquel que no sabía hablar griego, sino el que vivía fuera de la configuración espacial helénica, la *polis*: el paisaje cultural en donde interactuaba el griego, y que lo ayudaba a definirse en términos espaciales, como ciudadano. De ello resultaba una separación jerárquica territorial: los que vivían dentro de la ciudad y los que vivían fuera de ella. Así la polis se convertiría en mecanismo de frontera y de dominio contra las poblaciones no griegas (Zea 1981: 24–25).

La visión es el sentido que más se privilegia durante la percepción y producción de las imágenes de la empresa imperial europea.[5] Si bien la Edad Media daba más prioridad al oído que a la vista como fuente del conocimiento humano, es a partir del siglo XV, como lo apunta Paul Zumthor, cuando la visión empieza a sustituir al oído como 'naturaleza mental de toda evidencia' (1994: 259). Este 'ocularcentrismo', como lo llama Anna Grimshaw (2001: 201) – es decir, la relación que se da entre la visión y el conocimiento, y el predominio del testimonio ocular como la principal herramienta para conocer y describir el mundo que nos rodea – constituye uno de los instrumentos fundamentales en el proceso de colonización.

Sin lugar a dudas el que mira tiene el poder de localizar, organizar y definir el objeto de la visión y su realidad, imponiendo su propio punto de vista a la imagen producida, además de servir como instrumento clasificador, descriptivo y evaluativo. Si el sentido de la vista, como señala Douglas Pocock, es el que provee el noventa por ciento del conocimiento que se tiene del mundo exterior, entonces la vista y el conocimiento, la percepción y la concepción están interconectados y determinados por el sistema de valores y creencias culturales de cada individuo (1981: 386). En consecuencia, la vista dominante del explorador-colonizador masculino inserta, inevitablemente, ciertos valores culturales al objeto observado, de acuerdo a los supuestos que el saber le habían conferido, asociación que privilegiaba y legitimaba el poder de la visión y su autoridad sobre el objeto observado que, a su vez, parecía que esperaba pasivamente su momento para ser definido y representado.

Las imágenes textuales que surgen a partir del encuentro colombino situarán a lo que más tarde se llamaría América en los márgenes de la *oikoumene*, en aquellos espacios remotos generadores de mitos en donde se albergaba lo monstruoso y grotesco que caracterizaba la otredad grecorromana y cristiana. Esta configuración le permite a Europa colocarse en el centro mismo del escenario mundial, mientras que a América y, más tarde al resto del mundo no occidental, se la relegará a lo ambiguo e impreciso que caracterizaban los espacios periféricos del *orbis terrarum*. A partir de 1492, la Europa cristiana se define a sí misma como una entidad desarrollada y completa, la cual se impondrá al resto de las culturas no europeas como el modelo a seguir (cristiana y, más tarde, capitalista), y presentándose como la única manera de medir y concebir la imagen del resto del mundo. Para Peter Hulme, 'Europe was self-defining while the rest of the world could be defined only by its temporal lag' (1989: 3). Esta tendencia, que se observa

---

5   Según Kelly Oliver (2001), existe una larga tradición dentro de la cultura europea que privilegia la vista como el sentido que más nos acerca hacia el conocimiento del mundo exterior.

en el discurso antropológico del siglo XIX, de negarle al otro una contemporaneidad con respecto al observador de Occidente lo condena a vivir en un pasado – histórico, cultural – distante, y contenido en un campo exótico muy lejos de casa, del cual pareciera no poder salir jamás (Fabian 1983: 27). Walter Mignolo señala que esta negación de la contemporaneidad a la que hace referencia Fabian aparece ya desde finales del siglo XV en el discurso colonial español, estableciendo un orden cultural jerárquico que favorece al paradigma desarrollista de Occidente, con el fin de privilegiar sus fronteras espacio-temporales y humanas (1995a: 247).

Por la misma diversidad de los textos que me propongo estudiar, el presente trabajo se puede dividir en dos partes: la primera, que comprende los capítulos 1 y 2, corresponde al análisis de la concepción espacio-corporal existente en la cultura europea de finales del siglo XV. En esta primera parte analizo las categorías antropológicas que sobre la otredad existían dentro del pensamiento geográfico europeo, además de su función ideológica durante el reconocimiento y reproducción de los territorios americanos.

La segunda parte comprende los capítulos 3, 4 y 5, y corresponde a la descripción del espacio ya colonizado, concretamente la Nueva España, y la relación que se da con su cuerpo social. Las herramientas de las que me serviré para mi estudio provienen de un marco teórico multidisciplinario, el cual será introducido al comienzo de cada capítulo.

En el Capítulo 1 se analiza la relación cultural y política que Europa ha guardado por siglos en su interacción con el Oriente. Propongo que las imágenes que emergen a partir de la llegada de Colón a tierras que él pensaba eran las Indias orientales, se deben mirar a través del contexto histórico desde el cual emanan, es decir, de lo que el europeo entendía por las tierras orientales. Se estudia la compleja relación que existía entre la Europa cristiana y el Oriente, empezando con la tradición helénica hasta llegar al enciclopedismo medieval, con el fin de determinar la episteme de la frontera cristiana, así como el marco referencial en el que se sustentaba el espacio geográfico en las postrimerías del siglo XV. A partir de este análisis se intenta mostrar que las imágenes que se obtienen durante este proceso hermenéutico del llamado Nuevo Mundo adquieren un significado político más complejo si se las mira a través de las imágenes de lo monstruoso, de lo humano periférico oriental. La presencia de seres híbridos como el cinocéfalo de la tradición europa nuevamente es traída al llamado Nuevo Mundo para que siga funcionando como frontera, tanto cultural y humana de la europa cristiana.

El capítulo 2 analiza la manera en que se representan las primeras imágenes del encuentro entre el cuerpo europeo y del americano, particularmente en las primeras descripciones recopiladas por Cristóbal Colón y Amerigo Vespucci. Se propone que dichas representaciones de la topografía americana (pobladores/naturaleza) se estructuran bajo los parámetros occidentales de la diferencia corporal sexual, los cuales tienden a privilegiar rasgos somáticos específicos del sujeto masculino europeo en proceso de formación, quien, a su vez, es el agente principal de la narración, así como el receptor de la misma. La anatomía del americano se explora, observa, y fragmenta con el propósito de presentarla como una entidad legible y placentera ante los ojos del agente de la narración, con lo cual se crea un espectáculo erótico tendiente a satisfacer las necesidades y deseos del público lector masculino europeo. Dentro de esta exhibición antropométrica, el cuerpo del indígena se establece como el centro de atención, en donde el poder de la mirada europea facilitará su acceso, posesión y explotación.

Con esto, lo americano vendrá a definirse como un espacio-cuerpo, el cual adquiere importancia sólo en la medida en que pueda satisfacer las demandas de la empresa europea, las cuales iban de lo material a lo sexual. Este mismo proceso de objetivación da lugar a que se vaya sobreponiendo el cuerpo masculino europeo como un cuerpo completo y autosuficiente, y así se establece como modelo universal por excelencia, cuya perfección radicaba, entre otras razones, en la posesión – e imposición – de los símbolos viriles de los que se iba a valer para imponerse a los colonizados.

El capítulo 3 analiza la introducción del discurso urbano en el territorio americano con la representación de la ciudad de México como el espacio ideal y apropiado sobre el que se vendrá a implantar tanto el cuerpo hegemónico europeo como el nuevo orden colonial. La capital novohispana será el lugar estratégico desde donde se ejerza el control y dominio sobre el resto del paisaje conquistado. Se propone que este discurso se inicia con la descripción de México-Tenochtitlán en las *Cartas de relación* de Hernán Cortés para luego concretizarse bajo los paradigmas de la urbe europea renacentista con la obra del humanista español, Francisco Cervantes de Salazar, *México en 1554*. Se pone particular atención en la preocupación oficial que se da por describir el espacio urbano colonial como símbolo de la hegemonía europea, lugar en el que se establecen y reflejan las relaciones sociopolíticas del poder, y del proyecto humanista que trae el mismo Cervantes de Salazar a la Nueva España.

De este modo, tanto la urbe azteca (Cortés) como la capital novohispana (Cervantes) se describen como terrenos propicios para producir e inscribir lo que llamo 'el cuerpo metropolitano' y establecerlo como sujeto hegemónico del espacio conquistado y poseído. Por tanto, la producción espacial de la urbe y sus alrededores se dirige a construir y reflejar el cuerpo ideal del sujeto colonizador, estableciendo una analogía entre el nuevo orden espacial – ciudad – y el cuerpo metropolitano de sus pobladores (criollos) europeos.

El capítulo 4 examina dos visiones distintas de la imagen barroca de la ciudad de México: una es la *Grandeza mexicana* de Bernardo de Balbuena, entendida como la cornucopia colonial al servicio de la empresa de explotación; mientras que la otra es la que aparece como el 'alboroto' de esa misma urbe, debido a la entrada abrupta de grupos subalternos al centro mismo de la capital novohispana, y que es narrado por el criollo Carlos de Sigüenza y Góngora en su texto conocido como *Alboroto y motín de los indios de México del 8 de junio de 1692*. Si bien desde el siglo XVI, exista la tendencia, en la mayoría de los textos oficiales, de presentar la ciudad colonial bajo un riguroso control socio-espacial, durante el siglo XVII se magnificará todavía más.

La omisión de los estratos bajos de la sociedad en los textos novohispanos forma parte de las estrategias discursivas de dominación, ya que estos primeros son vistos y considerados como elementos amenazantes que tienen la potencialidad de desvirtuar y 'afear' el orden – cuerpo/espacio – oficial. Desde esta perspectiva, analizo la imagen barroca de la urbe mexicana proyectada en la *Grandeza mexicana* como un 'sueño bucólico' criollo, libre de asperezas que pudieran contrariar y desvirtuar el 'idilio económico' del proyecto colonial.

Por otro lado, el incremento en el número de mestizos y castas que se da a partir del siglo XVII complica el trabajo del gobierno colonial para mantener el orden en la ciudad novohispana. El crecimiento urbano que se da en este siglo trae también un deterioro de las condiciones de los sectores sociales bajos del virreinato, lo cual hace que surjan manifestaciones y revueltas contra las autoridades coloniales. De ahí que no fueran pocas las veces en que el cuerpo de los subalternos estuviera presente dentro del núcleo de los espacios del poder virreinal, lo cual vendría a causar una gran consternación e irritación entre las autoridades y élites novohispanas. A pesar de que el gobierno colonial había intensificado el control sobre los territorios, el componente multiétnico que se había generado en estos últimos irrumpe, sin una previa invitación oficial, más de una vez en el escenario urbano para dar eco a su descontento, quebrantando así las reglas establecidas del orden socio-espacial. Sin embargo, para mala fortuna de los amotinados, en cada ocasión que esto ocurría, las autoridades coloniales hicieron uso de los mecanismos de control social a su disposición para restablecer la armonía dentro del desorden provocado.

El capítulo 5 analiza el ambiente geopolítico de la 'conciencia planetaria' europea y la manera en que responde a ésta la sociedad criolla novohispana durante el siglo XVIII. Con la reestructuración del gobierno colonial y el nuevo papel político-administrativo que asume con la implantación de las reformas borbónicas, se establece una nueva 'manera de ver' el espacio americano. El 'gobierno económico' – como lo llamaría José de Campillo – que se instaura, a imitación de los modelos de explotación colonial de Francia e Inglaterra, cambiaría las relaciones de la metrópoli con respecto a sus colonias en América (Brading 1991: 470), ya que estas reformas iban a afectar directamente los intereses – económicos, políticos y sociales – de la Nueva España, especialmente los de la clase criolla, que iba a responder de diversas formas a estos cambios.

Aunado a ello, surgen en Europa obras en donde se plantea la tesis sobre la fatalidad y el determinismo geográfico a la que parecía estar supeditado el continente americano, y que de manera colonialista y arrogante escritores europeos como Buffon y de Pauw promovían y sostenían bajo el lenguaje científico y moderno de la época.

Los criollos novohispanos, que para esta época habían adquirido una gran madurez sociopolítica, además de un fuerte sentido de identidad, responden con una producción discursiva propia, con el objetivo de situar al territorio mexicano ya no como una mera entidad geográfica (espacio) sin cultura ni historia, sino como una nación rica en historia y cultura propias, y con la capacidad para competir con las naciones más avanzadas y civilizadas del orbe. La reivindicación que Clavijero hace de la historiografía amerindia es parte de esa manera criolla de leer las fuentes fundacionales de su nación, negando además la taxonomía planetaria de Europa, y reemplazándola con una génesis netamente americana.

En efecto, para los criollos, tanto América como Europa poseían una gran diversidad en cuanto a especies, culturas y población se refería, por lo que los criterios clasificatorios debían realizarse de acuerdo a las diferencias de sus mismas especies, y no con la imposición de modelos europeos propuestos como universales.

Un seguimiento diacrónico de la representación discursiva de la otredad hace ver que estos esquemas geopolíticos forman parte de una larga tradición cultural desarrollada por la cultura de Occidente en su interacción con lo no europeo. Así, la filosofía natural del siglo XVIII retoma los estereotipos de la barbarie mexica y de la inferioridad criolla para repetirlos *ad nauseam* bajo un sistema clasificatorio de cientificismo imperial, que lo lleva a fundamentar la superioridad y tutelaje europeos sobre los territorios americanos.

Por medio de imágenes estereotipadas se redescubre el territorio americano y a sus habitantes para así reinsertarlos en el nuevo orden natural del proyecto planetario que estaba siendo impulsado por las potencias europeas del norte, quienes buscaba imponer su taxonomía científica para justificar y facilitar la nueva expansión colonialista. De esta manera, los letrados novohispanos intentan establecer una versión muy propia de la historia de México – y de América – con la cual ellos mismos se pudieran identificar y así incursionar incólumes dentro del escenario cultural de Occidente, al que se sentía también pertenecer.

En esta introducción he tratado de delinear los parámetros a seguir en el presente estudio. Creo conveniente subrayar que para poder entender la capacidad del poder colonial de subyugar a millones de personas, no sólo durante los tres siglos de dominación española sino en los periodos postindependientes en la región que hoy se conoce como América Latina, es imprescindible estudiar las estrategias discursivas de dominación que fueron establecidas desde los inicios del encuentro colombino.

Si bien el objetivo central de este libro se enfoca en el análisis de las categorías espacio-corporales emanadas del discurso novohispano, los razonamientos aquí propuestos intentan también establecer un diálogo no solamente dentro de los estudios coloniales hispanoamericanos sino con otras fronteras discursivas que hayan surgido del resultado del enfrentamiento con Europa. Con esto se expandiría y nutriría el conocimiento y la comprensión que se tiene de la relación entre los estados modernos de la periferia con los de Occidente.

1

Monstruos, cinocéfalos y caníbales

> Todos los hombres e las mugeres d'aquella ysla han
> cabeças de perro et los claman Cenofalles, et son gentes
> Razonables e de buen entendimiento ... Et si eillos
> prenden alguno en batalla eillos lo comen. (Juan de
> Mandevilla, *Libro de las maravillas del mundo*)

El viaje que emprendiera Cristóbal Colón, así como la narrativa que se pone
en marcha a partir del año de 1492, no se puede entender en su totalidad si
no se le mira dentro de la historia de Europa y sus relaciones con el llamado
Oriente. Ese copioso legado cultural compuesto de motivos provenientes de
la antigüedad clásica, e impregnado de configuraciones elaboradas por la
tradición judeo-cristiana, había ya representado por siglos a los habitantes
del lejano Oriente con una cierta fascinación como bárbaros, monstruos y/o
enemigos para ser temidos o conquistados. A través de este archivo cultural
se fueron estableciendo las fronteras de lo conocido y lo desconocido, del
adentro y del afuera, con las que se empezó a constituir la identidad europea.
El triunfo sobre el monstruo, así como más tarde la colonización de sus
exóticos territorios, representó el triunfo del 'yo' europeo sobre el otro, de lo
homogéneo sobre lo heterogéneo, ofreciendo a la Europa cristiana la oportunidad de fundar y consolidar una identidad propia.

Durante la temprana edad moderna, muchos de los navegantes cristianos,
empezando con Colón, identificaron inmediatamente los 'nuevos' territorios
con los viejos de su otredad, o como una extensión de ellos, ya acreditados
por la tradición cultural europea. Las maravillas de los ricos y legendarios
dominios del Gran Khan que Marco Polo, Oderico de Pordenone y Juan
de Mandevilla,[1] entre otros, habían descrito en sus libros de viajes, y que
tanto fascinaban a los lectores medievales, tenían sus orígenes en la larga
tradición grecorromana proveniente de autores como Herodoto (c. 484–420
a.C.), Ctesias (s. IV a. C.), Plinio (23–79 d. C.), y Solinus (s. III d. C.) principalmente.

---

[1] Comúnmente se le conoce como Sir John of Mandeville al autor de un libro de viajes a las
tierras santas y el lejano oriente, escrito en anglonormando alrededor del año de 1356. Para este
estudio utilizaré el nombre Juan de Mandevilla, tal y como aparece en la traducción de ese libro
que se hizo a la lengua aragonesa.

Conforme las nuevas tierras se iban posando ante la mirada atónita de los navegantes europeos, las imágenes míticas y legendarias operaban como instrumento decodificador para hacer posible la representación de ese Nuevo Mundo. La realidad de los territorios se va disipando una vez que la misión aventurera del europeo se empeña en corroborar las fuentes textuales de su propio archivo cultural que llevaba en mente aun antes de zarpar del Puerto de Palos. Su afán por verificar e identificar lo descubierto con las imágenes de su tradición geográfica llevan al europeo a mezclar lo 'viejo' con lo 'nuevo', apuntalando así el inicio de la producción historiográfica europea sobre la nueva periferia de la temprana modernidad. Si como lo ha señalado Johannes Fabian, 'the other is never a simple given, never just found or encountered, but *made*' (1990: 755), los territorios encontrados se van a crear de acuerdo a las imágenes de esa otredad periférica que los exploradores y escritores europeos creían reconocer.

Se ha dicho muy repetidamente que el viaje colombino es el punto de partida que rompe con la tradición enciclopédica para dar paso a un saber basado más en la experiencia empírica. Sin embargo, la manera en que los exploradores y humanistas interpretan y representan ese nuevo mundo pareciera contradecir ese supuesto, ya que los europeos continúan describiendo, aun hasta el siglo XVIII, esa otredad que se localizaba en los bordes de su entorno geográfico a través del prisma de lo monstruoso.

Las poblaciones, consideradas bárbaras por la tradición europea, ayudan, por otro lado, a constituir la asociación entre lo humano y lo corporal, presentándola como el eco de una trasgresión fluida de las virtudes aristotélicas, con las cuales se establecía el ordenamiento apropiado de las relaciones humanas. El toque de exotismo, muchas veces sobrenatural, que resaltan los textos coloniales, sirve no sólo para asombrar e informar al lector sobre los nuevos territorios encontrados, sino para ir orientando las coordenadas de la representación e interpretación de ese nuevo mundo que se aparecía delante de los ojos del europeo estructurado bajo los arquetipos de lo inusual e inhumano.

En el presente capítulo pretendo analizar ese aspecto particular de la compleja actitud medieval cristiana sobre el Oriente, visto como un espacio fascinante y monstruoso, marginal y subversivo, al cual era preciso conocer y controlar, ya que la diversidad racial que albergaba, así como la permeabilidad de sus fronteras, se había constituido como una constante amenaza para la frágil identidad europea (griegos, romanos, europeos cristianos). Este discurso de lo monstruoso da las pautas para que no solamente sean representados los pobladores y territorios localizados a los extremos de los mapamundi, sino también para ayudar a establecer los límites de la identidad europea que a cada paso se sentía en riesgo de ser desarticulada, y hasta digerida por la heterogeneidad periférica.

Dentro de esta tradición europea de ver el Oriente, las imágenes monstruosas que surgen funcionan como modos de representación fundamentales para la construcción del sujeto europeo en proceso de formación. Parto de la noción de abyección para explorar esa relación ambigua de deseo y repulsión que la diversidad étnica de otros pueblos y culturas provoca en la mentalidad europea. Como resultado de esto, esta heterogeneidad humana y cultural es interpretada como monstruosa y, por tanto, se le excluye y margina a la periferia de los mapamundi, ya que su misma deformidad – natural y/o moral – ponía en peligro las fronteras del 'yo' y del proyecto hegemónico europeo. La monstruoficación de los pueblos 'bárbaros' no cristianos y, más tarde de los indígenas de América fue un instrumento discursivo muy importante para consolidar la identidad de la Europa cristiana.

Esta tendencia a reconocer e identificar las tierras recién descubiertas con los pueblos y regiones del lejano Oriente se convierte en una necesidad imperiosa por delimitar y defender los espacios del orden simbólico establecido, los cuales formaban parte importante de los mecanismos con los que se sustentaba la subjetividad cristiana. Las islas maravillosas, los lugares míticos y los seres monstruosos mencionados por Plinio, d'Ailly, Mandevilla, Marco Polo, para citar algunos, funcionan como proyecciones arquetípicas con las que se contraponen y delimitan las fronteras culturales de la Europa cristiana. La heterogeneidad inusitada que habitaba las regiones de la periferia se contrasta, de manera especular, con lo familiar y homogéneo del mundo conocido. Dentro de este contexto discursivo de la cosmovisión europea de finales del siglo XV, América se convertiría en la prueba fehaciente que la tradición cultural europea había estipulado sobre los espacios periféricos, así como un producto del poder sugestivo del saber antiguo convertido ya en la principal herramienta con la que se concreta la invención de esa nueva otredad de la temprana edad moderna.

Visión y epistemología

Con la disolución del Imperio carolingio, la Iglesia católica se dio a la tarea de empezar a llenar el vacío de poder dejado desde el año 814 con la muerte de Carlomagno. El ascenso del papado revitalizó la unidad europea alrededor de los valores cristianos, para así enfrentarse más tarde al poderío musulmán, el cual había sido una constante amenaza para los carolingios, tanto en las fronteras del imperio Bizantino como en la de los Pirineos. La hegemonía militar, cultural y religiosa de los musulmanes, como lo señala Edward Said, había crecido enormemente a partir de la muerte de Mahoma, acaecida en el año de 632:

> First Persia, Syria, and Egipt, then Turkey, then North Africa fell to the Muslim armies; in the eighth and ninth centuries Spain and Sicily, and parts of France were conquered. By the thirteenth and fourteenth centuries Islam

ruled as far east as India, Indonesia, and China. And to this extraordinary
assault Europe could only respond with very little except fear and a kind
of awe. (1979: 59)

Para finales del siglo XI, y ante el peligro amenazante de caer bajo el
dominio de los sarracenos, que cada vez parecían avanzar con más determi-
nación, el Papa Urbano II decide declarar una guerra contra los que consideraba infieles. Si bien el llamado del pontífice estaba dirigido a la única clase
social que tenía los recursos y la fuerza para hacer frente al inminente desafío
de los musulmanes, la aristocracia, son más bien los grupos populares los que
escuchan con un fervor frenético ese llamado. Es así como nace el espíritu de
cruzada, una combinación de espíritu de aventura y lucha contra un enemigo
cercano y a la vez lejano.

La propaganda de las cruzadas regularmente representaba a los sarracenos
como una monstruosidad desafiante, cuya religión era vista como la culminación de todas las herejías juntas; un pueblo diabólico que no solamente
aborrecía el cristianismo, sino que hacía todo lo posible por acabar con la
propia Iglesia. La religión musulmana, señala Michael Uebel, se concibió
como algo perverso que, a la vez, complementaba la misma cristiandad,
convirtiéndose en la perfecta antítesis de la Europa cristiana, y como tal,
jugó un papel esencial para establecer la identidad y los límites de la misma
cristiandad (1996: 268). Esto explica el uso generalizado del mismo vocablo
sarraceno durante esta época, ya que de igual manera se señalaba con él a los
árabes, turcos, persas, sajones y normandos, es decir, a pueblos y tribus considerados paganos por los cristianos: 'For many western Europeans throughout
the Middle Ages, Saracens were pagans, and pagans were Saracens: the two
words became interchangeable' (Tolan 2002: 128).

Dentro de este imaginario cultural, los musulmanes se concebían como
poseedores de una monstruosidad y perversidad moral, seres abyectos que
constituían los límites de la identidad humana, estructurada bajo los parámetros cristianos. Se les imaginaba como gigantes, con cuernos en la cabeza,
y que además, en el campo de batalla, emitían sonidos semejantes a los
ladridos de los perros (Jones 1942: 204–5). Frecuentemente se identificaban
a los musulmanes con los cinocéfalos, esas razas monstruosas híbridas, mitad
hombres mitad perros que ladraban en vez de hablar, y que además tenían
la costumbre de comer carne humana. Según señala Paul Zumthor, de este
antagonismo cultural quizás provengan los insultos 'perro' o 'hijo de perra'
(1994: 259).[2] Así, en la muy famosa leyenda del martirio de San Pelayo, que

---

[2] Los españoles traen ese insulto a América y lo usan frecuentemente para referirse y denigrar
a los indígenas. Parece ser que su uso fue tan generalizado que en las Leyes de Burgos de 1512 se
ordenaba en su artículo 24 que 'persona ny personas algunas no sean osados de dar palo ni açote, *ni
llamar perro ni otro nombre a ningún yndio syno el suyo propio que tovyere*' (Martínez de Salinas

proviene del siglo X y está narrada por un religioso llamado Raguel, Pelayo es plagiado por un califa musulmán cuando tenía apenas diez años de edad. Fascinado por la belleza del niño cristiano, el sarraceno intenta seducirlo. Sin embargo, Pelayo rechaza los avances sexuales del califa prorrumpiendo con la expresión 'retírate perro' (Rodríguez Fernández 1991: 67).

En efecto, las cruzadas militares se convirtieron en un ejemplo más de la unidad europea centrada ya en el cristianismo, sobre todo en una Iglesia imperial romana convertida ya en una institución que promovía e instigaba a la lucha armada, a matar por Cristo, alejándose completamente del mensaje de paz del Jesús bíblico (Hinkelammert 1998: 149, 192). Esto era el resultado de esa ansiedad en la que vivía la cristiandad, concebida como una búsqueda desesperada por defenderse de lo que entendía como la embestida que por varios frentes acometían las fuerzas combatientes de los sarracenos. Aunque igualmente esta política imperial del papado estaba acompañada por el interés en rescatar las rutas comerciales de Oriente que también habían quedado bajo el poder de los mahometanos.[3]

Así, en la narrativa caballeresca de la época, el caballero andante no solamente pone su mirada en la búsqueda de la aventura bélica y en la fama, sino en algo más elevado que trascendía su heroicidad: la recuperación del Santo Sepulcro que, desde el punto de vista del cristianismo, estaba bajo las manos de los paganos, lo cual hacía imperativa la recuperación y defensa de ese espacio sagrado para la fe cristiana. Al mismo tiempo, ese espíritu combativo que había surgido a partir del mundo caballeresco de las cruzadas se iba a extender dentro del ámbito de lo simbólico, en donde la salvación de las almas de hombres y mujeres se determinaba a partir del resultado final de la batalla entre las virtudes y los vicios, establecidos bajo valores positivos y negativos. Dentro de este marco antagónico y maniqueo, el caballero cristiano solía representar todas las virtudes, mientras que los paganos poseían todos los vicios (Le Goff 2005: 61).

Para ese entonces, la estrechez del conocimiento del horizonte geográfico y etnográfico se había limitado al espíritu de aventura del hombre medieval,

y Pérez Bustamante 1991: 69; énfasis mío). Aún así, durante la segunda mitad del siglo XVI, el oidor y oficial de la Real Audiencia de la Nueva España, Alonso de Zorita comentaría la manera en que los españoles abusaban de la labor indígena: 'Oidor ha habido que públicamente en estrados dijo a voces que, cuando faltase agua para regar las heredades de los españoles, se habían de regar con sangre de indios; y otros he oído decir que no han de trabajar los españoles sino los indios, que *trabajen y mueran los perros*' (Zorita 1941: 168; énfasis mío). Se puede también ver su uso tanto en la palabra 'cholo' como 'escuincle' (ambos del náhuatl **'xoloitzcuintli'** e 'itzcuintli', que significan perro), para referirse a los indios americanos, especialmente a los niños. Si bien en el Perú el uso de *cholo* tiene un significado peyorativo, el uso de *escuincle* en México ha perdido su connotación despectiva en el habla popular.

3   Aziz Atiya (1938) indica que la literatura de viajes a la Tierra Santa adquiere un papel propagandístico al relacionarse en gran parte al llamado de la cruzada.

confinado a las fronteras que la naturaleza le había impuesto. El enemigo había sido o el extranjero que dejaba una huella a su paso por la villa o el vecino con quien se había tenido una rencilla familiar (Romero 1981: 148–50). Si bien para el europeo el lugar de origen implicaba una cierta seguridad que propiciaba lo familiar y lo homogéneo del entorno, el aventurarse hacia el exterior implicaba entrar a un espacio inseguro, ajeno y de una heterogeneidad desafiante y desconocida, el cual causaba tanto miedo como aprensión. 'El hombre de la Edad Media – señala Paul Zumthor – no deja de estar tentado por las seducciones de lo exterior, espacial o temporal, pero se resiste, por miedo o por turbación' (1994: 252). Más allá de los márgenes de lo conocido se encontraban otros cuerpos, otros mundos, otras lenguas.

El conocimiento de tierras y lugares lejanos constituía no solamente un gran misterio para el hombre medieval sino también un espacio que fascinaba y producía miedo, en donde el artificio y la imaginación sin límites servían de base para llenar los vacíos de lo desconocido, para luego convertirlos en algo familiar y así poder controlarlos. En la mente del europeo el contacto con lugares fuera de su perímetro familiar o conocido implicaba inevitablemente un encuentro con el otro, que algunas veces resultaba fascinante por la heterogeneidad y exotismo, o la exuberancia de las riquezas existentes; sin embargo, en otras ocasiones llegaba a ser terrorífico y hasta desagradable.

La comprensión que se tenía de la otredad era totalmente reduccionista y estereotipada, debido a que la lejanía que existía entre ambos mundos se daba no solamente desde el punto de vista espacial sino también del cultural, y hasta temporal. Los viajeros medievales, a su paso por las realidades remotas descritas, tenían bien claro esas divisiones espaciales del 'aquí' y del 'allá', del 'adentro' y del 'afuera', para así diferenciar lo familiar de lo extraño, aun cuando el recorrido por esos lugares lejanos se haya dado a través de la imaginación libresca más que de la experiencia empírica.

La memoria cultural se convierte en un testimonio importante que viene a influir en la evaluación del encuentro con lo extraño, convirtiéndose en la medida de la lejanía de la representación territorial. Esos horizontes desconocidos eran las fuentes que alimentaban los archivos visuales de donde habían surgido los seres de presencia fabulosa, o gente con un solo ojo, con hocico y cabeza de perro que se alimentaba de carne humana, los cuales habían sido suministrados por los regímenes de representación de la tradición grecorromana.

Si como dice el dicho popular, ver es creer, la manera en que entendemos las cosas de la realidad exterior está determinada por lo que sabemos o creemos saber de ella. Obviamente esta acción de ver establece una posición subjetiva, desde la cual el espectador-explorador hace la evaluación del objeto visto, de acuerdo con lo que sabe o cree saber. Para John Berger, la visión actúa de una manera dialéctica particular, ya que sitúa al observador no solamente dentro de la imagen del objeto visto sino dentro de su contexto histórico y cultural. Los eventos y las acciones de la imagen se establecen dentro de un marco histórico más amplio de la totalidad social representada, dentro de la cual el espectador mismo se sitúa. Esto hace que el observador se presente, de una manera activa y productiva frente a la imagen descrita para tomar una relación especial y perspectiva de las cosas que observa:

> We never look at just one thing; we are always looking at the relation between things and ourselves. Our vision is continually active, continually moving, continually holding things in a circle around itself, constituting what is present to as we are. (1972: 9)

Esta relación entre el observador y el objeto observado, es decir, la imagen creada – literal, pictórica, fotográfica – se da como parte de un acto epistemológico que privilegia sólo lo que el espectador quiere y desea ver. La acción visual, además, conlleva un acto de apropiación y dominio ya que pone la cosa vista al alcance del observador, aun cuando la primera se encuentre lejana del agente que la está observando. Dentro de un contexto colonial, obviamente este proceso hermenéutico va a tener consecuencias de mayor trascendencia.

Por su parte, Douglas Pocock deconstruye el proceso de exploración del saber geográfico, al señalar que si el noventa por ciento del conocimiento que tenemos del mundo se da a través del sentido de la vista, la relación que se da entre la visión y la percepción de lo visto – el proceso mental que toma lugar durante la percepción de la imagen – tiene que ser analizada de acuerdo al conocimiento, las creencias y los valores que se tienen del objeto que se observa:

> Knowledge, including environmental knowledge, is not given but learnt, and is subjective in that it is acquired and held by each subject. We are taught to see, so that what is known mediated through a series of cultural filters – social, political and academic – which refract reality and condition or precondition what we see. (1981: 386)

En efecto, la aparición de lo maravilloso y fantástico en los lugares remotos de la periferia cristiana se derivaba de las creencias que la Europa cristiana había acumulado en su archivo cultural a lo largo de los siglos. Es ahí en donde la imaginación del viajero/escritor se pone en marcha para llenar los huecos que había dejado el saber tradicional a raíz de la falta de un conocimiento empírico sobre esos espacios. En la Antigüedad, según John Wright, las *terrae incognitae* funcionaban como una frontera simbólica y cultural que separaba el mundo conocido o familiar de la vastedad sombría de lo desconocido y ajeno, el cual causaba tanto miedo como fascinación, ya que era el lugar en donde la imaginación compensaba y llenaba los vacíos por la falta de conocimiento sobre esas regiones remotas. La imaginación desplaza a la realidad empírica y la sustituye con el conocimiento previo sobre lo que se entendía eran los lugares lejanos y extraños, para convertir esas regiones desconocidas en conocidas o familiares, y así sujetarlas bajo el control y domino del productor de las imágenes:

> The unknown stimulates the imagination to conjure up mental images of what to look for within it, and the more there is found, the more the imagination suggests for further search. Thus curiosity is a product of the imagination. (1947: 1)

Inevitablemente, la curiosidad e imaginación se mezclan para crear esas imágenes maravillosas en la mente del hombre medieval y así ejercer un control sobre los espacios ajenos y remotos, de los cuales se carecía de un conocimiento empírico. Para Paul Zumthor, el 'haber "descubierto" un espacio, un ser, un objeto nuevo, quiere decir que hemos partido de aquí, con la cabeza llena de ideas preconcebidas, con el corazón cargado de sentimientos anticipados, y convencernos de que la experiencia ha verificado las primeras y ha justificado los segundos' (1994: 248).

La *oikoumene* y el Oriente monstruoso

En efecto, la narrativa de los viajes de exploración elabora imágenes de imágenes, ficciones de ficciones que habían ya estado en circulación desde la tradición helénica, la cual había sido un producto de la historia del contacto europeo con las regiones periféricas, especialmente del denominado Oriente.[4] Los autores griegos, según señala Mary Campbell, entendían el Oriente no como un área geográfica específica sino como un concepto que estaba separado de ella y que, esencialmente significaba 'en otra parte', fuera del ámbito familiar y conocido. Esta misma noción de frontera es retomada, más tarde, por sus herederos medievales quienes se apropian de ese rico archivo de imágenes para convertirlo en una tradición cultural geopolítica que identificaba lo monstruoso y exótico con el Oriente (1988: 48).

El conocimiento geográfico que predominaba durante la Edad Media estaba conformado por dos tipos de obras: unas de carácter teórico, que explicaban el origen del universo y su imagen, cuya visión era netamente cristiana, aunque paralelamente a ésta se encontraba un conjunto de nociones

---

[4]   Según Oscar Dathorne, la imagen que describen los llamados descubridores del continente americano 'is loaded with meaning, derived not from the place itself (although this could also be contested in a different context), but more specifically from what is said, referred to, and defined in the context of the European language' (1995: 10).

que provenían de los filósofos e historiadores griegos. No obstante, algunas de estas obras se contraponían al cristianismo, por no ajustarse a los preceptos bíblicos, entre otras cosas. Sin embargo, el escolasticismo logró reacomodarlas y asimilarlas, para así dejar una huella importante en la historia de la tradición judeocristiana.

Existían también otras obras que describían la geografía tal y como sus autores, según ellos mismos testificaban, la habían observado en sus itinerarios por pueblos y lugares remotos. Sin embargo, mucha de esta literatura de viajes no era más que un producto de la fantasía del europeo acumulada a lo largo de los siglos, más que de una experiencia realmente empírica, ya que, como lo señala Campbell, 'before the Renaissance, overseas travel was rare enough among Europeans that travelers could indeed "lie with authority", though they might not mean to' (1988: 2).

Como ya se ha mencionado, la Europa medieval fue heredera y continuadora de gran parte del saber clásico sobre las regiones que conformaban sus fronteras culturales, y de las que se creía estaban habitadas por monstruos o seres con una humanidad deformada debido al espacio remoto en el que habitaban. No es de extrañar que la concepción mística-geográfica que desarrolla la cristiandad estuviera sustentada sólidamente en la noción clásica de la *oikoumene*,[5] la cual concebía a la Tierra como una gran masa terrestre completamente rodeada por agua, y dividida en tres partes o mundos: Asia, Europa y África, y que más tarde la cristiandad los va a relacionar con los tres hijos de Noé: Sem, Cam y Jafet, formando una sola unidad de acuerdo con la ley divina (Uno y Tres).

No obstante, estas divisiones o regiones geográficas no se entendían dentro de la geopolítica que poseen hoy en día, pues tal y como lo advierte Benjamin Braude, éstas tenían una significación totalmente distinta en aquel entonces:

The notion of the division of the world into three and more continents, according to the *Oxford English Dictionary*, did not exist before the seventeenth century. The terms Asia, Africa (Libya in the older classical usage), and Europe existed centuries earlier, but they did not always mean what they mean today. They were regions of one world, not separate continents. (109)[6]

5 El concepto griego de la *oikoumene*, según Clarence Glacken, tenía por lo menos seis sentidos diferentes, empero el más común era el que designaba al 'mundo habitado', el que se pensaba estar poblado y el único con las condiciones necesarias para sostener la vida (1967: 17–18).

6 Braude agrega también que: 'even among mapmakers themselves, "Europe", "Asia" and "Africa" had little significance. How else to explain the transposition of "Europe" and "Africa" on the elaborate Hereford mappamundi of the early fourteenth century?' (1987: 109).

Estas particiones no poseían una definición específica en la mente medieval, pues más bien hacían referencia a regiones de un mismo mundo, y en ningún momento a continentes separados. Aunque con el paso del tiempo, estas nociones irán cambiando conforme se iba expandiendo el conocimiento del mundo, sobre todo a partir del siglo XV, para luego irse definiendo gradualmente de manera continental, una vez que el desarrollo cartográfico moderno les confiriere un significado más apegado a la geografía política del momento.

Aunado a esta imagen tripartita de la Tierra, se encontraba asimismo el otro lado de la moneda: la posibilidad de la existencia de otras tierras desconocidas y pobladas allende el mar. A este *orbis terrarum* se le agregaban una serie de islas conocidas o por conocer que lo rodeaban y que estaban diseminadas en el Mar Océano o *mare tenebrosum*, como era conocido entre los navegantes de la época.[7] Y aunque algunas autoridades como Aristóteles, Ptolomeo, y San Agustín negaban la posibilidad de vida humana más allá de la *oikoumene*, ya sea por razones teológicas o por razonamientos de la teoría climática de la época – ya que se pensaba que el calor intenso imperante en la región ecuatorial (tórrida) hacía imposible cualquier tipo de vida. En cambio, otros pensadores como Macrobius y Capella mencionaban la posible existencia de un cuarto mundo, el Antípoda, localizado al otro extremo del *orbis terrarum*, más allá del impasable Océano Ecuatorial.[8]

Este conocimiento geográfico heredado de la cultura helénica poseía una estructura jerárquica binaria que delimitaban lo conocido y determinado, de lo desconocido e indeterminado. A través de esta imagen, los mundos ya conocidos y poblados formaban parte de la tradición mítico-religiosa de la cultura judeocristiana, relacionada directamente con el nacimiento de la cultura grecorromana y de la génesis bíblica. Mientras que los mundos desconocidos, el otro mundo, formaban parte de lo indefinido, en donde la humanidad o racionalidad de sus habitantes se ponía en duda, a fin de fortificar los límites de la norma antropomórfica grecorromana.[9]

---

[7]   Jean Verdon señala que el hombre medieval se sentía más seguro viajando por tierra que por mar, pues éste último le provocaba miedo, repulsión y ansiedad debido a que la realidad (tormentas) y la imaginación (monstruos y demonios) le estimulaban esas sensaciones (2003: 55).

[8]   John Wright señala que si bien Macrobius creía en la existencia de las regiones de la llamada Antípodas, no creía que sus habitantes fueran como los griegos, romanos o bárbaros, y dudaba además de la posibilidad de saberlo algún día (1947: 160). Según George Kimble, la noción de la existencia de una región Antípoda durante la Edad Media se diluyó y confundió con la otra noción del cuarto mundo o continente austral que se creía encontrarse deshabitado (1968: 37).

[9]   En su extensa obra sobre la transferencia del pensamiento medieval europeo a México por parte de los españoles, Luis Weckmann señala que 'los grandes mitos de la conquista americana tienen una raíz telúrica y una base existencial, en el sentido de que eran la realidad tal como la percibía el espíritu crítico y la imaginación exaltada de los conquistadores, espíritu e imaginación condicionados por el bagaje intelectual [medieval] que arrastraban consigo' (1984: I. 55). Para un

La construcción jerárquica del *orbis terrarum* se entiende mejor si la vemos como un elemento esencial de las tácticas y estrategias del poder que los griegos, romanos y, más tarde, la Europa cristiana, emplearon para construir la imagen del mundo de acuerdo a su proyecto geopolítico. El uso y manejo de esta jerarquía espacio-corporal – culto/bárbaro, occidente/ oriente que luego se tornará en norte/sur – contribuirá a la justificación de la conquista y colonización de las culturas aborígenes de América y del resto de los pueblos no europeos. Dicha concepción geopolítica se expresará constantemente bajo categorías binarias de lo 'superior' e 'inferior', en donde la imagen del mundo producida se estructuraría de acuerdo a los proyectos hegemónicos de la Europa cristiana.

Las actitudes sobre el universo, el cuerpo humano, y la otredad se transmiten al enciclopedismo medieval a través de escritores griegos y romanos, que empiezan a circular en Europa desde comienzos del siglo XII. Este conocimiento geográfico y etnográfico, cuyo origen era más mítico que real, estaba contenido en obras de autores como Hipócrates, Aristóteles, Herodoto, y Plinio, entre otros. Sus escritos, que compilan gran parte de la tradición geográfica clásica, muestran cómo para la tradición grecolatina el lugar físico que el individuo ocupaba dentro del universo era fundamental para el entendimiento de su composición física y comportamiento moral.

Dentro de la tradición hipocrática, el cuerpo humano estaba compuesto de cuatro humores: sangre, flema, bilis amarilla y bilis negra. Más tarde, esta teoría va a ser expandida de una manera más sofisticada por Galeno, un médico romano del siglo II d. C, quien, influido por Aristóteles, establece que tanto el universo (*macrocosmos*) como el propio cuerpo humano (*microcosmos*) estaban compuestos por cuatro elementos: fuego, aire, tierra y agua. El orden de cada uno de ellos era mantenido a partir de la lucha de los opuestos, caliente/frío, seco/húmedo, con lo cual se determinaba el estado de salud y la jerarquía social del individuo. Esta interacción suministraba las claves para entender la manera en que el mundo llegaba a un orden a partir del caos.

Para los griegos, como más tarde para los filósofos medievales, existían lugares más propicios para mantener el balance de los humores, y (viceversa) había también los que inducían su desequilibrio. Los escritos mismos del corpus hipocrático muestran – según Glacken – un interés por buscar no tanto la similitud entre los pueblos, sino las diferencias que existían, tanto en lo natural como en lo moral. Para Hipócrates, los pueblos de Asia, a diferencia de los de Europa, carecían de espíritu, coraje, e inclinación por las armas debido al clima caluroso que imperaba en sus regiones. Sus propias

estudio sobre los bestiarios medievales, véase John Block (1981). Irving Leonard tiene un estudio (1949) de la influencia de la literatura fantástica, en especial, de los libros de caballería, en la mente de los conquistadores.

instituciones influían en el carácter de los asiáticos, ya que el despotismo de sus gobernantes hacía que la bravura y el espíritu natural en los hombres cambiasen de una manera negativa. Aquí Hipócrates se vale de las categorías genéricas hombre/mujer para diferenciar a estos últimos, resaltando la masculinidad de los griegos por su apego natural a las armas, además de recalcar su espíritu y coraje. En contraposición, los asiáticos aparecen con rasgos femeninos ya que, aunque se describen como hombres, la carencia de ese espíritu y coraje de la naturaleza viril (performativa), mostrada por su desapego a las armas, los situaban en un lugar intermedio o híbrido: entre hombre y mujer.

Otro contraste que Hipócrates señala era el estado de sumisión (femenino también) en el que se encontraba la gente de Asia bajo el propio despotismo de sus gobernantes, a diferencia de los griegos que vivían bajo una completa libertad e independencia, gracias al clima templado y sus propias instituciones (Glacken 1967: 85–86). Esta noción de libertad debe entenderse dentro del contexto helénico, es decir, en relación con su opuesto, la no libertad, la esclavitud, ya que, como implícitamente lo sugiere Hipócrates, ese era el estado en el que se encontraban los pueblos de Asia.[10]

Después de todo, como lo señala Margaret Hodgen, para los griegos, su país era una isla de civilidad en un océano de incivilidad (1964: 22), por lo que estas ideas llevaron a la creencia de que las diferencias sexuales, étnicas y culturales fuesen el resultado de las condiciones climáticas.

En efecto, la diferencia sexual se explica también a través de la teoría de los humores, la cual va a tener vigencia aún a finales del siglo XVIII – como se verá en el capítulo 5 de este libro. Según esto, la naturaleza de las mujeres era fría y húmeda, mientras que la de los hombres era seca y caliente. Estas características apuntalaban las jerarquías genéricas establecidas, al juzgar que la humedad y el frío dañaban la parte racional de la persona, mientras que el calor y la sequedad la aumentaban y perfeccionaban. Dentro del sistema aristotélico, a la mujer se le define repetidamente como 'el defecto, la imperfección sistemática respecto a un modelo', el masculino (Sissa 2000: 116), y es vista como un hombre disminuido debido a la falta de las características masculinas: el calor y la sequedad.

A los planetas también se les asociaban con los distintos elementos y sus propiedades, conectando así el cuerpo humano con el cosmos, por lo que todas sus funciones fisiológicas y sus características psicológicas eran explicadas a través de la misma teoría. Claudio Ptolomeo, conocido por los musulmanes en traducciones árabes, y descubierto por la Europa cristiana hacia principios del siglo XV, señala la influencia del clima y los astros en

---

[10] Para un análisis de la noción de la libertad (*eleutheria*) dentro del pensamiento griego véase Beringer (1985).

el carácter moral de las personas, así como en la composición del cuerpo humano. Según Ptolomeo, dos de las zonas que componían el mundo, ártica y tropical, estaban deshabitadas a raíz de lo extremoso de sus climas, ya que, o hacía demasiado frío en una, o demasiado calor en la otra. Mientras que la tercera, la zona templada, era la única que podía hacer posible la vida humana (civilizada), ya que las otras regiones que se encontraban más allá de esos límites estaban pobladas de tribus bárbaras y primitivas (Tooley 1953: 68). Lo bárbaro se entendía no sólo desde el punto de vista cultural (éticomoral), sino desde lo físico, según los parámetros que la misma norma corporal grecorromana establecía, ya que como señala Robert Garland, 'ethnic deformity exemplified the critical difference between the Greco-Roman self and the other. As such it embodied in a literal as well as metaphorical sense the failure of the Other to measure up to the civilized, classical norm' (1995: viii).

Si bien los griegos son los que más aportaron en sus investigaciones geográficas, son los romanos los que más influyen directamente en el pensamiento de la cristiandad medieval (Wright 1947: 11). Ejemplo de ello es la *Historia natural* de Plinio, obra enciclopédica que recupera gran parte del saber grecorromano sobre el mundo natural. Este historiador latino no solamente fue muy leído a lo largo de los siglos, sino también proveyó los modelos en los que la imaginación medieval se basó para describir los pueblos y regiones remotos y periféricos del mundo grecolatino.[11]

Plinio manifiesta haber consultado alrededor de veinte mil volúmenes de un centenar de autoridades, que ya desde principios del siglo V a. C. formaban parte del archivo cultural clásico, con el cual se había descrito la naturaleza, las costumbres y la apariencia física de los pueblos considerados bárbaros por los griegos. Influido por la teoría climática de Hipócrates, el naturalista romano explica que el origen de las diferencias raciales se debía al clima, señalando que el intenso calor que existía en las regiones habitadas por los etíopes (África) les había hecho la piel oscura y el pelo crespo; mientras que el frío agudo del norte les había originado a sus habitantes la piel blanca y el pelo lacio. Según el historiador romano, aunque en ambas regiones los hombres eran altos, los primeros eran más juiciosos debido a los cambios del clima, mientras que los segundos más fieros a consecuencia de la rigidez del mismo. Como era de esperarse, la gente que vivía en la parte media de la tierra (entiéndase aquí las regiones que incluían al imperio romano) era de estatura mediana, de costumbres apacibles, ingenio fértil, y de una capacidad para controlar y dominar la naturaleza:

11 El *Dictionary of the Middle Ages* señala que de los tres enciclopedistas de la antigua Roma – Varro, Celsus y Plinio – sólo la obra de este último pudo sobrevivir completa y, por ello, ejerció una gran influencia en los posteriores enciclopedistas medievales (Verner 2005: 12).

> Los mismos [habitantes] ocupan imperios que jamás señorearon gentes
> estrangeras, ansí como aquellas gentes apartadas de la mitad del mundo
> tampoco han dexado señorear de los romanos, siendo solitarios a causa de
> la ferocidad que los divierte de toda humanidad y policía. (1966: 120)

De esto se deduce que, mientras las regiones templadas propiciaban la libertad
y el desarrollo de pueblos cultos, los climas extremosos, por su lejanía de la
'humanidad y policía', sólo propagaban la incivilidad, lo bárbaro y salvaje.
Lo apartado que estaban estas regiones de la norma grecorromana las hacían
ser el terreno privilegiado de la trasgresión del orden simbólico; lugares
productores de todas las maravillas inimaginables.

Es en el libro séptimo de su *Historia natural*, en el que Plinio inicia su
recuento de la 'gente desta monstruosidad' al hacer mención de los sacrificios y las costumbres de comer carne humana de los cíclopes y lestrigones,
los cuales habían habitado alguna vez Sicilia e Italia, zonas consideradas
por la geografía clásica como parte de 'la mitad del mundo'. Sin embargo,
van a ser las regiones identificadas como India (Asia) y Etiopía (África) las
que engendraban, según el propio autor, una gran abundancia de maravillas,
'cosas dignas de admiración' para ser reportadas y catalogadas en su vasta
obra (305–6).

La importancia del proceso enciclopédico que Plinio sigue se sustenta, no
solamente en la extensa información que recaba, entre otras cosas, sobre 'las
extrañas figuras de gentes', sino, como lo señala Lisa Verner, en la fuente de
donde proviene dicha información, es decir, de esos veinte mil volúmenes
del centenar de autoridades que el historiador romano parece rescatar. Esta
tendencia se va a continuar más tarde con el enciclopedismo de la Edad
Media, pero ya bajo un nuevo principio organizativo que va a ser impulsado
por el desarrollo de la cristiandad (2005: 20–21).

El propio Plinio había heredado ese archivo de imágenes acumulado desde
el siglo V a. C. como resultado de la interacción y contacto que los griegos
habían tenido con regiones e imperios como los de Persia, Egipto, y la India, el
cual se viene a acrecentar durante la empresa imperial de Alejandro Magno.[12]
Los nueve libros de la *Historia* de Herodoto fueron unas de las fuentes principales de esta tradición etnográfica. Esta obra narra las guerras entre griegos
y persas, además de contener una gran información, geográfica y etnográfica, compilada a lo largo de las travesías expedicionarias del autor, aunque
la gran mayoría de la información recopilada se haya derivado de fuentes

---

[12] Según Lorraine Daston y Katharine Park, los escritores de la temprana Edad Media tienden
a seguir esta tradición alejandrina, reflejando los propósitos imperiales de su héroe y retratando el
Oriente como adversario y botín al mismo tiempo (1998: 26).

secundarias, o/y del propio archivo cultural de la época.[13] Entre sus anéc-
dotas, Herodoto relata las costumbres y los modos de vida de los atenienses,
espartanos, persas, egipcios, sirianos, e indios, intercalando narraciones de
criaturas monstruosas y sorprendentes, cuya existencia y particularidades
solamente se podían explicar dentro de los confines que la imaginación de la
época ofrecía. Ejemplo de ello son las hormigas gigantes que escarban oro
en la India; o las maneras diversas, opuestas siempre a las griegas, en que
supuestamente se comportaba la gente en Egipto, tierra en donde, según el
autor griego, las mujeres se ocupaban del comercio y los negocios, mientras
que los hombres se quedaban tejiendo en casa. Además, en esas regiones las
mujeres orinaban de pie y los hombres lo hacían sentados.[14]

Dentro de esta cosmovisión, el Oriente se construye como la tierra de lo
monstruoso, en donde sus mismos habitantes, por estar lejos de la 'mitad
del mundo', lo estaban también de 'toda humanidad', según los ideales de
la cultura grecorromana. Sólo ahí era posible concebir la existencia de seres
como los pigmeos, hombres con cabeza de perro, o gente sin cabeza y con la
cara en el pecho, pues sus deformidades marcaban los límites y la trasgresión
corporal del modelo humano clásico. Robert Garland señala que:

> By their own imperious reckoning, the Greeks and the Romans stood head
> and shoulder, culturally speaking, above all other races on earth in part
> because they alone exemplified the ideal human type. Any departure from
> that ideal type, however trivial, was therefore interpreted as a mark of the
> despised barbarian, whose attributed physiological defects were regarded
> as an expression of the latter's cultural limitations. (1995: viii)

Si para el enciclopedismo pagano los monstruos no eran otra cosa que un
juego de la naturaleza y espanto para el hombre, tal y como lo señalara Plinio
(1966: 308), para la cristiandad se convierten en una creación divina, a través
de los cuales se podía acceder a Dios. Si para el naturalista romano, lo que
estaba más allá del mundo físico era impenetrable y de poca importancia,
para el cristianismo medieval era el único mundo que podía interesar:

---

13 Según Margaret Hodgen, Herodoto fue el primero que privilegió los estudios comparativos
en la comprensión de las particularidades culturales, lo cual ha dificultado desde entonces la apre-
ciación de la alteridad, convirtiéndose éste en un problema persistente y recurrente en los estudios
antropológicos (1964: 21).

14 Herodoto 1996: 138, 274; Grafton *et al.* 1992: 37. Estas imágenes de Herodoto van a
aparecer todavía a finales del siglo XVI en la Nueva España. En esta ocasión el criollo Juan Suárez
de Peralta las retoma para explicar el supuesto origen de los indígenas americanos: 'Otra opinión
hay, que proceden de los etíopes o egipcios, porque los tales tienen costumbre de que las mujeres
negocien, y traten de mercaderías y otros oficios públicos, y los hombres estar en casa y tejer y
labrar; y ellas orinan en pie y los hombres sentados' (1990: 51).

For early Christianity, the world beyond the physical was in fact the only world of any importance, and one only studied the physical world in order to acquire access to and understanding of the spiritual world beyond. Christianity also placed greater import on the idea of truth, not necessarily of the physical or literal variety, but of the spiritual sort. (Verner 2005: 21)

Para muchos pensadores cristianos de la Edad Media, la relación entre el lenguaje y Dios se viene a articular mediante la imagen del monstruo, convirtiéndolo en un símbolo alrededor del cual se construye toda una teología de la representación. David Williams distingue dos manifestaciones principales del monstruo en la Edad Media, la simbólica y la literal, poniendo más énfasis en la idea del monstruo más que en la creencia de su existencia. Williams señala que 'the conceptual function of the monster in medieval culture as the symbolic expression of a philosophical tradition most fully articulated in the negative theology of Pseudo-Dionysius, the Aeropagite' (1996: 5). Para esta tradición neoplatónica cristiana, el lenguaje afirmativo era incapaz de reflejar no sólo la totalidad de las cosas sino la propia divinidad y su creación. Si Dios estaba más allá del ser (como el Bien de Platón, o el Uno de Plotino), no era posible conocerlo por la *vía positiva* (aplicándole predicados), sino sólo por la *vía negativa*, ya que sólo se podía concebir a Dios negando 'lo que no es'. De esta manera, se despoja a Dios de todo aquello que era incompatible con él, como lo deforme o lo monstruoso, para disolver el enlace entre el significante y el significado con el fin de comprender lo divino como lo que no es, como una ambigüedad o paradoja.

Tan repugnantes como lo eran, los monstruos no se concebían como un error de la naturaleza, sino como el producto del designio de Dios, quien a su vez, se entendía, intentaba mostrar a la humanidad un mensaje significativo. Para San Agustín, si Dios es el creador de todas las cosas, los monstruos eran también el resultado de la creación divina y, por tanto, no debían ser tomados como creados contra la naturaleza, ya que nada de lo que Dios había creado podía ser antinatural: 'Un prodigio, pues, no sucede en contra de las leyes naturales, sino contra lo conocido de esa naturaleza' (*La ciudad de Dios* XXI.8). Por tanto, los monstruos eran signos del cielo, ejemplos de la vastedad de la creación divina, pero nunca perversiones de ésta.

La estética dionisiaca le da al monstruo un valor especial, ya que su significante, por ser demasiado extraño, hacía que su significado nunca pudiera ser localizado, inclusive podría no existir. La misma palabra monstruo, señala San Agustín, se deriva 'de *monstrare* (mostrar) porque siempre muestran algo con un significado'. El enciclopedismo cristiano rescata a los monstruos de la tradición pagana para hacerlos aparecer como una manera de acceder a los mensajes enviados por el Creador del universo, como lo señala Verner: 'Christian cosmology thus recruits the monstrous to further its own theolo-

gical ends; it domesticates monsters and brings them back within the religious metanarrative' (2005: 40).

Para finales de la Edad Media los fenómenos naturales inusuales empezaron a ser interpretados y percibidos como 'maravillas', con el fin de enfatizar más lo extraño y excepcional del carácter (Kappler 1999: 52). Si bien
la Iglesia había reprimido lo maravilloso de la cultura popular en la temprana
Edad Media por considerarla de extracción pagana, para los siglos XII y XIII
se lo empieza a incorporar dentro de la liturgia oficial para luego convertirlo en un instrumento con propósitos ideológicos. Establecidas como una
distorsión de la norma cristiana, las maravillas se convirtieron en parte del
mundo natural, vistas como signos de la ira de Dios, o una señal del poder
de la naturaleza, que podían inspirar tanto miedo como admiración, depen-
diendo siempre del contexto religioso o político. Lo interesante de las maravillas medievales, declara Le Goff, es que éstas aparecen tan fácilmente en
la vida diaria que nadie se molestaba en cuestionar su veracidad (1988: 33).
La misma literatura caballeresca no se pudo escapar de esta tendencia, y lo
maravilloso aparece constantemente en las batallas que los caballeros libran
– para probar y ejercitar su identidad masculina – contra una infinidad de
monstruos que simbolizaban el paganismo (musulmán) y el peligro que éste
último representaba para la cristiandad.[15]

El hombre medieval se veía como parte de un esquema más grande de
totalidades, en donde las divisiones existían, pero sólo como parte de una
visión holística más amplia. Ya la cultura clásica había puesto un énfasis en
la belleza humana como una manera de mostrar las divisiones, como muy
claramente se advierte en el arte y la literatura, en donde los dioses regularmente poseían una belleza sobrenatural apropiada a su jerarquía divina, muy
en contraposición con la fealdad de los monstruos. Los estamentos sociales
se expresaban a través de los contrastes entre los diferentes tipos de cuerpos
del componente social, ya que mientras el noble poseía una belleza y una
buena constitución, el campesino en cambio era feo y deforme (Freedman
1999: 139). Los prejuicios de clase, como lo señala Peter Burke, así como
los prejuicios étnicos y religiosos fueron expresados a través del lenguaje de
los cuerpos monstruosos (2004: 27).

La condición moral de los individuos se juzgaba de acuerdo al control
que se debía ejercer sobre los placeres y deseos humanos, el cual debía regu-
larse mediante la razón. Las infracciones que se derivaban por la falta de
una adecuada regulación, ofendían el orden natural en su sentido universal,
porque rompían no solamente la fábrica divina sino también el balance con

---

15 Jeffrey Jerome Cohen sostiene que los romances son provecciones de masculinidades
idealizadas contenidas bajo el término 'caballeria', el cual hacia referencia a un modo de
comportamiento que buscaba construir y delinear la identidad (sexual) de una clase social en
crisis (1999: 78–79).

el que se constituía la salud humana (Cadden 2004: 220–21). La fragilidad del Orden natural se evidenciaba con las enfermedades. Así, varios autores medievales estipulaban que los defectos físicos no eran más que un reflejo de sus propios defectos interiores, por lo que el pecado se podía manifestar en forma de enfermedad o deformidad física, siendo la lepra, por ejemplo, el mal simbólico e ideológico por excelencia.[16]

A finales de la Edad Media se implanta una moral clerical construida a partir de principios racionales, que permitían distinguir los comportamientos positivos (virtudes) de los negativos (vicios), ponderando las conductas apropiadas y reprobando las inapropiadas. Este énfasis en la adquisición de la virtud a través de la práctica (*habitus*) de buenas acciones se derivaba de lo postulado por Aristóteles, quien había declarado que 'ninguna de las virtudes morales germinaba en nosotros naturalmente' y, por ello, era necesario asumir la libertad humana para buscar la justa disposición del individuo para no caer en el desenfreno humano (*Ética* II. i). Era gracias a la razón como se llegaba a discernir lo que era bueno y juzgar lo que era malo. Esta moralización de la sociedad cristiana introdujo una nueva ética sexual bajo el valor de la lujuria (*luxuria*), entendida como un impulso humano que suponía siempre un desorden en los apetitos carnales. La sensata supervisión de la parte apetitiva era análoga a la moderada práctica requerida para el ejercicio de las virtudes aristotélicas, constituidas bajo dos opuestos: un vicio del exceso y un vicio de la deficiencia. Así, la falta de coraje caracterizaba a los cobardes, mientras que su demasía los hacía temerarios (*Ética* II. ii). Por tanto, la virtud se define como el término medio entre los vicios del exceso y del defecto.

En su *Summa theologica* Tomás de Aquino define la lujuria como un vicio del deseo incontrolable de los placeres venéreos (*voluptates venerei*). Aunque advierte que un pecado carnal no es por sí solo pecaminoso, sino más bien es el exceso de este tipo de acto lo que desencadena otros pecados. Para el teólogo medieval, todo pecado carnal era un pecado bestial ya que privilegiaba los deleites que más acercaban al ser humano a los animales.[17] Aristóteles, el filósofo griego que más influencia ejerce en el pensamiento tomista

---

[16] Se creía que los leprosos eran el fruto de padres que habían tenido relaciones sexuales durante ciertas fechas litúrgicas en las que se demandaba la abstinencia, o durante el periodo de la menstruación (Le Goff 1988: 83–84).

[17] Aquino distingue siete tipos de lujuria: la simple fornicación, el adulterio, el incesto, el estupro, el rapto, el sacrilegio y los vicios contra natura. Se entendía por pecados *contra naturam* los que violaban el orden mismo de la naturaleza, es decir, los que ponían en peligro la conservación de la especie al no darle el uso adecuado de la reproducción humana, lo cual era tomado como una ofensa a Dios mismo, por ser el Creador de la naturaleza. Aquino sigue a Aristóteles, aunque según Mark Jordan lo viene a malinterpretar, ya que agrupa el canibalismo, el bestialismo, y las relaciones sexuales entre hombres dentro de los *hábitos* bestiales, señalando que 'the vice against nature is not contained under malice, but under bestiality, as is clear from the Philosopher in *Ethics* 7', algo que el filósofo griego no aduce (1997: 143–50).

y en la escolástica, señala en su *Ética* que algunos placeres físicos, como los relacionados con la comida y el sexo, son necesarios para la vida humana y, por tanto, naturales para todas las criaturas, en especial los humanos; aunque también son susceptibles al exceso (VII. iv). De ahí que el apetito por lo carnal se le relacionara estrechamente con la gula, ya que ambos comportamientos estaban relacionados con una administración desordenada de lo corporal (Le Goff 1988: 97–98).

Para el escolasticismo, el mundo estaba ya acabado y cerrado, y no había razón alguna para salir a explorar o descubrir cosas nuevas, dado que no solamente las Sagradas Escrituras lo habían certificado, sino también la tradición pagana. La cristiandad no entendía el espacio geográfico como algo neutral en donde se pudieran hacer observaciones físicas o científicas, sino como una totalidad completa, y sólo debía interpretarse como una muestra de la creación Divina. Su orientación político-religiosa tendía a reforzar los mitos de los orígenes bíblicos del mundo y la subsiguiente división territorial de éste entre los descendientes de Noé. Es así como las monarquías europeas frecuentemente inventaban árboles genealógicos para emparentarse con la línea directa de esa descendencia bíblica.

La cosmología medieval concebía un orden universal de las cosas (orden divino), el cual tendía a reflejarse en la propia realidad inmediata (orden natural). Las marcas o signos que Dios había depositado alrededor del ser humano, con el fin de que pudieran ser interpretadas, se derivaban de las pronunciadas por las Sagradas Escrituras o los sabios de la antigüedad clásica. Conocer el mundo significaba interpretarlo a través de los signos depositados en él por la suprema Deidad, aunque 'only professionals, licensed by the possesion of formal university degrees, could manipulate the texts and master the terms of canonical knowledge' (Grafton *et al.* 1992: 3). Esta excesiva dependencia del argumento de la autoridad y un cierto desinterés por las ciencias naturales y la experiencia empírica impide que el escolástico descubra nuevos datos o principios, y más bien enfoque sus esfuerzos en demostrar la verdad de los credos ya consolidados.[18] Por supuesto, esto obstaculizaría el 'descubrimiento de nuevas verdades' (Romero 1981: 155).

George Kimble ha señalado que el intelectual medieval estuvo más preocupado por preservar su legado cultural que de enriquecerlo, debido a su estricto apego al conocimiento enciclopédico. Según Kimble (1968: 42–43) esta posición explica por qué la geografía del siglo IV es esencialmente la geografía del VIII y hay, de hecho, muy poca diferencia con la del siglo XV. Alexander von Humboldt había ya señalado que Colón había tomado muchas

---

18 Ninguno de los 'auctores' dedicados a los estudios geográficos hace referencia de la geografía de su época. En su obra *Quaestiones in vetus Testamentum* San Isidoro de Sevilla (ca. 560–636) confiesa que sus conocimientos no son mas que la 'voz' de la tradición al señalar que 'mi voz no es más que sus lenguas' (Kimble 1968: 42).

de sus ideas de Pierre d'Ailly, quien a su vez se había basado principalmente en Roger Bacon, autor que debía sus conocimientos a los primeros padres.

La vasta literatura de viajes que se desarrolla durante la Edad Media muestra el interés que el público lector tenía por las maravillas de las regiones remotas del Oriente.[19] La riqueza y complejidad que encierran estos textos manifiesta la manera en que la sociedad veía y entendía al otro como su frontera cultural, enmarcado dentro de una combinación de miedo y fascinación, en donde las descripciones seguían las reglas de la verosimilitud aristotélica. Las aventuras a esos lugares lejanos iban de lo real (la entidad territorial designada) a lo ficticio (la manera en que estas regiones del mundo eran representadas), proyectadas a través de un mundo especular, en donde sus habitantes tenían la costumbre de ir desnudos, gozaban de una libertad sexual, y en donde la gran abundancia de recursos naturales que existían en esas tierras hacía que no fuera necesario trabajar para sobrevivir (Le Goff 1988: 32).

En efecto, la monstruosidad funcionaba como un tropo con el que se delimitaba y marcaba, de forma simbólica, las fronteras de la identidad cristiana, ya que más allá de ellas se albergaba lo inhumano y grotesco. Y es que el pensar en la otredad inevitablemente remite a la construcción de límites, espacios marginales en donde se encierra y contiene lo antitético del 'yo' (Uebel 1996: 265). Las razas monstruosas de la etnogeografía pagana se encontraban precisamente dentro de esos intersticios que se habían establecido durante el contacto que la Europa había tenido con mundos y culturas vecinales a lo largo de los siglos. La mentalidad escolástica, según Margaret Hodgen, impidió la búsqueda independiente de una antropología más realista del hombre y su naturaleza, dejándose llevar por lo fabuloso de las descripciones de la etnología clásica:

> For the mental torpor which is said to have cloaked the Western mind for so long during the Middle Ages, and which led in matters germane to social theory, anthropogeography, and ethnology to the acceptance of legend rather than unencumbered observation, two explanations may be offered. One of these was geographical ignorance, or better, perhaps, the refusal to accept obvious geographical facts. The other was the prolonged struggle against the Saracens. (1964: 51)

Las imágenes de los monstruos conformarán una base metatextual con la cual se producían y circulaban los estereotipos que más tarde ayudarán a la Europa cristiana con las representaciones del continente americano y sus pobladores, reafirmando sus fronteras – humanas y culturales – para situar

---

[19] Al respecto, véase Dawson (1955), Campbell (1988), y Phillips (1988).

al americano en la periferia del mundo cristiano, el lugar que ya ocupaba el Oriente mítico.[20]

El mundo cristiano busca validar e imponer su identidad corporal (masculina), establecida como una entidad normal, independiente y con capacidad para autorregularse; y a partir de ésta se van a medir todos los otros cuerpos no cristianos, cuya anormalidad, dependencia y falta de regulación corporal marcaban su diferencia e inferioridad respecto al paradigma europeo. Es así como se perpetúan los mitos de los hombres salvajes, antropófagos, bárbaros,[21] establecidos como categorías jerárquicas para clasificar la humanidad de los pueblos que se encontraban en las afueras de la *polis*, y en las regiones remotas del *locus* de la enunciación. Estas categorías dependían de la similitud o distancia que guardaban con el modelo ideal de humanidad asumido como universal.[22]

Los mismos griegos, quienes se habían adjudicado el derecho de clasificar la humanidad, dentro y fuera de sus confines, habían acuñado el concepto de bárbaro (adoptado más tarde por los romanos) para calificar y clasificar, de una manera peyorativa, a los pueblos que no hablaban la lengua griega, ya que era así cómo percibían sus lenguajes, de una manera onomatopéyica, es decir, como un conjunto de sonidos ininteligibles comparables a los emitidos por los animales. En otras palabras, la línea divisoria que separaba a los griegos de los bárbaros estaba delineada como una frontera lingüística determinada por la posesión del *logos*. Para Walter Mignolo, el término *bárbaro*, que más tarde es retomado por Fray Bartolomé de las Casas durante el siglo XVI para 'defender' a los indígenas, establece los fundamentos del racismo de la Europa Occidental, ya que, si bien este término no conllevaba una noción del color de la piel o pureza de sangre, 'it was racial because it ranked human beings in a top-down scale assuming the ideals of Western Christians as the criteria and measuring stick for the ranking' (2005: 16–17).

El cinocéfalo como frontera del 'yo' cristiano

De la misma manera en que la lengua funciona para marcar las diferencias entre pueblos y culturas, también los hábitos alimentarios forman parte de

20 Edward Said en su obra *Orientalism* señala que ya desde la antigüedad clásica se había venido articulando una tradición de ver el Oriente como opuesto a los valores de Occidente (1979: 57–58).

21 Véase la obra de J. M. Wallance-Hadrill, *The Barbarian West* (1962), en donde hace un análisis histórico del concepto 'bárbaro' como frontera geográfica de la cultura occidental durante la temprana Edad Media.

22 Para Terry Ellingson, 'the Savage and the Oriental were the two great ethnographic paradigms developed by European writers during the age of exploration and colonization' (2001: xiii).

los rasgos distintivos con los que se establecen las identidades. Sidney Mintz declara que 'what we like, what we eat, how we eat it, and how we feel about it are phenomenologically interrelated matters; together, they speak eloquently to the question of how we perceive ourselves in relation to others' (1985: 4). La misma sociedad griega había formulado una serie de frases idiomáticas desde el punto de vista alimentario, para diferenciar los pueblos cultos de los bárbaros. Para los griegos, los pueblos cultos eran los que 'comían pan' o 'comían lo que el suelo producía', a diferencia de los pueblos bárbaros que tenían la costumbre de 'comer carne cruda o humana'.[23] Esta diferenciación se sustentaba a partir del desarrollo cultural que un pueblo había alcanzado de acuerdo al dominio de la agricultura y, por ende, de la tecnología de la producción del pan, el cual estaba ligado a la cultura sedentaria emanada de la *polis*.

Dentro de este contexto se entendía que los pueblos que no habían logrado el dominio agrícola y, por ende, el desconocimiento de su *tecné*, eran los que tenían un estado nómada o bárbaro, ya que esa condición (cultural) inestable los obligaba a que su dieta se limitara al producto de la caza y/o el de la guerra, es decir, del consumo de carne cruda o de los propios prisioneros que obtenían del campo de batalla. Esta misma práctica alimentaria los emparentaba más con lo animal (naturaleza) que con lo humano (cultura).

En efecto, de los griegos emergen los discursos de la omofagia y la antropofagia dentro de la tradición cultural europea, convertidos como estrategias discursivas poderosas para diferenciar y jerarquizar a los pueblos. Su utilización será constantemente explotada por la Europa cristiana para deshumanizar al otro, y con ello justificar la sujeción y/o el exterminio de grupos humanos. Estas políticas han formado parte de los proyectos de explotación y colonización europeos. Claude Rawson menciona que 'the imputation of cannibalism which was normally made about the conquered peoples of the New World from at least as early as the beginning of the sixteenth century extends a habit of mind already evident in Greek antiquity' (1987: 76).

Si las diferencias culturales (y hasta humanas) pueden definirse a través de lo que uno come, el discurso de la antropofagia tiende a apelar a los sentidos del individuo para que a través de las imágenes que describen dicha práctica, el lector pueda sentir una aberración o repugnancia hacia ella (y hacia los que la practican), y con ello establecer los límites que marcan los espacios de lo humano y lo animal (monstruoso). De ahí se entiende que Aristóteles califique la costumbre de comer carne cruda o humana como hábitos bestiales, y que el mismo Tomás de Aquino, bajo la influencia del filósofo griego, los considere como pecados 'contra natura', mostrando con ello diferenciar los

---

[23] Según Claude Rawson, la antropofagia y la omofagia (el comer carne cruda) estaban muy relacionadas entre sí dentro del pensamiento griego (1987: 86).

hábitos de la naturaleza humana de la bestial (*Ética* VII. v; *Summa theologica* 1–2, q. 31 a. 7).

El discurso de la repugnancia, al que apela el discurso de la antropofagia, está relacionado con la experiencia sensorial de lo que uno siente al estar expuesto al peligro de ser devorado (contaminado) por lo repugnante, en este caso el antropófago. De ahí la necesidad de establecer fronteras y jerarquías que ayuden a separar lo repulsivo del 'yo', pues de lo contrario el contacto con éste puede convertir a uno también en algo repugnante, es decir, en un antropófago. William Miller señala que la repugnancia (disgust) tiene una poderosa capacidad para crear un sentido comunitario, lo cual es esencialmente útil y necesario para la construcción de barreras morales y sociales, a través de las cuales se van a definir y diferenciar 'nuestro' grupo de los 'otros' (1997: 194).

Por su parte, Julia Kristeva apunta que el establecimiento de fronteras entre uno, como sujeto, y los otros, como objetos, es central para el desarrollo psíquico, ya que el sujeto se constituye a través del rechazo de lo que ella llama lo abyecto. La aversión es una reacción tanto física como social, definida en términos de lo que perturba la identidad ya que define 'what is fully human from what is not'. Lo abyecto está proyectado en relación con las fronteras, el orden y la identidad del sujeto, y en esto radica su capacidad subversiva ya que pone en constante peligro la vida o el proyecto hegemónico: 'The abject has only one quality of the object – that of being opposed to I' (1982: 1). Judith Butler retoma estas ideas para explicar la formación del sujeto, aseverando que el sujeto dominante 'is constituted through the force of exclusion and abjection, one which produces a constitutive outside to the subject, an abjected outside, which is, after all, "inside" the subject as its own founding repudiation' (1993: 3). De esta manera, el sujeto dominante – hombre blanco heterosexual – delimita sus parámetros con los que legitima su posición privilegiada a través del rechazo de lo abyecto, es decir, todo lo que no sea un hombre blanco heterosexual.

Una de las razas monstruosas que más fascinación tuvo, la cual también gozó de una gran perennidad en los anales de la teratología clásica y de la Edad Media, fue la de los cinocéfalos, esos seres híbridos que se encontraban entre los intersticios de lo humano y lo animal. Los cinocéfalos eran unos seres que tenían la cabeza de perro, se comunicaban a ladridos debido a la carencia de lenguaje humano, además de tener la costumbre de comer carne humana. Su falta de un lenguaje cobra un mayor significado si se la enmarca dentro del contexto de la cultura helénica, la cual establecía al lenguaje como el atributo que definía al ser humano para distinguirlo de los animales.

Los cinocéfalos representaban de manera simbólica lo opuesto al mundo civilizado y cristiano, y es por ello que durante la Edad Media su imagen va a ser utilizada para identificar a los enemigos del cristianismo, especialmente a los musulmanes, ya que su naturaleza física y moral los relacionaba con ese estado limítrofe, entre la condición humana y la animal (Uebel 1996: 268). Seres de ese lugar fronterizo del espacio caótico, en donde se hablaban las incomprensibles lenguas bárbaras. Sin embargo, a pesar de su falta de lenguaje humano y de su aberrante costumbre alimentaria, los cinocéfalos guardaban un comportamiento social y político humanos, lo cual acentuaba todavía más su naturaleza híbrida de hombre-perro. Acerca de ellos, San Agustín señalaba con una pregunta retórica '¿Qué diré de los cinocéfalos, cuyas cabezas y ladrido de perro delatan más bien animales que hombres?' (*Ciudad de Dios* XVI. 8)

Dentro de esta tradición teratológica, los cinocéfalos regularmente cohabitaban y trataban con las amazonas, esa comunidad imaginada de mujeres 'sin guías ni amos' que se anteponían al orden patriarcal, y que simbolizaban la hiperemancipación femenina.[24] Como se verá a continuación, el cinocéfalo, al igual que la amazona, se convierte en una imagen móvil y rebelde que representa al enemigo monstruoso que desafiaba y ponía en jaque al mundo cristiano. Estos monstruos, que regularmente eran localizados en el lejano Oriente, van a emerger como una representación de la otredad en obras de autores como Oderico de Pordenone, Marco Polo, Eneas Silvio Piccolomini (Papa Pío II) y Juan de Mandevilla, entre otros. Esta imagen subversiva va a ser retomada más tarde tanto por Cristóbal Colón como por los demás exploradores e intelectuales implicados en la empresa colombina para representar, como se verá adelante, la resistencia indígena a su proyecto colonial.

La fuente medieval que más influencia ejerce en la tradición popular cinocefálica es la leyenda de Alejandro Magno, compilada en el siglo III por un alejandrino, *Pseudo-Calístenes*. A raíz de esta recopilación de una supuesta correspondencia realizada por un acompañante del propio Alejandro, llamado Calístenes, el héroe griego se convierte en la encarnación de todo el dechado de virtudes caballerescas de las proezas bélicas que más tarde vendrá en los siglos posteriores con las cruzadas. La legendaria hazaña épica de Alejandro Magno de la gran muralla que construye entre dos grandes montañas para encerrar y separar de la civilización a Gog y Magog – considerados dentro de la tradición bíblica como las potencias del anticristo – así como a veintidós razas monstruosas, entre las que se encontraban los cinocéfalos, servirá como modelo a seguir para los futuros proyectos de conquista y colonización que siglos más tarde realizará la Europa cristiana en la periferia global. Estos

---

[24] Tobias Brandenberger señala que dentro de la tradición clásica, las amazonas personificaban, por un lado, la necesidad del hombre de frenar y subyugar sus instintos corporales (los cuales estaban encarnados en lo femenino) por medio del intelecto. Mientras por el otro, las amazonas representaban el miedo varonil de la emancipación femenina. En este sentido la comunidad imaginada de mujeres 'sin guías ni amos' representaban una pesadilla para el orden patriarcal, pues la rebeldía implícita en la imagen de las amazonas simbolizaba a la hembra hiperemancipada (1994: 436).

enemigos de la civilización cristiana pagarán caro sus pecados y su rebeldía con el encierro al interior de esas murallas insalvables, al ser inmovilizados y excluidos para siempre de los frutos y riquezas que resulten de los proyectos hegemónicos, negándoseles con ello también la completa condición humana (White 1991: 52–53; Palencia-Roth 1985: 43–47).

El *Libro de las maravillas del mundo* de Juan de Mandevilla fue una obra que gozó de una gran popularidad a lo largo de casi tres siglos, 'sin que se dudara en absoluto de su legitimidad y carácter fidedigno hasta mediados del siglo XVIII', a pesar de que su autor no haya salido a esas tierras, ya que gran parte de su información la toma de la tradición libresca de la época (Rodríguez 2002: 145). Esta obra, escrita originalmente en anglonormando por el año de 1356, narra un viaje a la Tierra Santa así como un recorrido por innumerables ciudades e islas del lejano Oriente. La existencia de monstruos híbridos como los cinocéfalos forma parte de las muchas maravillas que pueblan las páginas del texto de Mandevilla.

En la descripción de la isla llamada Nacumeran, Mandevilla informa, entre otras cosas, que en ese lugar 'todos los hombres et las mugeres d'aquella ysla han cabeças de perro. Et los claman "cenofalles", et son gentes rrazonables et de buen entendimjento … Et si eillos prenden alguno en batalla eillos lo comen' (Mandeville 2005: 102). Presenta a los 'cenofalles' como 'gentes rrazonables et de buen entendimiento', aun cuando su constitución corporal, así como sus hábitos alimentarios los acerque más al terreno de lo animal que al de lo humano. El horror y la repulsión que provoca la hibridez – física y moral – de estos habitantes consiguen establecer un juicio (negativo) sobre ellos, lo cual tiende a generar una relación de diferencia y superioridad con el narrador y el público lector. Este efecto de aversión viene a funcionar como una frontera mediante la cual se marcan los límites de lo humano establecidos por los valores culturales de la subjetividad europea. Tal y como Kristeva señala, lo abyecto 'confronts us, on the one hand, with those fragile states where man strays on the territories of *animal*' (1982: 12).

Esta hibridez del cinocéfalo reta la uniformidad de las fronteras corporales humanas, así como las reglas morales, ya que la falta de coherencia de su condición liminal, negaba contundentemente el orden simbólico establecido. Por ser mitad humanos y mitad perros, estos seres carecen de la completa integridad que existe en las dos especies. Además, su deformidad corporal era un texto claramente legible sobre el cual estaba inscrita su desviada moralidad, haciendo que las demarcaciones entre lo humano y lo animal aparecieran empañadas, inestables y sin una definición que pudiera delimitarlos y/o controlarlos.

Ese estado discordante que el cinocéfalo posee, entre lo humano y lo animal, parece coincidir con el papel simbólico que la imagen del perro ha guardado a lo largo de la historia de su relación con el hombre. Según David White, de los animales que han tenido un contacto con el hombre, el perro posee un papel singular debido a su ambigüedad dentro del ambiente humano. Para White, el perro es el alter ego del hombre mismo, ya que es un reflejo tanto de la cultura como del salvajismo humanos: 'Symbolically, the dog is the animal pivot of the human universe, lurking at the threshold between wildness and domestication and all of the valences that these two ideal poles of experiences hold' (1991: 15). El perro gravita entre los dos mundos, el humano y el animal, y sin que sea aceptado totalmente como miembro de una de las dos especies; su papel liminal lo hace estar entre lo humano y lo no humano, ya que no es ni persona ni bestia. Esta misma hibridez le confiere una misteriosa mezcla de cualidades que van de lo admirable a lo despreciable (Serpell 1995a: 254).

En efecto, tanto la naturaleza del perro como la del cinocéfalo refuerzan la situación híbrida y ambigua de ambos, ya que rayan entre lo silvestre y lo doméstico, lo humano y lo animal debido a su posición colindante respecto a los intersticios espaciales que lo enmarcan.

Otra de las descripciones que llaman la atención en la obra de Mandevilla es la de la tierra llamada Lamori. Ahí el autor presenta imágenes arquetípicas de este tipo de literatura que van a ser encontradas más tarde en muchos textos relacionados con el descubrimiento de América:

> En aquella tierra faze grant calentura et est la costumbre tal, que los hombres et las mugeres van todos nudos, et s'escarnecen quando eillos veen algunos estranios qui son vestidos. Et dizen que Dios qui fizo Adam fue nudo, et Adam et Eue fueron fechos nudos, et que hombre non deue point auer de vergoynna de se mostrar tal que Dios l'a fecho, car rres no es feo que sea de natura. Et dizen que aqueillos que son vestidos son gentes de vn otro sieglo, o son gentes que no creen point en Dios. Et dizen bien que eillos creen Dios qui creo el mundo et fezo Adam et Eua, et todas las otras cosas. (Mandeville 2005: 92)

Si bien el autor presenta al pueblo de Lamori con rasgos grotescos y primitivos, como la costumbre de ir 'todos nudos', esta desnudez se logra justificar en cierta manera con las creencias cristianas que la gente de ahí tenía, debido a que entendía que 'Dios qui fizo Adam fue nudo, et Adam et Eue fueron fechos nudos' y, por tanto, no podían tener vergüenza de mostrar lo que Dios había hecho, ya que 'car rres no es feo que sea de natura'. Este último pareciera haber salido de la propia pluma de San Agustín. Aunque los habitantes mostraban tener un conocimiento de la religión cristiana, la manera en que ésta se practicaba difería en mucho de la ortodoxia romana, a la que tanto el autor como su lector implícito se suscribían. Obviamente producía un cierto desequilibrio en la identidad cristiana europea, establecida como el centro del cristianismo y sustentada por medio de imágenes invariables y definidas.

Mandevilla menciona más adelante, además, la ausencia de vínculos matrimoniales entre los habitantes de Lamori, así como del libertinaje sexual que practicaban:

> Et no han ningunas mugeres esposadas, ante son todas las mugeres de la tierra comunas et no rrefusan ninguno, et dizen que eillas pecarian si eillas rrefusauan los hombres, et que Dios lo comando a Adam et adaquellos que decendrian d'eill do diso: 'Crescite et multiplicaminj et rreplete terram'.
>
> En esta tierra ninguno non puede dezir 'esta es mi muger' nj 'aqueill es mj marido'. Et quando eillas paren eillas lo dan a qui eillas quieren qui ha ouido compaynnia a eillas. Et assi la tierra es toda comuna, car los vnos la tienen vn aynno et los otros vn otro. Et en prende cada uno de quoal que part quiere, et assi todos los bienes de la tierra son comunes, trigo et otras cosas. Car rres no es encerrado nj es en orreo, ante prende cada uno lo que li plaze sin contradicho, et assi rrico es l'uno como l'otro. (92–93)

Como sucedió con el caso de la desnudez, el libertinaje sexual de los habitantes se va a justificar nuevamente con el apoyo de las Sagradas Escrituras. Se crea así un escenario paradisíaco, una Edad de Oro en donde todo era comunal, ya que nadie era dueño de nada, y todo el mundo podía tomar lo que estaba a la mano. Pareciera que las leyes y las fronteras estuviesen suspendidas, mostrando que la identidad cristiana no estaba tan definida como se pensaba, ya que presenta un cristianismo muy diverso y heterogéneo, y el que se practicaba en el pueblo de Lamori era una de sus tantas vertientes. Sin embargo, esta imagen paradisíaca cambia repentinamente cuando Mandevilla describe una costumbre repulsiva del pueblo de Lamori:

> Mas eillos han vna mala costumbre, car eillos comen mas volenters carne d'ombre que de ningun otro. Et si es la tierra muy habundant de trigo, de carnes et de pescados, d'oro et de plata, et d'otros bienes et cosas quoalesquiere. Alla van los mercaderos et lieuan criaturas por vender adaquellos de la tierra et eillos las compran. Et si eillos son gordos eillos los comen luego, et si eillos son magros eillos los facen engordar, et dizen que es la meior carne et la mas dolz del mundo. (93)

El señalamiento de la 'habundant de trigo' en la tierra de Lamori refuerza la visión especular de las representaciones de Mandevilla. La existencia del cereal hacía referencia, como ya se mencionó antes, a la agricultura, símbolo de la vida sedentaria y de la civilización. Sin embargo, a pesar de su abundancia, el impacto que el trigo va a tener es nulo entre los habitantes de estas regiones periféricas, como bien lo demuestra su inclinación por comer carne humana.

Los rasgos distintivos que definen a los pueblos anteriormente descritos acentúan las fronteras con las que se definen tanto el autor como su lector, ya que ambos comparten los mismos valores e intereses. Lo extraño y sorprendente de los usos y costumbres de esas tierras no sólo sirven como elemento retórico (para captar la atención y causar asombro en el espectador-lector)[25] sino también para demarcar y fijar, conjuntamente, las zonas espaciales de lo familiar y lo extraño, oponiendo a estos seres híbridos al otro lado de las barreras culturales que protegían al *yo* europeo del otro. Sin embargo este proceso de abyección muestra cómo la existencia del *yo* europeo se hace frágil y vulnerable una vez que entra en contacto con lo inestable y lo subversivo de lo marginal.

Las estrategias discursivas existentes en el *Libro de las maravillas del mundo* de Sir Juan de Mandevilla suministran las guías e instrucciones para estimular la reacción del lector y crear la impresión de estar inmerso en algo real, permitiéndole observar el comportamiento sorprendente y monstruoso de los habitantes de esas lejanas tierras, y crear el impacto cultural deseado: la construcción de las fronteras de la subjetividad cristiana europea. La misma lejanía de las tierras enfatiza la otredad del pueblo descrito (marginal en relación con el locus de la enunciación), en donde los cuerpos desnudos de sus habitantes, y su naturaleza híbrida (animal-humana) se definen como una imagen especular, opuestos a los valores culturales de la humanidad cristiana, valores con los que se establecen las fronteras que resguardan a esa comunidad imaginada.

El caníbal, el cinocéfalo de la modernidad

En efecto, el cinocéfalo, entendido como una abyección, emanada del discurso europeo, tiene como propósito presentar a la otredad oriental como un peligro, ya que desafiaba y no respetaba las fronteras, las jerarquías, o reglas que hacían posible la construcción de la subjetividad cristiana europea. Desde el mismo comienzo de la empresa colombina, los europeos van a afirmar su singularidad e independencia al establecer y patrullar agresivamente las fronteras entre el 'yo' y el otro, el sujeto y el objeto, el yo y el no yo. Hernán Pérez de Oliva en su obra intitulada *Historia de la invención de las Indias*, hace constar que los reyes de España habían nombrado a Cristóbal Colón Almirante de la Mar Océano, en agradecimiento por el servicio prestado. Por esta razón se le envía por segunda ocasión a las Indias Occidentales para 'mezclar el mundo *y a dar a aquellas tierras forma de la nuestra*' (1991: 50, énfasis mío). Este proceso epistemológico de dar 'forma de la nuestra'

---

[25] En su *Retórica*, Aristóteles señala que el poeta puede construir un ambiente extraño a través de metáforas y de la habilidad que éste tenga del lenguaje: 'Las personas no sienten lo mismo hacia los extranjeros que hacia sus propios conciudadanos, y lo mismo ocurre con el lenguaje. Por tanto, es correcto dar un aire desconocido al discurso diario: las personas gustan de cosas que les sacudan, y se sienten impactados por todo aquello que resulte fuera de lo común' (1971: 15).

al Nuevo Mundo no es otra cosa que zanjar y custodiar las fronteras culturales para el establecimiento del proyecto hegemónico a partir de la implantación de la taxonomía imperial que definirán las categorías de raza, género y humanidad con las cuales irán regulando los cuerpos colonizados.

Como es de todos sabido, Cristóbal Colón con frecuencia expresa su deseo por encontrar las ciudades y pueblos que autores como Plinio, Marco Polo, o Juan de Mandevilla habían mencionado en sus obras, como la isla de Cathay, Cipango, o a las legendarias ciudades de Zaitón o Quisay que figuraban también en los mapas de Toscanelli:

> Yo quería ... partir para otra isla grande mucho, que creo que debe ser Çipango, según las señas que me dan estos indios que yo traigo, a la cual ellos llaman Colba ... Más todavía, tengo determinado de ir a la tierra frime y a la ciudad de Quisay y dar las cartas de Vuestra Altezas al Gran Can y pedir respuesta y venir por ella. (1997: 122)

El Almirante explora los territorios, se adentra en ellos en busca de esos sitios fronterizos que tiene en mente y que – se creía – estaban poblados de una gran variedad de monstruos. Si bien señala en su carta a Luis de Santángel que no ha 'hallado ombres mostrudos, como muchos pensavan' (224), muy pronto da cuenta de la existencia de unos seres cuya hibridez, tanto física como moral (performativa), se convertirá en un tropo del discurso colonial europeo.

Nada iba a detener a Colón en su intento por encontrar lo que la tradición europea había estipulado sobre los monstruos del Oriente. Con el fin de verificar (o corroborar) los territorios que exploraba, o la cercanía de lo que estaba buscando dentro de su mapa mental, el Almirante se vale de los indígenas americanos que va encontrando en su camino para intentar una comunicación, aun cuando él mismo concediera la falta de entendimiento entre ambas partes:

> Y también no sé la lengua, y la gente d'estas tierras no me entienden, ni yo ni otro que yo tenga a ellos; y estos indios que yo traigo, muchas veces le entiendo una cosa por otra al contrario. (147)

Esa falta de 'lengua' que el mismo Colón admite lo obliga desesperadamente a buscar, como lo señala Brendan Lanctot, 'signos verbales y corporales de los indios' que pudieran servir como medios intercomunicativos para ir decodificando el terreno que estaba examinando (2005: s/p). La falta (o supresión) de la voz del indígena en los textos colombinos permite a Colón hacer uso del cuerpo de los nativos como textos, libros abiertos que transmiten 'señales', las cuales son leídas e interpretadas sin ningún miramiento por el Almirante con el fin de acreditar la existencia de antropófagos en esas regiones, cuya existencia él ya la había corroborado en su mente:

y les hize señas qué era aquello, y ellos me amostraron cómo allí venían
gente de otras islas que estavan açerca y les querían tomar y se defendían.
Y yo creí e creo que aquí vienen de tierra firme a tomarlos por cautivos.
(111, énfasis mío)

El significado dado a esas señales corporales complementa el vacío que
existía por la falta de lengua, además de dar la impresión de entablar un
auténtico diálogo comunicativo con los indígenas americanos. Sin embargo,
'la ausencia del significante, bien sea gesto, bien sea vocablo, se escamotea
detrás del reiterado significado dado por el texto colombino' (Lanctot 2005:
s/p). Por lo que el Almirante sustituye la falta de habla de los indígenas con
su propio discurso, para adaptarla cómodamente a la interpretación de los
signos que encuentra, siempre en relación con lo que él (y sus lectores) creen
o querían creer.

Según fray Bartolomé de Las Casas, de la comunicación que Colón tiene
con unos indios, él 'entendió también que lexos de allí avía hombres de
un ojo y otros con hoçicos de perros que comían los hombres, y que en
tomando uno lo degollavan y le bebían la sangre y le cortavan su natura'
(Colón 1997: 131). Además, estos cinocéfalos americanos siguen una representación similar que guardaban dentro la tradición medieval, al aparecer
interactuando con una comunidad de mujeres amazónicas:

Estos son aquellos que tratan con las mugeres de Matinino, que es la
primera isla partiendo de España para las Indias que se falla, en la cual
no ay hombre ninguno. Ellas no usan ejercicio femenil, salvo arcos y
frechas. (225)

Más tarde, estos antropófagos van a ser identificados por el Almirante con
un nombre más específico:

Y sobre este cabo encavalga otra tierra que va también al Leste, a quien
aquellos indios que llevava llamavan Bohío, la cual dezían que era muy
grande y que avía en ella gente que tenía un ojo en la frente, y otros *que se*
llamavan caníbales, a quien mostravan tener gran miedo; y desque vieron
que lleva este camino, diz que no podían hablar, porque los comían y que
son gente muy armada. (142, énfasis mío)

La cita anterior no solamente abre paso para introducir al enemigo tradicional de la cristiandad, el cinocéfalo, sino igualmente le da a éste un nuevo
nombre, uno más acorde con la nueva geografía que lo acompañaba.

Es así como la narrativa colombina retoma el discurso de la antropofagia
que existía en la tradición europea para iniciar la construcción del cinocéfalo
moderno: el caníbal, un ser mitad hombre y mitad perro, cuyas aberrantes
costumbres e incontrolable tenacidad serán traídas a colación infinidad de

veces para justificar el uso de la fuerza y la esclavitud contra la rebeldía del poblador americano.[26] En efecto, el 4 de marzo de 1493 escribe una carta a los reyes en la cual da indicios de lo que más tarde vendría a ser la política de la Corona contra esa 'gente arriscada' que Colón considera 'grandes flecheros':[27] 'y cuando V. Al. mandare que yo les envíe esclavos, espero yo de los traer o enviar d'éstos la mayor parte' (234). Más tarde, en la relación del segundo viaje, el Almirante pareciera tener puestos todos sus esfuerzos en encontrar y capturar caníbales con el fin de ponerlos a disposición de la empresa de explotación.

Esos primeros enfrentamientos entre el europeo y el americano muestran, por un lado una clara resistencia por parte del indígena a la presencia europea dentro de sus territorios; mientras que, por el otro, la manera en la que el europeo empieza articular esta respuesta belicosa está articulada bajo la idea del caníbal (238). Para Colón, el caníbal no es solamente un ser monstruoso de costumbres alimentarias aberrantes, sino también un ser feroz y guerrero, 'gente muy armada' que comandaba e imponía un miedo a las poblaciones de las islas del Caribe. Esta característica beligerante del caníbal lo hacía ser un peligro potencial para la vida (y la masculinidad) del hombre europeo y, por extensión, la del proyecto colonial que este último representaba, ya que la indocilidad de este cinocéfalo moderno lo inducía a no respetar las fronteras del orden natural, e ignoraba la hegemonía del sujeto discursivo. Por tal motivo, la 'natura' del europeo corría un riesgo constante de ser cercenada y mutilada, lo cual creaba una inestabilidad e inseguridad en los mecanismos que mantenían la imagen completa de la corporalidad del colonizador. Estos monstruos híbridos, al no obedecer las reglas y traspasar las fronteras de lo humano producen una fragmentación de la identidad y el orden simbólico, ya que su presencia impone un verdadero estado de sitio al sujeto colonizador, así como una amenaza constante al proyecto europeo por el hecho de no aceptar ni rendirse ante éste; y más bien, lo reta constantemente, al intentar castrar y/o devorar el cuerpo hegemónico europeo. El caníbal simboliza el rechazo al proyecto colonial, encarnando todo lo que se debía de reprimir, y/o enclaustrarlo dentro de enormes murallas, muy a la manera en que Alejandro

---

26 Adorno y Pautz señalan que durante las primeras cuatro décadas del siglo XVI los decretos reales dieron la autorizaron para capturar y esclavizar a los indígenas que practicasen el canibalismo, autorización que fue utilizada por los conquistadores españoles para su propio beneficio (1999: 334–36). Uno de los que se benefició de esta actividad fue Gonzalo Fernández de Oviedo, quien además de ser el cronista oficial de las Indias tenía el oficio del hierro de los esclavos e indios, ocupación que le redituaba un tomín de oro por cada indio herrado (Hanke 1994: 37).

27 Se ve una clara asociación entre la peligrosidad de los que Colón considera (potencialmente) caníbales y los pueblos que estaban resistiendo los embates del proyecto colombino. Es por ello que ordena a su tripulación comprar, como una medida preventiva, 'los arcos y las flechas y las otras armas' a los indígenas con los que se van topando a fin de desarmarlos (1997: 195).

Magno había encerrado a las razas monstruosas de Asia. El moderno cinocé-falo aparece como un elemento sedicioso que podía convertirse en un obstá-culo significativo para la empresa colombina, ya que la fuerza animal y brutal que se le adjudica, dentro de los textos colombinos, tenía el potencial de derribar las murallas que lo estaban exiliando de la modernidad.

A partir de Cristóbal Colón, el europeo halla en las tierras recién encon-tradas el terreno fértil para proyectar sobre ellas las imágenes de la antro-pofagia medieval e iniciar con ello la invención del caníbal. Carlos Jáuregui señala que, a lo largo de los siglos XVI y XVII, 'el Nuevo Mundo fue cons-truido cultural, religiosa y geográficamente como una gran *Canibalia*, inicial-mente referida al área del Caribe, y luego a México, a la costa de Brasil hasta el Río de la Plata'.[28] Sin embargo, a diferencia de la palabra antropófago que en su misma etimología tiene su significado sin que pueda conceder otro, caníbal es un término étnico y geográfico a la vez, el cual no existía antes de 1492 (Rawson 1999: 168). Con el discurso colombino, la antropofagia de la antigüedad es revivida y puesta en escena en el continente americano, como una estrategia discursiva al servicio del proyecto colonial, para dar paso a la invención del caníbal, el cinocéfalo de la modernidad (Burke 2004: 28).

La sujeción de los pobladores americanos, así como el despojo de sus posesiones, van a ser justificados y defendidos a través de una plétora de textos cuyos fundamentos son tomados, principalmente, del saber enciclo-pédico y, por tanto, ajenos al contexto histórico que estaba en disputa. La imagen del indio, como ser subordinado al poder español, adquiere sentido bajo los escritos de Aristóteles quien había ya postulado muchos siglos antes la inferioridad natural de ciertos miembros de la raza humana (ver Capítulo 2). Influido por las ideas del filósofo griego, Juan Ginés de Sepúlveda, en su *Demócrates segundo*, justifica la conquista española de las tierras americanas al señalar que 'siendo [los indios] por naturaleza siervos, bárbaros, incultos e inhumanos, rechazan el imperio de los [españoles] más prudentes, poderosos y perfectos, el cual deben admitir para gran beneficio suyo'. La guerra es lícita, según Sepúlveda, ya que reúne causas morales que la justifican, como la de 'desterrar las torpezas nefandas [sodomía] y el portentoso crimen de devorar carne humana, crímenes que ofenden a la naturaleza, para que sigan dando culto a los demonios en vez de dárselo a Dios' (1996: 155).

Esta ley natural a la que Sepúlveda hace referencia había sido delineada ya por Aristóteles a través de la dicotomía alma/cuerpo. La monstruosidad

[28] Jáuregui agrega que 'así como el tropo caníbal ha servido para sostener el edificio discur-sivo del imperialismo, puede articular – como en efecto ha hecho – discursos contra la invención de América, el mito de la Modernidad, la mirada etnográfica, la misión civilizadora y el propio colonialismo' (2003: 77–79).

natural y moral del caníbal adquiere un significado relevante dentro de esta concepción aristotélica, en donde el alma constituía el elemento racional y divino, siempre vinculada a lo masculino, mientras el cuerpo representaba lo irracional y terrenal, siempre vinculado a lo femenino. Asimismo, el alma (racional-masculino) tenía que ejercer un dominio sobre el cuerpo (irracional-femenino), ya que de lo contrario caería bajo los desordenes incontrolables de la irracionalidad corporal. En teoría, el hombre tenía la capacidad de ejercer un control sobre sus apetitos carnales (la comida y el sexo), ya que era a través del dominio de su propio cuerpo como se definía su humanidad y, por tanto, su superioridad sobre los otros cuerpos del componente social. Por el contrario, la mujer (como el propio caníbal) era un ser que no conocía límites ni fronteras, ni tampoco tenía las facultades para poder controlar su cuerpo, ya que el desenfreno de sus apetitos carnales era una muestra palpable de su inferioridad. Por esta razón se exige al hombre (europeo) para que ejerza su entereza a fin de controlar a la mujer – y al caníbal – con el propósito de que no cause(n) desmanes dentro del régimen patriarcal. El mismo filósofo griego apuntaba la necesidad del ejercicio militar para implantar el dominio de los más prudentes sobre los más bárbaros, asegurando la conveniencia del uso de la fuerza para sujetar a aquellos que, habiendo nacido para ser sujetos, rechazaban tal condición. Por lo tanto la guerra no sólo era necesaria sino justa.[29]

Como se ha expuesto a lo largo de este capítulo, la visión del mundo que la Europa cristiana poseía en los albores del siglo XV estaba supeditada a un saber más textual que empírico. La perspectiva escolática, cerrada y limitada en muchos aspectos, influyó en la percepción, ordenación y evolución del conocimiento que se tenía de las regiones, pueblos y culturas localizados fuera de la *oikoumene* cristiana. A lo largo de esta tradición, el europeo no deja de resaltar la extrañeza espacial y corporal de esas regiones remotas con el fin de establecer las fronteras que anunciaban tanto el fin de su *yo*, como el comienzo del encuentro con el otro. Esa otredad se localizaba en el Oriente lejano, más mítico que real, y que regularmente se identificaba con el enemigo de la cristiandad: el musulmán. El espíritu de las cruzadas hace representar a los sarracenos como un ente descomunal e inasimilable, cuya diferencia corporal y cultural estaba bien marcada a través de la figura del cinocéfalo, un ser híbrido, mitad hombre y mitad perro que ponía en peligro la integridad corporal de la cristiandad europea.

Tanto los exploradores como los letrados que escriben sobre la empresa

---

[29] Para Aristóteles es muy importante establecer esta 'ley natural' a la que se debe regir la sociedad porque de lo contrario, como señala Silvio Zavala, 'existe la posibilidad de que las guerras sean injustas en su origen y no se puede admitir que un hombre que no merece la esclavitud sea realmente un esclavo' (1975: 17).

colombina se dejan llevar por ese conocimiento tradicional que la Europa cristiana había heredado de la cultura clásica. Esas imágenes de pueblos extraños, regularmente relacionados con el Oriente (como Persia, Egipto, Etiopía, la India), aparecían a menudo en la narrativa de viajes de la época. Por su misma lejanía y su difícil acceso, estos territorios funcionan como fronteras culturales para los griegos, romanos y, más tarde, los europeos cristianos. Tanto las costumbres como la propia corporalidad de sus habitantes son estructuradas de una manera que son percibidas como vicios y aberraciones, con el fin de marcarlos e identificarlos como inferiores en relación con el sujeto de la enunciación. Esa conciencia y sentido de pertenencia a la comunidad imaginada se muestra cada vez que se hace referencia a la otredad de lo remoto humano, de los seres monstruosos o híbridos que difícilmente podían clasificarse dentro de las categorías de la humanidad, encontrándose entre los intersticios de lo humano y lo animal. A través de imágenes especulares, Europa se contraponía a Oriente, los creyentes a los infieles, y la civilización a la barbarie, la antropofagia y el embrutecimiento.

El cinocéfalo, que hacía referencia a esa desafiante otredad oriental, sufre una modificación importante dentro del contexto americano al convertirse en el moderno caníbal y, por tanto, su nacimiento se produce en 1492 durante el viaje colombino y como parte de la invención de América, adquiriendo un significado tanto étnico como geográfico. De la misma manera en que el cinocéfalo había funcionado dentro de la tradición medieval, el caníbal es representado como un ser feroz y descomunal, cuya constitución corporal y costumbre alimentaria ponía en peligro no sólo la integridad del proyecto colonial sino la del cuerpo masculino europeo. Su apetito voraz, así como su resistencia al proceso de conquista, irían a justificar el uso de las armas para así 'pacificarlo' bajo el régimen de la esclavitud, o aniquilarlo, en algunos casos.

A partir de 1492 se crea una nueva visión del mundo desde el punto de vista europeo que privilegia categorías antropológicas de su propia tradición cultural. Una visión jerárquica del mundo en donde América se tendría que ajustar dentro de la forma europea, para sólo esperar la violencia y la subyugación que la conquista y colonización traería a sus pueblos. Esta visión etnocentrista de la historia natural europea le asigna a los territorios encontrados una identidad similar a la de su otredad oriental, descontextualizando su realidad empírica para luego ponerla al servicio de la empresa colonizadora. En las sucesivas empresas expansionistas de la Europa cristiana, su archivo etnográfico servirá para producir y reproducir al otro como un monstruo, al que se teme y se conquista al mismo tiempo.

La visión del Nuevo Mundo se fija y enclaustra a través de imágenes con fuertes connotaciones peyorativas, saturada por la inhumanidad que caracterizaba lo remoto del mismo espacio en el que se encontraba. Todas estas estrategias discursivas también conllevan a la construcción de la identidad del mundo cristiano, pues es a partir del viaje colombino cuando el hombre europeo se empieza a erguir como ente universal y superior, guiado por un designio mesiánico que lo autoriza a conquistar y colonizar los pueblos allende sus fronteras.

2

El cuerpo americano en Colón y Vespucci

A partir de 1492, la Europa cristiana, comandada por España, desplaza al mundo musulmán de la hegemonía mediterránea para luego establecerse como el centro del proceso desarrollista, e instituir un dominio y control sobre la periferia. Este proceso expansionista de la temprana modernidad facilitaría la explotación de las riquezas naturales y humanas de los pueblos no europeos, sin las cuales las potencias de Occidente no hubiesen podido financiar su desarrollo económico, político y cultural (Stein y Stein 2000: 23–26).

Dentro de esta configuración geopolítica, Enrique Dussel sitúa a las colonias españolas en América como la primera periferia de la Europa y, por consiguiente, como parte integrante de la constitución de la subjetividad moderna (1994: 9–10). La nueva realidad geográfica, que se va construyendo ante los ojos de los exploradores, adquiere un valor significativo en la medida en que ésta va suministrando los recursos y las bases con las que se inicia la invención del 'yo' europeo,[1] a través de la exclusión del otro, para constituirse como amo y señor universal por excelencia, creando un sentido de superioridad cuasi divina, que le permite ejercer un control sobre todo lo que le rodea, para luego colocarse al centro del presente, pasado y futuro (Heller 1980).

Sin lugar a dudas, Cristóbal Colón y Amerigo Vespucci fueron dos de los exploradores que más impacto tuvieron en el proceso de producción de la imagen de los territorios encontrados, de lo que más tarde se denominaría América – Indias Occidentales para el discurso oficial español. Tanto la osadía y ambición aventurera del primero, como la conceptualización argumentativa del segundo, ayudaron a cimentar las bases de la invención de América, creando, al mismo tiempo, las condiciones propicias para que Europa alcanzara la posición hegemónica que hasta hoy en día goza. Las imágenes y representaciones emanadas de los escritos de los exploradores europeos constituyen una parte importante de la historiografía occidental,

---

[1] Anthony Synnott apunta que 'the body is not just skin and bones, an assemblage of parts, a medical marvel ... The body is also, and primarily, the self' (1993: 2).

que permiten fortificar el capital cultural europeo, así como racionalizar la violenta explotación y subyugación a la que son sometidos los colonizados. En los textos de Colón y Vespucci se puede observar cómo el cuerpo de los europeos se desplaza por los territorios que van recorriendo para ir construyendo e implantando sus relaciones de producción y de poder, jerarquizando al poblador americano, a través de la imposición de una 'manera de ver', que pone hincapié en la descripción de sus particularidades corpóreas, así como performativas. A partir de este reconocimiento y exploración somática, el cuerpo del americano se convierte en el sitio en el que se produce la diferencia racial – y hasta genérica – proyectándolo sobre un marco referencial que privilegia el sujeto de la enunciación: la imagen del cuerpo masculino europeo. Mientras Colón pareciera centrarse en la diferencia física del hombre americano, Vespucci, por su parte, parece enfocarse en la de la mujer indígena, con la cual se redondea la invención totalizadora colonial del poblador americano, construido como un ser anormal y monstruoso, cuyos defectos y excesos se van mostrando con deleite y horror, como una auténtica ruptura de la norma antropomórfica europea enmarcada dentro del justo medio aristotélico.

Dado que el desarrollo de la narrativa del llamado descubrimiento está controlado por hombres, la percepción que surge de las imágenes del hombre americano está ligada a la orquestación de la visión masculina. Al hablar de la épica colonial, Fernando Restrepo señala que 'el placer de la mirada se torna en el motor de la narración' (2000: 248). El placer que experimenta el europeo se produce a expensas del indígena americano a quien se busca controlar y subyugar a partir de los regímenes de representación del poder imperial, que los construye ante el lector/espectador europeo como una otredad, diferente y anormal, con el objeto de resaltar y normalizar la subjetividad masculina de los exploradores.

El objetivo de este capítulo es analizar cómo y por qué los indígenas se construyen, tanto en los textos colombinos como en los vespucianos, siguiendo un proceso de representación enfocado en las características corporales y actos performativos. Este análisis se encamina a examinar la construcción del cuerpo americano en relación con el sujeto masculino heterosexual que lo representa o, más claramente, indagar cómo el discurso de exploración, en su propósito por (re)conocer al indígena americano, articula formas de diferenciación basadas en el binarismo genérico masculino/femenino con el fin de incluirlas en las relaciones heterosexuales de poder y subordinación. Este binarismo de la matriz heterosexual[2] influye en la construcción del americano, al ser éste representado como un sujeto lleno de defectos

---

2 Judith Butler define la matriz heterosexual como el marco cultural que normaliza el deseo del individuo, el cual ayuda de manera categórica a fijar papeles, identidades y modalidades del deseo. La matriz establece una unidad entre el sexo (cuerpo), el género y el deseo en la constitu-

y excesos, que lo alejan de los modos hegemónicos de significación y, por tanto, marcado como un ser anómalo e incompleto, que osaba retar el modelo de masculinidad europeo, lo cual hacía necesario su pronto sometimiento bajo el dominio del deseo homosocial.[3]

Si se toma en cuenta que el cuerpo no es algo dado sino una construcción que depende de los valores socioculturales de un lugar y un momento determinados, tanto la exterioridad física del habitante americano como su comportamiento están enmarcados dentro de los valores culturales de la diferencia sexual de la Europa cristiana, todo con el fin de inscribirlo dentro de las relaciones de poder que iban a gobernar a los indígenas de los territorios explorados o por explorar.

A partir de los estudios de Michel Foucault, se ha puesto atención en la manera en que el cuerpo está franqueado por relaciones de poder, que se expresan frecuentemente a través de discursos que vigilan y examinan y, en muchos casos, castigan todo aquello que se muestre con cierto grado de anormalidad, por el hecho de que ponen en riesgo la norma preestablecida (1997: 35–37).

El control que los mecanismos de la distribución de las funciones genéricas ejercen sobre los individuos es fundamental para entender el establecimiento y sostenimiento de la estructura colonial, ya que en gran medida el proyecto de colonización se basó en la elaboración de muy diversas formas para disciplinar los cuerpos de los colonizados con el fin de hacerlos más dóciles y productivos, siempre en beneficio de la empresa imperial. Sara Castro-Klarén señala que 'la cuestión del cuerpo es fundamental no sólo en relación al sistema de trabajo sino también en el intercambio sexual e identificatorio que las diversas conquistas desencadenan' (1999: 31). Por consiguiente, el cuerpo del indígena se irá delineando de acuerdo a los propósitos específicos que los mecanismos del poder europeo le irían a adjudicar, ya que su utilidad está en relación con su productividad y sometimiento.

El género de los cuerpos se entiende sólo a través del supuesto de que el sexo es 'natural', sustentado bajo el develamiento de la diferencia binaria hombre/mujer, exigencia que la matriz heterosexual trata de resguardar a partir de esa diferenciación de los sexos, en concordancia con el deseo heterosexual. Sin embargo, el género no debe entenderse como una condición, sino como un hecho performativo sustentado a través de una serie

---

ción de los sujetos. Dentro del marco erótico, ésta supone la unión de varón y hembra como una exigencia irrefutable para que pueda existir el deseo sexual (1999: 194).

[3]　Judith Butler define el deseo homosocial como 'a relationship between men which is, finally, about bonds of men, but which takes place through the heterosexual exchange and distribution of women' (1999: 52). Dentro de este contexto, los hombres pueden interactuar entre ellos como rivales para así cumplir sus deseos homosociales sin parecer homosexuales. Véase también Sedgwick (1985).

de acciones repetitivas, ya que la misma continuidad de una serie de actos apropiados para cada uno de los sexos ayuda a consolidar la legitimidad del discurso heterosexual. Por tanto, la matriz heterosexual es la que produce la coherencia derivada de la correspondencia entre sexo y género, y cualquier manifestación o práctica distinta a la hegemónica habrá de ser considerada, no sólo como un elemento subversivo, sino también como anormal, ya que de esta manera se mantiene vigente el orden patriarcal que sustentan las relaciones de poder.

La imagen del cuerpo humano es siempre parte de una imagen del mundo y, por tanto, siempre parte de la fantasía humana. Se asume que desde el nacimiento cada individuo nace con un modo de vida particular, y su ser está regulado por leyes que buscan disciplinar, tanto la apariencia física como el comportamiento, a tal grado que se toman como la norma. Janet Price y Margrit Shildrick han señalado que 'it is taken for granted that sexual and racial difference are inherent qualities of the corporeal, and, moreover, that male and female bodies, black and white bodies, may each respectively fit a universal category'. Sin embargo, las autoras agregan que, 'in terms of sex, the actual occurrence of bodily forms that are not self-evidently of either sex is conveniently overlooked in the interests of establishing a set of powerful gendered norms to which all bodies are supposed to approximate without substantial variation' (1999a: 3).

Michel de Certeau, en su crítica a las prácticas discursivas del encuentro colombino, apunta que 'the conqueror will write the body of the other and trace there his own history. From her he will make a historied body – a blazon – of his labors and phantasms ...'. Más adelante de Certeau añade: 'what is really initiated here is a colonization of the body by the discourse of power' (1988: xxv–xxvi).

Indudablemente, tanto la colonización de los territorios encontrados como su explotación, lograda gracias al sometimiento del cuerpo americano, jugarían un papel muy importante en el desarrollo económico, político y cultural europeos, ya que sin esta empresa conjunta, Europa, como lo señalara Fernand Braudel, no hubiese podido producir todas esas riquezas por sí sola:

> En 1552, el año de la sorpresa de Innsbruck, la trágica situación de Carlos V abre ampliamente las cautelosas compuertas de España ... En 1553 se recibió de Amberes un envío oficial de plata con destino a los Fugger ... Los Países Bajos eran un gran centro monetario. Por la vía de Amberes el metal americano pasaba a Alemania, al norte de Europa y a las islas británicas. ¿Quién podría decirnos exactamente el papel que esta distribución de monedas desempeñó en la expansión de las actividades europeas que, ciertamente, no se produjo por sí sola? (1953: I. 406–8).

En efecto, la inmensa transferencia de riquezas propiciada por la explotación de los recursos – naturales y humanos – del Nuevo Mundo se convirtió en el motor que agilizó los cambios en las estructuras socioeconómicas europeas, los cuales aceleran también la transición que se estaba dando del sistema feudal a la acumulación originaria del capital, trayendo consigo nuevos y diversos modos de dominación en el mundo periférico. Los cambios geopolíticos que se dan paralelamente a los viajes de exploración influyen en la inserción del cuerpo americano – y más tarde el del africano – dentro de las nuevas estructuras de la economía de mercado, de manera que el valor mercantil (o no valor humano) que se le asigna va a justificar tanto su tratamiento como mercancía de intercambio homosocial, así como su puesta en circulación dentro de la nueva economía (sexual) global.

El cuerpo americano bajo la mirada colombina

Como ya se ha señalado, la visión juega un papel muy importante dentro del proceso de producción de la identidad del americano como otredad. Walter Ong, al analizar el papel de los sentidos, tanto en la percepción de la realidad como en la comunicación social, señala que, de todos ellos, es el del tacto el que nos da, simultáneamente, un sentido íntimo de nosotros mismos y de la otredad. Sin embargo, es el sentido de la vista el que 'gives us the sense of otherness more than touch insofar as the object of vision is far distant, or can be'. Si se entiende que el diálogo es el paradigma de la comunicación social, ya que es una operación que involucra, por lo menos, a dos personas, la visión, en contraste, es una acción de uno solo que, además, tiene el poder de reducir a la persona que se mira al nivel de cosa (1981: 167–71). De esto se puede deducir que la visión tiene la capacidad de otorgar un poder o autoridad a la persona que ejerce la acción de ver sobre el objeto que entra dentro de su campo visual bajo el paradigma de las relaciones mando/sumisión.

En las relaciones de poder establecidas en las sociedades, se ha destacado el placer visual como un privilegio del poder, que muchas veces está ligado a lo masculino, e instrumentado como una forma de ejercer el control sobre sus dominios. Laura Mulvey ha señalado, en su muy conocido artículo, que en una sociedad patriarcal no todo el mundo está en posición de ver, ya que, a consecuencia de la desigualdad entre los sexos, 'pleasure in looking has been split between active/male and passive/female. The determining male gaze projects its fantasy onto the female figure' (1989: 19).[4] Sin embargo,

---

[4]   Desde su publicación en 1975, el artículo de Mulvey se convirtió en uno de los textos más citados de la teoría feminista fílmica, aunque también creó mucha controversia entre los críticos del cine por 'fijarse' demasiado en la rígida estructura binaria del relato convencional, al alinear la pasividad con lo femenino y la actividad con lo masculino, sin tomar en cuenta al espectador femenino. Sin embargo, la génesis de los textos colombinos se centra pensado en un público hete-

para Ann Kaplan 'the gaze is not necessarily male (literally), but to own and activate the gaze, given our language and the structure of the unconscious, is to be in the masculine position', determinando que la mujer puede estar en la posición de espectadora aunque para hacerlo debe asumir una posición masculina (1983a: 30). Por tanto, la mirada es fálica más no su objeto (Brooks 1993: 15).

Los moralistas del siglo XVI concebían ese privilegio del acto de ver como propio de los hombres, y por ello, aconsejaban inculcarlo desde muy temprana edad a las mujeres. Juan de la Cerda, en su obra intitulada *Libro intitulado vida política de todos los estados de mugeres*, publicada en 1599, aconseja amonestar a las niñas desde los 12 años de edad para 'que traygan los ojos baxos, y que no miren efficazmente a alguno en la cara: mas alguno las habla, responden con mucha modestia y honestidad, tiniendo los ojos baxos, mirando la tierra'. Prosigue el moralista español: 'Hase de redar a la donzella que no hable con hombres, ni les haga del ojo' (9v–10r).[5] De la Cerda claramente establece los lineamientos a los que las mujeres debían ajustarse para que evitaran asumir una agencialidad asignada a los hombres, según las posiciones sexuales instituidas por la sociedad, que regulaban a los sujetos a través de un modo de desear (ver) masculino y un modo de desear (no ver) femenino.

Por su parte, Jacques Lacan, después de reconsiderar sus anteriores señalamientos sobre la fase del espejo en la constitución de la subjetividad, entendido como un acto de no reciprocidad del ojo y la mirada, identifica esta última no ya con el ojo del sujeto que mira, sino con lo visible, perteneciente al campo visual, de tal manera que el *yo* llega a ser sujeto al presentarse como una imagen para ser vista. La visión, para Lacan, puede ser entendida como un campo de encuentro, en el cual el observador es siempre un cuerpo para ser observado. Al proyectarse como una imagen para ser vista, el 'yo' se produce como un sujeto deseado en el lenguaje (Lacan 2007: 112–13, 202). Parafraseando a Lacan, Peggy Phelan manifiesta que 'one always locates one's own image in an image of the other and, one always locates the other in one's image … The desire to see is a manifestation of the desire to be seen' (1993: 18). Es así como al mirar un objeto, el objeto siempre nos está mirando de antemano, desde un punto en el que uno no puede verlo.

En las primeras representaciones que el europeo tiene del habitante americano, la vista, y no el diálogo, ejerce un dominio sobre la estructura del desarrollo narrativo. A partir de estas descripciones compiladas en el *Diario* del Almirante se da inicio la producción de la realidad americana como otredad

---

rosexual masculino (homosocial), por lo que es lógico que exprese mayoritariamente fantasmas sexuales androcéntricos.

5   Véase también Lipsett-Rivera (2007).

y periferia de Europa.[6] La falta de una lengua en común, que pudiera establecer una comunicación entre los exploradores y los indígenas, refuerza (y justifica) el silencio de la voz indígena en la narrativa colombina. Consecuentemente, es la visión la que organiza y le da forma a la realidad americana, acentuando con ello la crueldad y la violencia represiva que caracterizan el discurso colonial:

> Luego que amaneció, vinieron a la playa muchos d'estos hombres, todos mançebos, como dicho tengo, y todos de buena estatura, gente muy fermosa; los cabellos no crespos, salvo corredíos y gruessos como sedas de cavallo, y todos de la frente y cabeça muy ancha, más que otra generación que fasta aquí alla visto; y los ojos muy fermosos y no pequeños; y ellos ninguno prieto, salvo de la color de los canarios … Las piernas muy derechas, todos a una mano, y no barriga, salvo muy bien hecha.
>
> (Colón 1997: 111)

En estas primeras imágenes proveídas por el texto colombino, la apariencia física de los habitantes llena el espectro visual de la representación textual. El indígena, o mejor dicho, el grupo de indígenas que aparecen enmarcados dentro del campo visual-gráfico, casi pictórico, están colocados bajo una relación de poder emanada desde la posición subjetiva del espectador-Colón-europeo. Esta relación totalmente asimétrica se dilucida mejor si se analiza la manera en que la acción de ver toma lugar, es decir, en la posición hegemónica del Almirante como sujeto enunciativo que observa (productor de la imagen), y la posición pasiva y silenciada de los indígenas como objetos vistos (la imagen producida).[7] Colón ejerce ese poder activo – masculino – al ver el cuerpo indígena con un placer singular, mientras que este último

---

[6]   Cabe señalar que lo que conocemos por el *Diario* de Colón son sólo fragmentos o sumarios del original, ya que éste se encuentra perdido, junto a las copias que se hicieron en la época – o posteriores. Al parecer, tanto su hijo, Fernando Colón, como Fray Bartolomé de las Casas tuvieron acceso al original o copias de éste para realizar sus proyectos. Así que, lo que conocemos hoy del *Diario* se debe a lo compilado por Fernando para escribir la biografía de su padre, y lo rescatado por Bartolomé de Las Casas para escribir su obra *Historia de las Indias*, además de la edición que realiza del *Diario*, la cual constituye la versión más completa del texto original que ha llegado a nuestros días. Sin embargo, en esta edición la mano de Las Casas se hace presente de una manera autorial, pues en gran parte del texto colombino se encuentran citas o parafraseos del propio Las Casas, complicando la autoría del texto. Con frases como 'todas son palabras del Almirante', 'el Almirante dize', 'Entendió también', y yendo del discurso directo al indirecto, Las Casas busca darle una legitimidad a su narración aparentando una objetividad en la edición de la obra. Véase Zamora (1993).

[7]   La crítica psicoanalítica feminista ha explicado la manera en que la visión epistemológica fracasa en la representación de la realidad, y por extensión, en la de nuestros semejantes. Para Jacqueline Rose la sexualidad depende más de la subjetividad de lo que el individuo ve que en lo que éste ve: 'The relationship between viewer and scene is always one of fracture, partial identification, pleasure and distrust' (1986: 227).

pareciera limitarse a posar subyugadamente dentro del campo visual abarcado, como el imaginario femenino que el placer de la mirada heterosexual masculina produce.

Como en un estrado, el Almirante exhibe a los indígenas quienes parecen posar ante los ojos del lector-espectador europeo como una copia de sí mismos, despersonalizados, seres homogéneos que se repiten como en un juego de espejos. El frecuente uso del adjetivo 'todos' no hace más que colectivizarlos, al mismo tiempo que segregarlos en relación con el criterio subjetivo de la descripción. Para Colón, todos se parecen los unos a los otros, y no hay necesidad de marcar rasgos individuales o diferencias, sino más bien se acentúan las similitudes: son 'todos mancebos', 'todos de buena estatura', 'todos de la frente y cabeça muy ancha', 'todos a una mano' descritos como una semejanza, como si se hubiesen producido en masa, salidos de un mismo molde. Este proceso de homogeneización actúa como mecanismo objetivizador, elemento retórico muy característico del discurso colonial.[8]

En efecto, el indígena no es más que un todo corpóreo, una materia humana virgen y potencialmente moldeable para hacerla de acuerdo a los intereses del poder regalista. Cada parte de su cuerpo es contemplada de arriba hacia bajo por la vista fija de Colón (y por cada uno de sus lectores), la cual actúa como un bisturí en el desmembramiento del cuerpo americano. Con el poder de su mirada, reduce el cuerpo americano a mera superficie, un objeto de deseo y fascinación, concentrándose en la descripción de las características exteriores del cuerpo que puedan ajustarse a sus propósitos de explotación. Dentro de este acto de la violencia visual del discurso colonial, el americano es reducido a un estado de cosa, como una materia digna de ser vista con detenimiento y curiosidad inquisitiva.[9] Incluso las partes íntimas del indígena, sus 'vergüenzas', se exteriorizan para convertirlas en un espectáculo público bajo el dominio y control ideológico de la mirada (masculina) europea.

De la misma manera, la belleza paradisíaca del paisaje se describe como en analogía al esplendor corporal del habitante americano:

> Allí y en la tierra de Graçia fallé temperançia suavísima, y las tierras
> y árboles muy berdes y tan hermosos como en abril en las huertas de

---

8   Según Albert Memmi, el poder colonial tiende a construir a los colonizados como un todo igual, homogéneo, nunca con características propias ni en términos personales, sino siempre inmersos dentro de una colectividad anónima (1965: 25).

9   Para Walter Ong, la visión empleada en forma aislada – sin la ayuda de los otros sentidos – posee un rasgo violento: 'Looking fixedly at another person has normally the effect of reducing him to a surface, a non-interior, and thus to the estatus of a thing, a mere object'. Según Ong, esta violencia, implícita en la visión, sólo se puede romper a través del diálogo: 'Speech establishes the specifically human relation that takes the edge off the cruelty of vision' (1981: 166).

Valençia, y la gente de allí de muy linda estatura y blancos más que otros
que aya visto en *todas* las Indias. (378)

La hermosura natural de ese *locus amoenus* aparece en concordancia con
la perfección corporal del indígena, y viceversa. El resalte de la belleza
geográfica americana (naturaleza/indígena) sugiere también un aparente
estado virginal, sin dueño ni propietario que reclame su autoridad; o que
esté aprovechando, a la manera europea, la riqueza natural de lo descrito. No
existen claras referencias que indiquen la manipulación cultural del terreno
por la mano del hombre americano, y más bien se muestra como un terreno
vacante a la espera de la posesión e intervención de la tecnología europea.
De acuerdo con Margarita Zamora, el texto colombino 'creates in the reader
a longing for the land, through rhetoric of desire that inscribes "the Indies"
in a psychosexual discourse of the feminine whose principal coordinates
are initially beauty and fertility and, ultimately, possession and domination'
(1983: 162).

La manera de ver el terreno virginal hace pensar en la idea de paisaje
según lo conceptualiza la geografía cultural, como un sitio importante de
representación cultural y parte dinámica de los sistemas sociales, políticos
y económicos. Para Carl Sauer, la cultura es el agente modificador, mientras
que el área natural es el medio en donde se lo expresa, para dar como resultado el paisaje cultural (1925: 30). La idea de paisaje, según lo señala Denis
Cosgrove, surge en la Europa occidental a comienzos del siglo XV, principalmente en Italia y los Países Bajos, como una manera en la que los grupos
poderosos expresaban su propio papel dentro del contexto social mediante
sus relaciones con la naturaleza. En este sentido, la idea de paisaje es tanto
una nueva manera de ver el mundo exterior como una construcción y composición de ese mundo, en una época en la que el sentido de la vista se percibía
como el medio para llegar a la verdad (Cosgrove 1985: 49). De acuerdo con
esta definición, el paisaje no era meramente un producto estético o el objeto
de la investigación científica, sino más bien la materialización del mundo
burgués que proyectaba sus intereses en la naturaleza del terreno.

En efecto, el paisaje posee un elemento profundamente ideológico ya que
refleja y ejemplifica no solamente ciertas actitudes hacia el terreno, sino la
capacidad y el poderío socioeconómico del hombre burgués para cambiar
un paisaje natural en uno cultural. Desde esta perspectiva, el paisaje colombino debe entenderse como una estructuración ideológica de la naturaleza
americana, en la que su estado virginal, abierto y desaprovechado era una
muestra de la ineptitud e inhabilidad de sus habitantes para transformarlo en
un paisaje cultural, tal y como se venía haciendo en Europa. Esto también
infería una abierta invitación al hombre europeo para que, a través de sus
formas de explotación, volviera provechosas 'tantas tierras llenas de tantos
bienes *a nos muy neçesarios*' (Colón 1997: 232, énfasis mío). La valorización

productiva del terreno señalaba, por un lado, la potencialidad del terreno dentro de los intereses económicos de la empresa imperial; mientras que por el otro, mostraba la falta de industria – y de masculinidad – del hombre americano debido a su incapacidad para transformar el terreno natural bajo los parámetros del paisaje (burgués) europeo.[10] La construcción del paisaje americano depende, por tanto, del valor material que las estructuras económicas del periodo le adjudicaban, según sus capacidades productivas y potencialmente explotables.

Dentro de la narrativa del descubrimiento, la corporeidad del sujeto masculino europeo se convierte en el marco referencial, dentro del cual se va a proyectar el deseo por las tierras americanas y sus habitantes. Así lo muestra Bartolomé de Las Casas al comienzo del *Diario* de Cristóbal Colón, al glosar un pasaje en donde se describe un encuentro del europeo con los indígenas. Las Casas anota que:

> Los indios ... estaban atónitos mirando los cristianos, *espantados de sus barbas* ..., *íbanse a los hombres barbados*, en especial al Almirante ..., y llegavan con las manos a las barbas maravillándose d'ellas, porque *ellos ninguna tienen*. (Colón 1997: 110, énfasis mío)

Esta glosa por parte del fraile dominicano pone atención en el estado atónito que el físico del europeo suscita en el indígena. Dicho asombro se estructura en términos de la nueva oposición binaria que se estaba implantando: entre los que tenían barba, y los que no la tenían. Los europeos se convierten ahora en objetos vistos, expuestos y posando, pero ya como el modelo de humanidad, a través del cual se resalta el contraste de su barba, así como para advertir el defecto de ésta en el cuerpo del americano.

Sin embargo, este contraste no es gratuito si dichas imágenes se leyeran dentro del marco cultural europeo de la época, en donde la barba era tenida como un signo importante para contrastar los cuerpos del binarismo hombre/ mujer. Conjuntamente, la barba podía servir como un signo que marcaba y designaba el linaje, sabiduría y autoridad del varón, lo que indujo a letrados, médicos, e incluso gente del clero, a usarla y lucirla (Fisher 2001). Giovanni Battista Della Porta, en su libro *Della fisionomia dell'uomo* publicado en latín en 1586 (versión italiana, 1610), define la barba como el 'gran ornamento' y símbolo masculino de perfección y superioridad (Schiesari 1994: 60).

---

10 El cronista real de las Indias, Gonzalo Fernández de Oviedo también describe lo fértil de la isla Española, advirtiendo que dicha fertilidad podría incrementarse si se diese a hombres que supiesen labrar la tierra: 'allí hay tanto algodón producido de la natura, que si se diese a lo labrar y curar de ello, más y mejor que en otra parte del mundo se haría' (1996: 85). Esta supuesta negligencia hacia la tierra que, según Oviedo, se da entre los indígenas, va a ser retomada más tarde durante el siglo XVIII por Cornellius de Paw y Georges Buffon para denostar a los pobladores del continente americano. Véase Capítulo 5 de este libro.

Michael Horswell ve la barba como uno de los tropos de la masculinidad muy preponderante en la cultura ibérica y mediterránea. Este tropo aparece en *El poema del mio Cid* donde juega un papel relevante en la representación del ideal de la masculinidad cristiana. En este poema épico de la España medieval, el Cid se estructura como el modelo viril a emular. Horswell señala que de las diecinueve referencias que se hacen a la barba del Cid, la primera viene de su esposa, Jimena, quien al arrodillarse frente a su esposo al momento de su partida y exilio, le besa la mano y le dice, '¡Merçed, ya Çid, barba tan conplida!' (v. 268). El contexto referencial de la escena no solamente se dirige a reverenciar la virilidad que la 'barba conplida' indicaba, sino también establece una relación de subordinación de la mujer con respecto a la figura dominante del caballero cristiano. Según Horswell, el cuerpo del Cid se presenta como un objeto de admiración, no solamente para las mujeres sino para los hombres, sin que por ello resulte en la afeminación del héroe cristiano, ya que por el contrario, su masculinidad tiende a acrecentarse, ya que entre más larga era la barba, más mostraba su bravura y virilidad (2005: 40–42).

Juan Huarte de San Juan, al definir los diferentes temperamentos existentes en el hombre, señala en su obra *Examen de ingenios para las ciencias* publicada en 1575, que 'el vello y la barba es la señal en *que más se ha de mirar*, porque estas dos cosas andan muy asidas del temperamento de los testículos' (1989: 621, énfasis mío), pues son estos los que dan firmeza y temperamento a todas las partes del cuerpo, más que el corazón mismo. Por eso, cuando el hombre pierde los testículos pierde también 'el vello y la barba; y la voz gruesa y abultada se le vuelve delgada; y con esto pierde las fuerzas y el calor natural, y queda de peor condición y más mísera que si fuera mujer' (619–21). Para el médico navarro es imprescindible 'mirar' la cara de la persona para verificar su masculinidad, ya que 'el hombre, aunque nos parece de la compostura que vemos, no difiere de la mujer según dice Galeno, más que en tener los miembros genitales fuera del cuerpo'. Si la barba constituía el indicio irrefutable para verificar la existencia de los testículos en una persona, la ausencia del vello facial podía ser, asimismo, una indicación de la falta de testículos, es decir, que fuera una mujer, o quizás también podía ser una de esas 'transmutaciones' de las que habla Huarte de San Juan, que ocurrían en el vientre de las madres, que transformaban a las niñas de uno o dos meses en niños cuando sus órganos genitales habían estado expuestos al calor. La naturaleza abyecta de estas personas los hacía 'indecentes al sexo viril' por estar muy 'inclinados a hacer obras de mujer' y caer 'ordinariamente en el pecado nefando' (608–9).[11]

---

[11] Además, Huarte de San Juan señala que los capones u hombres castrados 'son fríos y húmidos', características que los hacía estar dentro del temperamento asociado con las mujeres (620).

En efecto, la ausencia de la barba en el hombre americano desestabiliza la división binaria de los sexos y, por consiguiente, complica su asignación dentro de la identidad masculina, ya que la visión del explorador europeo pareciera poner en duda la presencia misma de testículos en el cuerpo del hombre americano y, por extensión, de su propia virilidad. La falta de la barba, como símbolo visible de masculinidad, hace que el cuerpo del indígena se perciba como un ente castrado, o de uno de esos 'indecentes al sexo viril' que practicaban 'ordinariamente ... el pecado nefando', lo cual lo coloca necesariamente como una desviación a la norma varonil imperial. Esta ausencia del tropo masculino, establecida como privación de lo simbólico, se establece como una prueba irrefutable de su falta de testículos, siendo estos últimos componentes importantes que otorgaban la hombría, lo cual hace que al indígena se le asocie irremediablemente a lo femenino,[12] categoría ya codificada para estar subordinada al dominio y poder patriarcales.

Indudablemente la diferencia somática que se destaca en el habitante americano privilegia ciertas características y signos masculinos europeos, que luego se proyectan como elementos que completan y otorgan la auto-suficiencia y hegemonía a todo aquel que los poseyera, convirtiéndolo en modelo universal por excelencia. Al respecto, Edward Behrend-Martínez señala que en España, durante la temprana edad moderna, 'manhood was a restricted status; it was granted to a small part of society while it was denied to some males, [and] all females', en donde las instituciones del poder judicial jugaban un papel muy importante para salvaguardar dicho privilegio, y determinar quién era y quién no era hombre (2005: 1073).

La manera en que Las Casas se interesa en el cuidado que el indígena presta a la cabeza del europeo es también muy significativa cuando se le analiza dentro de la relación jerárquica de lo alto y de lo bajo, especialmente si se considera que, dentro de la geografía corporal renacentista, cada parte del cuerpo poseía un significado simbólico específico, en donde la cabeza, además de poseer una simbología privilegiada – el lugar de la razón, del logos, estado, poder, etc., – representaba la parte social o 'pública' del cuerpo. Es precisamente en esa parte alta en donde se localiza la barba, el símbolo visible del hombre y de la masculinidad. Esta parte superior se muestra de una manera relevante dentro de las imágenes del discurso colonial, y en ningún momento el hombre europeo pierde su posición hegemónica, sobre todo si se le compara con la forma en que se expone el cuerpo desnudo del indígena, cuyas partes 'bajas' o 'privadas' se exteriorizan sin ningún mira-

---

12 Aquí sigo los señalamientos de Andrew Williams quien entiende por 'femenino' no simplemente lo relacionado con la mujer, sino una categoría genérica 'that encompasses women and men who, for whatever reasons, have been deemed unmasculine by the prevailing hegemonic masculine identity' (1999a: 96).

miento, exponiendo sus 'vergüenzas' públicamente ante la mirada del sujeto productor y lector de las imágenes.[13]

Estas prácticas discursivas no solamente imponen normas genéricas regulatorias para darles una inteligibilidad y coherencia a las representaciones del indígena americano, sino también justificaban su subordinación, así como la del resto de los grupos subalternos que no se ajustaran a la norma ideal masculina. Consecuentemente, el cuerpo del americano se constituye bajo la configuración corporal de la hegemonía heterosexual europea y, a partir de esta relación asimétrica, se le fuerza a interactuar dentro de un ambiente de explotación que le niega su completa condición humana.

Dentro de la narrativa colombina, el estado de desconcierto que la barba del europeo origina entre los indígenas también causa un pasmo en el lector europeo implícito quien, por obvias razones, se identifica con el sujeto de la enunciación. La descripción también supone que los americanos aceptan, tácitamente, el modelo de humanidad imperial, al verse – y percatarse de su falta del tropo masculino – como seres corporalmente incompletos, lo cual hace que se les incorpore dentro del orden de lo simbólico de la diferencia (sexual) que los liga a los otros cuerpos subalternos del componente social, tomados como afeminados.[14] Natalie Zemon Davies menciona que 'at the end of the Middle Ages and in early Modern Europe, the relation between the wife – or the potentially disorderly woman – [and] her husband was especially useful for expressing the relation of all subordinates to their superiors' (1975: 127). Las imágenes que se producen del americano se definen bajo las categorías genéricas, y dentro de este marco referencial adquieren un significado ajustado a las relaciones del poder colonial.

Desde esta perspectiva genérica – y etnocéntrica – se enfatizan atributos viriles de la heterosexualidad europea, considerados inherentes a la imagen del hombre, e identificados como ausentes en el cuerpo americano. Esta falta de lo simbólico que se descubre en el indígena se percibe como algo fuera de la norma masculina y, por tanto, como un elemento perturbador que pone en jaque a la frágil imagen del sujeto masculino europeo en proceso de formación. Sin embargo, esta subversión icónica se soluciona una vez que se 'mira' y se identifica esa diferencia, la cual establece el contraste manifiesto de la inferioridad indígena ya que no se apegaba al modelo antropomórfico imperial, el cual da seguridad y supremacía al poseedor de los símbolos viriles europeos.

Estas imágenes descriptivas van estableciendo fronteras culturales con las

---

[13] Para un análisis sobre el cuerpo dentro de la cultura renacentista, véase Bajtin (1988).

[14] Según George Mariscal, la España de la temprana edad moderna percibía a la otredad (musulmanes, judíos y extranjeros) como contraria a las nociones de hombre y de ser español: 'The body of the other (be it female, [Muslim] or Jewish) was constituted against the male aristocratic body, constituted as inferior and subversive' (Mariscal 1991: 44)

que se irán delimitando el cuerpo 'normal' y 'completo' del europeo, en relación con el cuerpo 'anormal' e 'incompleto' del americano. Esta anormalidad o subdesarrollo de la humanidad americana está en relación con la imagen desarrollista que se estaba imponiendo desde esa época, ya que, como señala Peter Hulme, 'it was – to use the modern phrase – more or less underdeveloped, with Europe – or the West – as the unavoidable term of comparison by which that degree of underdevelopment could be calibrated' (1989: 3).

La colonización que se hace del cuerpo americano a través de la visión crea una violencia epistémica que privilegia al veedor, a quien se le otorga un poder y control omnisciente sobre todo lo que está a su alrededor. Dentro de las imágenes colombinas el cuerpo del indígena se va representando como un objeto de carencias, que produce tanto miedo como deleite, así como un deseo por poseerlo, a la vez que una repulsión. El encanto que provoca está también en relación con el interés renacentista que se da por el cuerpo humano, ya que al mismo tiempo en que las naves comandadas por navegantes europeos se aventuraban a la exploración de las vastas y desconocidas regiones del globo terrestre, los misterios que rodeaban el cuerpo humano se empezaban a develar, como consecuencia de la nueva curiosidad que trae el humanismo renacentista (Armand 1992). El ansia por explorar las nuevas tierras encontradas corría paralelamente con el deseo de explorar la anatomía humana.

Además, como resultado de los constantes cambios socioeconómicos que se estaban dando en Europa, las emergentes clases burguesas empiezan a imponer un nuevo control social a las funciones corporales, con el fin de introducir nuevos códigos de conducta de diferenciación social dentro de las sociedades occidentales. El humanismo renacentista comienza a implantar una nueva forma de ver el cuerpo en su interacción social, lo cual da como resultado la 'individualización' del mismo. Se establece un refinamiento de las impurezas corporales, tanto sociales como físicas, cuyo principal objetivo era la enclaustración de los cuerpos, a fin de crear nuevas fronteras con las que se iban a separar el cuerpo privado de las élites del cuerpo público del vulgo.[15]

Todas estas nuevas formas de aproximación, exploración, y la consecuente apropiación del cuerpo humano nos hace traer a colación los señalamientos de Michel Foucault, quien ha señalado que la manera en que el cuerpo es visto, descrito y construido no es otra cosa que una 'anatomía política', en el sentido de que a éste se le describe no como producto de una curiosidad empírica e inocente, sino como un resultado de ciertos mecanismos del poder, los cuales penetran y se posesionan del cuerpo, con el fin de perpetuar su

---

15 Véase a Elias (1978), particularmente Capítulo II.

control. Para Foucault, el cuerpo es el punto en el cual y desde el cual el poder se ejerce (1997: 35).

El cuerpo aristotélico

Desde la óptica colombina, los nuevos territorios y sus pobladores forman parte de una misma entidad, inexplorada y homogénea. Ambos poseen características con un valor substancial dentro del orden naciente del sistema capitalista, es decir, como productos vírgenes y potencialmente explotables: '[Los indios] son gente de amor y sin cudicia y convenibles para toda cosa, que certifico a Vuestras Altezas que en el mundo creo que *no hay mejor gente ni mejor tierra*' (Colón 1997: 178, énfasis mío).

Si bien el deseo por enmarcar los territorios dentro de la economía estética – y erótica – del *locus amoenus* está muy presente a lo largo de los textos colombinos, la relación subjetiva que se adquiere más tarde durante la experiencia con el terreno, permite incorporar los objetivos del proyecto colonial, dentro de los cuales los habitantes y los territorios se complementan como un todo armonioso, cuya analogía está enmarcada dentro del binarismo amo/esclavo, cultura/naturaleza del expansionismo mercantil europeo.

Ya desde la época clásica se había formulado toda una teoría política del orden estamental que definía y justificaba las desigualdades de la especie humana dentro la propia sociedad griega. Como parte de ese orden universal – cosmos – estaba la compleja estratificación del componente social. El principal exponente de este pensamiento sociopolítico había sido Aristóteles, cuyas ideas van a ser rescatadas por los europeos a finales de la Edad Media. Según Silvio Zavala, a partir del siglo XIII, los debates que se dan en la Europa cristiana sobre la servidumbre natural están influidos fuertemente por la tesis aristotélica, la cual más tarde va a jugar un papel muy relevante para justificar la conquista y colonización de América: 'La idea [aristotélica] de la servidumbre natural es acogida por la Escuela y llega, a través del Renacimiento, hasta los umbrales de la época moderna; entonces desemboca, con singular fuerza, en la célebre disputa acerca de los nuevos hombres hallados por Cristóbal Colón' (1975: 24).

En su *Política*, Aristóteles formula, entre otras cosas, toda una teoría sobre la desigualdad humana y, por extensión, de la esclavitud. A través de ella se racionalizaban las relaciones de poder amo/esclavo, fundamento básico con el que se sostenía la *polis* griega. Según esta teoría, los seres humanos estaban destinados desde su nacimiento, ya sea para ser amos o esclavos, en donde los primeros nacían para mandar y los últimos para obedecer. El filósofo griego sostenía que el ser humano 'se compone de un alma y de un cuerpo' y que, de acuerdo con las propias leyes de la naturaleza, el cuerpo debía obedecer y servir al alma. La disparidad entre los hombres radicaba en el desajuste de la relación alma/cuerpo, ya que:

> En los hombres corrompidos, o dispuestos a serlo, el cuerpo parece dominar a veces como soberano sobre el alma, precisamente porque su desenvolvimiento *irregular* es completamente contrario a la naturaleza.
>
> (27, énfasis mío)

A consecuencia de este comportamiento 'irregular', se hacía indispensable que los hombres dominados por el cuerpo se sujetaran a la autoridad de los señores-amos, es decir, la élite griega ya que en ellos 'el alma manda al cuerpo como un dueño a su esclavo'. Con el fin de guardar el bien común de la ciudad, esta ley:

> debe necesariamente regir entre los hombres. Cuando uno es inferior a sus semejantes, tanto como lo son el cuerpo respecto del alma y el bruto respecto del hombre, y tal que es la condición de todos aquellos en quienes el empleo de las fuerzas corporales es el mejor y único partido que pueden sacar de su ser, se es esclavo por naturaleza. (28)

De lo anterior se deduce una clara asociación entre cuerpo y servidumbre. El cuerpo de los esclavos, como espacio físico, puede y debe ser controlado y, consecuentemente, explotado por su misma naturaleza imperfecta. Esta racionalización de la corporalidad servil hace que los esclavos posean una fortaleza física y el 'vigor necesario para las obras penosas de la sociedad' (28). Así, un miembro de la naturaleza humana no solamente tiene determinada su suerte a partir del espacio sociogeográfico en que se encuentra inmerso (lugar que ocupa en relación con la *polis*), sino también en relación con su espacio corporal, es decir, su espacio individual, su mismo cuerpo.

Dentro de esta relación aristotélica alma/cuerpo que define la naturaleza de la especie humana, las imágenes del hombre americano adquieren una significación más definida. Colón presenta al indígena como un ser totalmente corpóreo, con las características necesarias para realizar cualquier tipo de trabajo físico, tal y como lo dictaba su propia naturaleza servil:

> Vuestras Altezas cuando mandaren puédenlos todos llevar a Castilla o tenellos en la misma isla captivos, porque con cincuenta hombres los ternán todos sojuzgados, y les harán hazer todo lo que quisieren. (113)

A través de constantes repeticiones en las que se resalta su docilidad, el Almirante se propone 'fijar'[16] lo americano dentro de las categorías del dual-

---

[16] Homi Bhabha señala que el discurso colonial se vale de imágenes 'fijadas' (estereotipos) para construir e identificar al otro. Estas funcionan dentro de una dualidad maniquea (superior/

ismo alma/cuerpo, y representarlo como una mera entidad física capaz de ajustarse al proyecto de la empresa europea: 'y así (los indígenas) son buenos para les mandar y les hazer trabajar y sembrar y hacer todo lo otro que fuere menester' (164).

Dentro de este marco de la economía política se produce la identidad del llamado Nuevo Mundo. La representación del indígena, como un ser corpóreo y servil que emana del discurso de exploración, tiene su razón de ser dentro del pensamiento sociopolítico aristotélico, en donde su perfección física está enmarcada dentro de los dualismos alma/cuerpo, amo/esclavo, europeo/indígena de la nueva economía imperial. Además, se le inscribe dentro de un paisaje paradisíaco complementario que le sirve de fondo, un espacio natural creado para ser deseado y requerido por los mecanismos de explotación europeos.

Bajo esta óptica colombina lo americano se construye y se sugiere como algo bello y perfecto, armonioso y sumiso, producto ideal para el intercambio comercial, y listo para ser puesto en circulación en el momento que la corona española lo desease. Los frutos y las potenciales riquezas que Colón describe en sus textos son enmarcados dentro de las viejas categorías de la otredad europea, bien presente en la memoria colectiva, tanto en la del Almirante como en la de sus lectores contemporáneos. Este bagaje cultural funciona como guía para ir orientando, convenciendo y seduciendo al público lector, en especial, a los reyes de España para que continuaran apoyando su proyecto de exploración y explotación coloniales.

Las descripciones del paisaje americano siguen el mismo proceso epistemológico al sobreponérsele una escenografía del Oriente mítico con el propósito de que los reyes españoles pudieran ver con cierta familiaridad y desear 'aquellos valles y los ríos y buenas aguas y las tierras para pan, para ganado de toda suerte, de qu'ellos (los indios) no tienen alguna, para güertas y para todas las cosas del mundo qu'el hombre [europeo] sepa pedir' (163). La obligada tarea del Almirante, de rendir cuentas a la corona española, sobre las riquezas que encontrase en las nuevas tierras, lo mueve a crear imágenes delineadas como un botín deseado (Pastor 1988).

El reconocimiento de lo simbólico en el cuerpo americano

Es evidente que la intención de Colón no era otra que la de representar, ante los patrocinadores de su empresa, lo descubierto como un producto deseable, moldeable y de fácil acceso para su pronta subyugación: 'Ellos *no*

---

inferior), y son presentadas como 'naturales' dentro de un 'régimen de verdad', de manera que produzcan un placer y tranquilidad al poder colonial (1994: 66).

tienen fierro ni azero ni armas, ni son para ello; no porque no sea gente bien dispuesta y de hermosa estatura, salvo que *son muy temerosos a maravilla'* (221, énfasis mío). Si bien el Almirante encuentra, como ya se mencionó en el capítulo anterior, en los llamados caníbales gente guerrera y bien armada, dispuesta a hacer frente a las fuerzas de la empresa colonial, pareciera ser que su meta era buscar y trazar la imagen ideal del indio colonizado: un ser dócil, obediente, y dispuesto a aceptar, sin titubeos ni contratiempos, los mandatos y 'requerimientos' del proyecto de explotación.

Desde el punto de vista de la moral aristotélica, el estado virtuoso (virtudes) se ubica en el llamado término medio de las acciones humanas, es decir, entre los vicios que representan los defectos y/o los excesos (*Ética* II. 1). Por lo tanto, las imágenes del indígena que surgen dentro de la narrativa del descubrimiento deben ser analizadas dentro de este marco de la ética aristotélica, ya que regularmente son representados como seres carentes de virtudes y/o poseedores de vicios. Así, por un lado, está la deficiencia del coraje que los hace 'muy temerosos a maravilla', y que es propiciada por la misma carencia del 'fierro', el cual otorga la virilidad en el hombre; mientras que, por otro lado, se encuentran los excesos de la temeridad y del apetito desenfrenado que caracterizan a los llamados caníbales.

La carencia del metal bélico, así como su comportamiento poco masculino, tildado como 'temerosos a maravilla', permite representar a los indígenas dentro de los valores del discurso heterosexual europeo,[17] dominado por la cultura bélica caballeresca, la cual regulaba y salvaguardaba las identidades y prácticas sociales establecidas bajo el binarismo genérico hombre/mujer. Son precisamente las prácticas sociales del contexto histórico las que van determinando el género y las identidades sociales. Raewyn Connell ayuda a matizar la idea de género al definirlo como 'a social practice that constantly refers to bodies and *what bodies do*, it is not social practice reduced to the body' (1995: 71, énfasis mío). Los actos supuestamente naturales que cada persona realiza según su sexo – 'what bodies do' – crean la idea misma de género, ya que sin esos actos constitutivos, el género como categoría no existiría.

Por tanto, lo que distingue al hombre de la mujer, al hombre del niño, al hombre del animal y, por tanto, al hombre afeminado, inmaduro o bruto del hombre viril, se presenta a través del hecho consumado del *yo* preformativo. Por medio de una serie de actos, gestos y representaciones repetitivas se construyen las categorías sexuales, ya que la propia secuencia de las repeticiones consolida la legitimidad del discurso. Consecuentemente, todas las figuras corpóreas que no se ajustan dentro de las categorías binarias caen

---

[17] Cuando las armas de los indígenas son descritas por Colón éstas no son más que 'unas varas y en el cabo d'ellas un palillo agudo tostado' (1997: 151).

fuera de la naturaleza humana, para luego ser excluidas de los parámetros de la producción genérica. Para Judith Butler, la creencia del comportamiento 'natural' – y necesario para la perpetuación de la especie humana – que se espera de hombres y mujeres, es el resultado de un sutil y obvio rechazo hacia el otro: el homosexual, ese ser abyecto que forma parte del 'dominio de lo impensable' (los 'indecentes al sexo viril' como los llama Huarte de San Juan), que rechaza el sujeto 'normal' (heterosexual) con el fin de constituirse como una entidad estable y universal.

El género se entiende como una construcción de la cultura heterosexual que regularmente esconde su propia génesis (Butler 1999: 173). Obras como *Formación de la mujer cristiana* (*De institutione feminae christianae*) de Juan Luis Vives (1492–1540) ejercieron un papel primordial para la construcción del género durante la temprana edad moderna europea, ya que en ellas se instituyó una educación intelectual e ideologizada cuyo propósito era el instruir a las mujeres para que pudieran ser (y comportarse como) buenas hijas, dóciles esposas y eficientes madres, a fin de que se perpetuara y conservara la humanidad, tal y como lo pedían las instancias – religión y estado – del poder patriarcal.

Si bien la carencia del 'fierro' en la imagen corporal del indígena puede sugerir, dentro del contexto de la conquista y colonización, un estado de vulnerabilidad y debilidad, su ausencia además remite a la falta del metal que corresponde metonímicamente a lo simbólico – el falo – que ayuda a glorificar la performatividad masculina. Dentro de este axioma, el comportamiento poco viril de los indígenas, 'temerosos a maravilla' se explica por la misma privación del fierro, ya que carecen de la masculinidad que el conquistador presume ostentar, por ser el poseedor privilegiado del metal. ¿Cómo podrían comportarse como hombres si no poseían los tropos que otorgaban la masculinidad? La falta del instrumento bélico europeo refuerza esa confusión genérica, a tal grado que desconcierta al espectador occidental, lo que hace que se ubique al indígena dentro de un estado de liminalidad corporal, entre hombre y mujer. El hombre europeo, establecido como el ideal masculino, no solamente poseía el 'fierro' en su imagen corporal, sino también actuaba apropiadamente, haciendo un buen uso del metal, es decir, de una manera 'natural' que mostraba la heroicidad y valentía, características propias de su condición varonil. Ejemplo de ello es la descripción que Las Casas hace de la escaramuza que el Almirante y su tripulación tienen con un grupo de indígenas tomados por caníbales:

> arremetieron los cristianos a ellos, y dieron a un indio una gran cuchillada en las nalgas, y a otro por los pechos hirieron con una saetada; a lo cual, visto que podían ganar poco, aunque no eran los cristianos sino siete y ellos cicuenta y tantos, dieron a huir que no quedó ninguno, dexando uno aquí las flechas, y otro allí los arcos. (Colón 1997: 196)

Es clara la diferencia que se resalta entre el comportamiento 'arremetedor' de los europeos y la escurridiza reacción, poco masculina, de los indígenas. Un detalle interesante que sale a relucir en el párrafo anterior es la carga sexualizada que poseen las armas de los 'cristianos', intensificada aún más en la manera en que entran en contacto con los cuerpos desnudos de sus adversarios, especialmente al ser dirigidas a las partes corporales bajas como las 'nalgas'. Tanto la imagen fálica de los cuchillos y las saetas, como la noción correspondiente de la performatividad de los hombres europeos, refuerza y contrasta la actitud huidiza y temerosa de los indígenas, así como de la propia pérdida (castración) de sus armas que, según se refiere, no fueron lo suficientemente poderosas como para hacerles frente a las de los cristianos. Si la posesión del fierro, además del uso que se le dé (comportamiento) es lo que otorga la identidad masculina, su privación, en consecuencia, se entiende como la falta de dicha consonancia. Además, si se acepta la cualidad sexual simbólica de las armas, entonces el uso de ellas se convierte, en el párrafo anterior, en un mero acto sexual simbólico.

Para Horswell la 'espada' es también uno de los tropos de la sexualidad masculina española. Tal y como la barba del Cid establecía una marca pública viril en el caballero cristiano, la espada representaba otro de los signos que respaldaba su identidad masculina: 'Both the beard and the "unsheathed sword" are phallic reminders of his increasing power' (2005: 43). Las armas funcionan como símbolos del poder, además de otorgar la identidad masculina a todo aquel que las poseía, estructurada esta última bajo un modelo bélico que relacionaba la hombría con el uso sancionado de la agresión, la fuerza y la violencia. Por un lado, las armas tienen el poder de otorgar el estatus simbólico de la masculinidad y, por el otro, son instrumentos indispensables para poder ejercerla, y con las que, además, se logran ganancias económicas, políticas, sociales y, consecuentemente, sexuales.

La manera en que se proyecta la identificación del indígena dentro del campo visual colombino, como un cuerpo carente de 'acero', hace pensar en el proceso freudiano de la diferencia sexual. Para Freud (1961), la presencia o ausencia del falo produce la marca subjetiva de la diferencia sexual. Es en el acto de ver los genitales femeninos en donde el niño experimenta y reconoce esa diferencia. Ese reconocimiento de lo simbólico hace que el niño identifique a la mujer como un ser castrado por el mismo hecho de carecer de pene. De esta manera, la imagen de la mujer tiende a representar la ausencia de lo simbólico.

Lo viril europeo, imaginado como el modelo universal de la humanidad, permite construir e identificar a esa nueva otredad en oposición con la norma hegemónica europea. En sus textos, Cristóbal Colón construye el cuerpo indígena siguiendo el proceso epistemológico que la vista realiza en la diferenciación sexual freudiana, al identificar una serie de defectos, como la de la barba o la del metal bélico, ambos símbolos de hombría en una sociedad

que basaba su poderío en las gestas militares. Esto lo autoriza a situar al indígena como un ente 'castrado', 'femenino', cuya falta de 'acero-falo' señala
esa diferencia que ha sido identificada por la mirada de Colón-niño. Consecuentemente, el acero no solamente va a hacer alusión al instrumento bélico
que denota, sino que también se va a proyectar, de una manera connotativa,
como el pene, una extensión del mismo cuerpo masculino. La imagen del
cuerpo humano, según lo señala Paul Schilder, está ligada tanto a la psico-
logía del contexto cultural del sujeto actuante como a la propia anatomía. Por
tal motivo, el cuerpo tiene la capacidad de acomodar e incorporar objetos
– tales como ropa, alhajas, armas, etc. – que están en constante contacto
con su superficie. La permanente interacción que el sujeto tiene con diversos
objetos de la vida cotidiana hace que éstos pasen a ser incorporados de una
manera permanente a la imagen del cuerpo:

> The body image can shrink or expand; it can give parts to the outside world
> and can take other parts into itself. When we take a stick in our hands and
> touch the object with the end of it, we feel a sensation at the end of the
> stick. The stick has, in fact, become part of the human body.
>
> (Schilder 1978: 202)

En otras palabras, el acero funciona metonímicamente como el signo de lo
viril, de la fuerza y el poder que el europeo no solamente posee, sino que
además sabe utilizar.

La mirada del Almirante, al recorrer parte por parte el cuerpo del indígena
y percatarse de la ausencia del metal bélico, no solamente muestra la naturaleza vulnerable en la que se encontraba, lo cual facilitaría su subyugación
y el despojo de sus tierras, sino también acentúa implícitamente su falta de
(falo) hombría. La distinción que Colón quiere hacer entre el cuerpo del indígena y el cuerpo masculino europeo es clara, y en ocasiones parecería que su
propósito era situar al primero dentro de un espacio vulnerable y pasivo, con
el fin de colocarlo dentro del terreno de la diferencia sexual.

La mujer indígena y la fantasía erótica europea

Después de todo, la mentalidad europea del siglo XVI estaba sustentada
sobre una serie de valores masculinos, dentro de los cuales la mujer era
considerada como un ser inferior, a la cual se le relegaba a desempeñar un
papel supeditado a las necesidades e intereses del poder patriarcal (Vigil
1986: 12). El propio Aristóteles había establecido los argumentos para justificar la subordinación de la mujer a la autoridad del hombre dentro del mismo
dualismo alma/cuerpo, determinando la superioridad natural del hombre, y
señalar que éste 'está hecho para mandar y [la mujer] para obedecer' (1999:
28).

Durante la Edad Media, los manuales de instrucción femenina habían situado el estado mujeril como un espacio supeditado al control y dominio masculinos debido a la creencia que se tenía sobre las deficiencias mentales y físicas de las mujeres. Mientras que para el discurso patriarcal renacentista, la mujer se construye como un mero cuerpo (espacio) dedicado a la reproducción (economía) de la especie humana, por su misma inferioridad, según se creía, era necesario enclaustrarla y domesticarla dentro de las paredes del hogar. En su manual de feminidad para la perfecta casada, fray Luis de León establece que mientras 'los hombres [son] para el [espacio] público, así las mujeres para el encerramiento, y como es de los hombres el hablar y el salir a luz, así de ellas el encerrarse y el encubrirse' (1967: 459). Por su parte, fray Martín de Córdoba sostiene, en su *Tratado que se titula Jardín de las nobles doncellas*, que la mujer tiene la tarea principal de garantizar la 'multiplicación del humanal linaje', limitando con ello su poder de elección y movilidad dentro de la sociedad. Para Córdoba, el sitio en el que la mujer debía interactuar estaba diseñado para vigilar y disciplinar su actuación, ya que sólo así podía servir y cumplir las exigencias que la sociedad patriarcal le imponía, ya que de lo contrario:

[Las mujeres seguirían] los apetitos carnales, como es comer e dormir e folgar, e otros que son peores. E esto les viene porque en ellas no es tan fuerte la razón como en los varones, que con la razón que en ellos es mayor, refrenan las pasiones de la carne; pero las mujeres más son carne que espíritu; e, por ende, son más inclinadas a ellas que al espíritu.
(1957: 73).

Si bien los tratadistas del Renacimiento se van a alejar de la línea misógina predominante de la Edad Media, sus manuales de instrucción no dejan de expresar sus reservas en cuanto a la naturaleza imperfecta de la mujer, y por ello continúan dictando regulaciones para sujetar el comportamiento femenino en los ámbitos de la esfera doméstica.

En el pensamiento occidental el cuerpo era concebido como el componente débil del ser humano, y se lo ha asociado muy frecuentemente con la mujer y lo femenino. Tanto la tradición helénica como la judeocristiana ven a la mujer como un todo corpóreo, cuya imperfecta constitución la obliga a estar bajo el imperio del hombre, quien en turno tiene las facultades racionales para controlar el natural desenfreno femenino. Esta visión negativa y culpabilizada de la mujer justifica, por una parte, la constitución y el mantenimiento del poder masculino dentro de la sociedad; al mismo tiempo que se constituye como instrumento de dominio, con la cual se justifican otros tipos de dominación, como el racismo y la esclavitud. Kate Millett señala que a partir de esta premisa se establece que todo 'is justified on the grounds that the "enemy" is either an inferior species or not human at all' (1970: 46).

Los manuales de conducta ayudan, por un lado, a dirigir y controlar el comportamiento sexual de la mujer, y su control se convierte en la base fundamental para mantener el orden de la sociedad patriarcal. Al mismo tiempo, estos discursos determinan la práctica social con la que se modela la identidad sexual femenina, a través de las directrices disciplinarias que la matriz heterosexual les impone a las mujeres. Estas estrategias refuerzan la mitificación de la esfera pública como un espacio superior y masculino, mientras que establece la esfera privada como un espacio inferior y femenino. Esta privatización y enclaustramiento a los que se ajusta la mujer se convierten en importantes instrumentos de dominio, los cuales irían a ser implantados, según señala Juliana Schiesari, dentro de las políticas imperiales de la temprana edad moderna:

> [The] domestication of the private sphere and the imperialism abroad are conjoined in the early modern period by ideological practices that sought to restrict and dominate the various constructed others of European manhood: the feminine, the savage, the bestial. (1994: 70)

Consecuentemente, este proyecto imperial relega a las poblaciones colonizadas a la esfera de lo doméstico y servil, espacio considerado inferior, y diseñado discursivamente para el enclaustramiento de la mujer, a fin de que sirviera a los intereses del sujeto masculino europeo.

Las imágenes que se obtienen de los nuevos territorios en los escritos colombinos adquieren un significado dentro de este marco simbólico de la retórica de la diferencia genérica, establecida bajo principios que tienden a normalizar la explotación y transferencia de la corporalidad americana en términos de la economía sexual. El cuerpo americano, construido y estructurado como una otredad dentro de las divisiones jerárquicas binarias de la diferencia sexual, se repite en las narraciones de un gran número de escritores que estuvieron involucrados directa o indirectamente en el desarrollo del proyecto imperial.

Como ya se indicó anteriormente, el papel de la actividad letrada de Amerigo Vespucci es muy significativo, no sólo porque es uno de los primeros en especular sobre los territorios encontrados en términos de un Nuevo Mundo,[18] sino porque su nombre forma parte importante de la nomenclatura topográfica imperial. Para Cristian Roa de la Carrera, 'el concepto vespuciano del Nuevo Mundo permite establecer una práctica discursiva

---

[18] Hay que recordar que Amerigo Vespucci es quien aparece en el famoso grabado de Jan van der Straet (1523–1605) en donde se alegoriza el encuentro del navegante florentino con las tierras recién encontradas. En este grabado el nuevo continente está representado como un cuerpo femenino desnudo rodeado de animales de los bestiarios medievales y, en cuyo fondo se dibuja una escena antropófaga.

que consiste en corregir y ampliar el conocimiento previo sobre el mundo apoyándose en el saber práctico de la navegación' (2002: 558). Sin embargo, las imágenes fabulosas de las tierras periféricas de la *oikoumene* continúan enmarcando el paisaje americano que aparece en los textos del florentino.

Como miembro de las estructuras sociopolíticas que buscaban apoyar la empresa colombina, Vespucci se da a la tarea, no solamente de explorar los territorios recién encontrados por Colón, sino de dar cuenta propia de su naturaleza según su experiencia testimonial.

Lo que llama la atención en los textos vespucianos es la manera en que el cuerpo femenino se convierte en el centro de su curiosidad. La mujer americana está representada dentro de esa tradición europea que identificaba lo femenino con lo monstruoso, en donde la deformidad corporal se relacionaba con el miedo que existía entre los hombres al ver el cuerpo femenino como una naturaleza desconocida e indómita, la cual debía ser domesticada ya que, de lo contrario, podía causar el caos.

Como se señaló en el capítulo anterior, dentro de la tradición europea los monstruos sirvieron como entidades con las que se definían y marcaban los límites de la humanidad, así como la entrada del mundo de la otredad oriental. El monstruo servía como un recordatorio de que las fronteras de la ejemplaridad y normatividad humana estaban siendo acechadas, por el hecho de que quebrantaban el estricto orden de la naturaleza, tal y como estaba concebida por la tradición helénica y judeocristiana; al mismo tiempo, los monstruos mostraban la fragilidad de la identidad europea y, por ello, la necesidad de establecer fronteras para defenderla de los constantes asedios. Aristóteles considera a la mujer como una monstruosidad de la naturaleza por ser una figura disímil y desviada de la propia norma masculina:

> Porque así como el hijo de un genitor mutilado viene al mundo algunas veces mutilado y otras no, el ser que da a luz una hembra es hembra unas veces y macho otras. Porque puede decirse que la hembra es macho mutilado, y que el menstruo es semen, más no puro, que está falto de una cosa: el principio anímico. (1933: 76)

A lo largo de la historia occidental, esta 'mutilación', entendida como defecto en relación con la norma masculina, va a llevar a la mujer (como le pasó a las razas monstruosas de Asia con Alejandro Magno) a un estado de enclaustramiento y sujeción dentro de una lógica binaria y jerárquica instaurada bajo una taxonomía teratológica que la desea y, a la vez, la rechaza.

Al igual que Colón, Vespucci interpreta la naturaleza de los territorios americanos a través de imágenes de la plenitud y la desproporción natural, distinguiendo en los habitantes indígenas de esas tierras, especialmente en las mujeres, excentricidades corporales, así como un alejamiento del paradigma europeo de humanidad. El navegante florentino se concentra en describir

las particularidades de la mujer americana, detallando tanto las deficiencias
como los excesos físicos y performativos, sobre todo en relación con su
desnudez y sus actos corporales, enmarcados de una manera que causen un
deleite, así como un pasmo en el público europeo:

> Son mujeres muy fecundas y en sus preñeces no excusan trabajo alguno;
> sus partos son tan fáciles, que después de un día de paridas, van por todos
> lados, especialmente para lavarse en los ríos, y están sanas como peces.
>
> (Vespucci 1951: 211–13)

Estas imágenes representan a la mujer indígena como una naturaleza desbordante y copiosa, enunciada a través de su comportamiento (performatividad)
reproductivo, como mujer fuera de lo habitual, para resaltar ese sentido de
otredad que rayaba en lo abyecto. La mujer indígena presentada por Vespucci
se estructura dentro de las esferas de la monstruosidad repulsiva, inmersas en
un discurso erótico y bajo una ambigüedad desconcertante, ya que su corporalidad simultáneamente repela e invita a ser contemplada por la mirada del
hombre europeo. Estas imágenes se ajustan a la idea del cuerpo de la tradición
occidental señalada antes, definido como lo inmoral, monstruoso y repulsivo,
asociado siempre con la mujer o lo femenino. A lo largo de los siglos se ha
visto a la mujer como un todo corpóreo, cuya endeble constitución – física y
mental – la hacía necesariamente estar bajo la autoridad del hombre, quien
en turno tenía las facultades para controlar su natural desenfreno sexual. Si
el hombre era pecador como resultado de no saber controlar sus impulsos y
sentimientos, la mujer era la encarnación misma del pecado.

En este sentido, la mujer americana se construye como un ser de naturaleza abyecta debido a su comportamiento anormal que violaba el orden
natural, ya que su manera de parir llegaba a los extremos de lo inhumano y lo
monstruoso. David Williams señala que después de la cabeza, la deformación
de los genitales, así como las ideas relacionadas con la reproducción y el acto
sexual constituían un signo de la monstruosidad (1996: 160). Así, el comportamiento reproductivo anormal, descrito por Vespucci, le daba un carácter
monstruoso a la mujer americana, situándola fuera del contexto reproductivo
de lo humano. Su gran potencial de producción y reproducción de bienes
la hacía estar más en analogía con la naturaleza exuberante en la que vivía,
lo cual trae también a la mente una asociación naturaleza/indígena encon-
trada no solamente en los textos de exploración, sino también en la tradición
europea del discurso patriarcal, la cual identificaba y situaba a la mujer más
cerca de la naturaleza, mientras que al hombre lo ligaba más a la cultura.

A partir de este marco referencial, Vespucci inscribe a la mujer dentro
del mundo natural y silvestre que se proyectaba, por un lado como la fuente
proveedora de los recursos necesarios para la subsistencia (productora y
reproductora) de la vida humana, y por otro como un ente con una poten-

cialidad de fuerzas tempestuosas e incontrolables (inundaciones, sequías, tormentas), capaces de producir el caos general (Merchant 1980: 2). Dichas imágenes son parte de un discurso ideológico mucho más amplio, el cual yuxtapone lo familiar europeo con lo extraño americano. Es decir, la belleza femenina del ideal femenino cristiano, regulada por la autoridad del hombre europeo, se contrasta con la monstruosidad excesiva de la mujer indígena, lo cual también remite a la falta de regulación y autoridad que sobre ellas tenía el hombre americano. Una mujer que está entre el deseo sexual masculino, y la monstruosidad abyecta, la cual es necesario excluir y controlar utilizando las relaciones de producción y de poder con el fin de disciplinar y regular su sexualidad para hacerla más eficiente.

Desde esta perspectiva de la tradición europea, la mujer americana se plasma, tanto en lo económico – destinada a la alimentación y crianza de la prole, y productora de riquezas – como en lo tempestuoso e incontrolable de su sexualidad – una bestia trabajadora, una máquina monstruosa y prolífica de desordenada lujuria, la cual era necesario tener bajo el control heterosexual masculino. Después de todo, la necesidad de controlar la sexualidad femenina está en relación con la necesidad de mantener el poder tribal patriarcal. 'Dada su condición de reproductora – señala Frida Saal –, apropiarse de la mujer es apropiarse de la productora de productores y, en consecuencia, es también la primera expropiación' (1991: 32).

En efecto, las descripciones de Vespucci tienden a unir la exuberancia y fertilidad del terreno americano con el exceso y fecundidad del cuerpo de las indígenas, logrando con ello incrementar el placer erótico-visual del paisaje, con lo cual se satisface el deseo homosocial de los lectores. Si la exuberancia y fertilidad del paisaje americano se describe como un lugar que 'siempre está verde y no pierde sus hojas' (Vespucci 1951: 217), de similar manera las indígenas:

> Son mujeres de cuerpos gentiles, muy bien proporcionadas y no se ve en sus cuerpos cosa o miembro mal hecho ... por excepción veréis los pechos caídos de una mujer, así como tampoco el vientre caído o con arrugas, que todas parece que no pariesen nunca. (213)

Nuevamente el cuerpo de la indígena aparece como un espacio pleno de la economía productiva y reproductiva, cuyo atractivo radica, además, en la perennidad de sus atributos físicos, prometiendo ofrecer un placer – económico y sexual – sin límites. Tanto la belleza exuberante del terreno como el excentricismo de sus mujeres se encuadran en un estado de aparente abandono, libertinaje, y sin las virtudes (cristianas) que regulen y controlen su comportamiento; aunque ambas características las hacen estar a disposición de ser poseídas y explotadas por el deseo heterosexual masculino.

Para Vespucci, la realidad americana es una entidad inmutable en donde el tiempo pareciera no alterar la esencia misma de las cosas, y puesta sólo a la espera de la agencialidad del sujeto europeo, quien, según se intuye, era el único que poseía la capacidad para conquistarlas y hacerlas productivas. Ni los territorios ni las mujeres aparentaban estar bajo el paso del tiempo, o bajo el control y dominio del hombre indígena. Su constitución no parecía transformarse, ni tampoco su encanto parecía alterarse, sino por el contrario se sugiere que cualquier tipo de explotación – económica o sexual – a la que se les pudiera someter de ningún modo perturbaría la excelencia de sus propiedades. Para el humanista florentino la naturaleza americana garantizaba la prolongación de la fantasía incesante de la economía heterosexual masculina.

Vespucci hace aparecer a la mujer americana claramente fuera del paradigma de la mujer cristiana, es decir, sin ninguna de las virtudes que ponderaban los moralistas de la época, en especial, el de la castidad: la principal virtud de la mujer, según lo refiere Juan Luis Vives, es la que gobierna y modera el deseo del placer sexual según los principios de la fe y la razón. Esta falta de castidad hace que la mujer sea impúdica, 'piélago y abismo de todos los males', razón por la que no pueda contener su comportamiento y su apetito sexual.[19] Sin embargo, para el florentino, los excentricismos corporales de la mujer indígena americana parecían tener una sola finalidad: la de causar tanto asombro como placer visual al espectador europeo:

> y aunque andan completamente desnudas, son mujeres carnosas y de sus vergüenzas no se ve aquella parte que puede imaginar quien no las ha visto, pues la cubren con los muslos, salvo aquella parte a la que la naturaleza no ha proveído, que es, hablando honestamente, el pubis. En conclusión, no tienen vergüenza de sus vergüenzas, así como nosotros no la tenemos de enseñar la nariz o la boca. (1951: 213)

La completa desnudez de la mujer indígena – quien sin ningún pudor ni vergüenza pareciera posar ante los europeos – se exhibe como algo que es digno de verse, gozar, y ser valorizado estrictamente bajo el deseo heterosexual masculino. La posición contemplativa que asume Vespucci acentúa las relaciones genéricas de poder, no sólo por la desnudez con la que se presenta el cuerpo femenino americano, sino en la relación placentera con la que se enmarca la escena, en donde el cuerpo erguido y vestido del humanista florentino asume una agencialidad fálica. Tanto él como sus lectores masculinos pueden acceder y penetrar el cuerpo desnudo de las indígenas, puesto

---

[19] En su obra intitulada *Formación de la mujer crsitiana*, Vives señala que 'lo primero de todo sabrá la mujer cristiana que la principal virtud de la mujer es la castidad, la cual, única y todo, suple todas las restantes virtudes. Si la tuviere ella, nadie busca las otras, y si faltare ella, ninguno se satisface de las otras' (1947–48: I: 1031).

a su disposición, y sin ningún límite o reserva. Esto posibilita el goce pleno de sus atributos físicos, sus 'gentiles cuerpos' debido a la naturaleza pública de su cuerpo, lo cual las hace impotentes y sin la mínima posibilidad de defenderse ante la mirada inquisitiva, violenta y deleitante del navegante florentino.

Por otro lado, si el europeo es capaz de identificar todas esas carencias de lo simbólico corporal del indígena, los indígenas, según Vespucci, también pueden reconocer la superioridad corporal europea:

> Vinieron a vernos muchas gentes, y *se maravillaban de nuestra figura y de nuestra blancura*, y nos preguntaron de dónde veníamos, y les dábamos a entender que veníamos del cielo y que andábamos viendo el mundo, *y lo creían*. (229, énfasis mío)

De similar manera, la 'blancura' del cuerpo europeo va a causar asombro en el indígena, el cual es interpretado por Vespucci enmarcando este pasmo dentro de las jerarquías de lo alto y lo bajo, para vincular el cuerpo europeo y su blancura con una supuesta procedencia divina. Finaliza ese pasaje con una interpretación un tanto burlona del humanista, quien asegura que el indígena acepta, de una manera muy infantil, la historia del origen celestial del europeo, señalando que, efectivamente, los indios así 'lo creían'. En otras palabras, la falta de un lenguaje que pudiera servir como medio comunicativo, sirve como pretexto para reforzar la autoridad enunciativa del europeo, lo cual le permite interpretar el asombro indígena dentro de lo que él quiere comprender. Sin tener una lengua en común, tal y como ocurre con Colón, que lo pudiera llevar a un contacto comunicativo con los indígenas, Vespucci lee los signos corporales de éstos y los interpreta como una aceptación de la superioridad corporal europea. El humanista florentino describe el asombro causado por el cuerpo europeo como una supuesta aprobación, por parte del indígena, de la imagen de los exploradores como el paradigma de la humanidad. Por tanto, no es gratuita la relación que Vespucci hace de la 'blancura' europea con su pretendida procedencia celestial.

Otro proceso de reconocimiento de diferenciación corporal, similar al anterior, se da cuando el propio Vespucci se integra dentro del texto para servir de contraste con el americano:

> Estuvimos en este puerto 17 días *con mucho gusto*, y cada día *nos venían a ver* nuevos pueblos de tierra adentro, maravillándose de nuestra *figura y blancura*, y de nuestros *vestidos y armas* y de la *forma y grandeza de las naves*. (239, énfasis mío)

Una vez más el cuerpo de los europeos se convierte en el centro de atención del campo narrativo-visual. Y otra vez, a diferencia de los otros pasajes en donde el indígena es expuesto como un cuerpo desnudo e indefenso ante el acto violento de la visión epistemológica del discurso de exploración, aquí la posición y actitud beligerante del sujeto europeo, enmarcado a través de su agencialidad enunciativa, ayudan a mitigar la violencia de la mirada, una vez que su cuerpo se estructura, dentro de un acto contemplativo o de admiración hacia sus vestiduras, sus armas, su 'presencia y blancura' celestial, así como la 'grandeza de las naves' que lo resguardan ante la posibilidad de cualquier amenaza. Este despliegue de todos los tropos posibles de la masculinidad y supremacía europeos impone, al mismo tiempo, un toque homoerótico que enaltece lo simbólico corporal bajo el deseo del otro. El interés que muestra el indígena por ver el cuerpo público del europeo, así como el placer que esta acción consuetudinaria causa en Vespucci, expresa una cierta ambigüedad de la identidad masculina, complicada aún más por el intercambio de la actividad y pasividad visual en la que se enmarcan los cuerpos enunciados. Si bien, como lo ha señalado Lacan, el observador es inevitablemente un cuerpo para ser observado, Vespucci y su tripulación posan como un objeto con el fin de ser sujeto, y así confirmarse como modelo de humanidad – el objeto deseado pero nunca alcanzado – de los que lo observan.[20]

La vulnerabilidad que la desnudez confiere al indígena – sin armas, sin barba, sin ropa y sin un lenguaje o agencialidad que objetara el discurso europeo – se contrasta ahora con el cuerpo beligerante del europeo, adornado con cada uno de los tropos de la sexualidad masculina, y expuestos de una manera que muestre su autoridad y supremacía corporal. En otras palabras, el cuerpo completamente desnudo y mundano del americano, carente del capital cultural europeo – vestidos, armas, y lenguaje – no parecía ser un real contendiente para el cuerpo celestial de los exploradores que se ufanaban de poseer cada uno de los tropos de la masculinidad hegemónica.

En los dos ejemplos antes citados, el humanista florentino procura inscribir el cuerpo del europeo como el objeto de admiración, siempre ocupando una posición de superioridad con respecto a los cuerpos desnudos que lo estaban mirando. Si bien el primero se sitúa como el objeto visto (por los indígenas), su naturaleza como sujeto discursivo hace que sus códigos culturales controlen la interpretación y respuesta del indígena, la cual está reflejada en las imágenes descritas. Por obvias razones, el europeo tiene el dominio total de la interpretación que se hace del asombro indígena. La mirada de los habitantes americanos se construye como un simple juego retórico, dentro de un diálogo simulado, el cual no es otra cosa que un acto de autodescripción que emprende Vespucci; un proceso especular narcisista, en donde el escritor

---

[20] Craig Owens señala que 'the subject in the scopic field, insofar as it is the subject of desire, is neither seer nor seen; *it makes itself seen*. The subject poses as an object *in order to be a subject*' (1992: 215).

florentino pareciera estar viéndose ante el reflejo – el asombro indígena – de su propia imagen.

En los textos de Vespucci las descripciones del Nuevo Mundo parecen adquirir un mayor desenfreno erótico y carnal que las creadas en los textos colombinos, al ver las tierras americanas con una sorprendente capacidad de satisfacer cualquiera de las necesidades imperiales que la Europa cristiana demandara, incluyendo las sexuales. En esos territorios, según lo señala el humanista florentino, las mujeres se mostraban 'muy deseosas de ayuntarse con nosotros los cristianos' (213), añadiendo también que aun los hombres mostraban una manera muy particular de expresar la amistad, lo cual complacía mucho a los europeos:

> El mayor signo de amistad que os demuestran es daros a sus mujeres y sus hijas, y un padre o una madre se tienen por muy honrados si, cuando os traen a una hija, aunque sea moza virgen, dormís con ella; con esto os dan su mayor prueba de amistad. (215)[21]

Según el pasaje anterior, no solamente el concepto de amistad que poseían los habitantes de las tierras descritas distaba mucho del de los europeos, sino también de la idea de honra según se entendía dentro de la cultura europea de la temprana edad moderna, la cual se centraba alrededor de la pureza sexual de la mujer. El honor del hombre y, por extensión, el de la familia, dependían en gran medida en mantener la integridad sexual de la mujer asumiendo un control sobre el comportamiento de las esposas, hijas, o hermanas, para así ser visto por la sociedad como un hombre honrado. Por otro lado, el hombre que perdía el honor, a consecuencia del quebranto de la pureza de su mujer, ponía también de manifiesto su incapacidad para asumir su papel, que como hombre le correspondía. Para la Europa mediterránea, el honor estaba muy ligado a una serie de valores y comportamientos masculinos, los cuales requerían que el hombre jugara un papel de agente defensor del honor familiar, porque de no ser así, la falta o pérdida de este último implicaba, no solamente el haber fallado en sus responsabilidades como protector de la familia, sino que su propia masculinidad se podía poner en duda.[22] El hecho de que el indígena ofreciera a sus mujeres al europeo indicaba, entre otras cosas, la ausencia o el desinterés por el sentido de la honra; además conno-

---

21 Elena Calderón de Cuervo reconoce en este pasaje la marca de *Il Milione* de Marco Polo: 'E sí vi dico che in questa terra a un bello costumme, che nol si tengono a vergogna se uno forasttiere o altra persona giace co la moglie o co la figliuola od alcuna femina ch'egli abbiano in sua casa; anzi lo tengono a bene, e dicono che lli loro idoli gline danno molti beni temporali' (1992: 101).

22 Sobre la cuestión del honor dentro del colonial, véase Gutiérrez (1991); y Johnson y Lipsett-Rivera (1998).

taba una falta de hombría entre los hombres, al no aceptar el papel que le
correspondía, como guardián de la pureza sexual de sus mujeres.

Para Vespucci, no obstante, esta intemperancia indígena tenía su lado positivo si se la mira dentro del discurso de la economía sexual, y el humanista
no duda en aprovecharse de la 'amistad' que le expresan los habitantes para
poder gozar de la exuberancia y excesos de la mujer americana. El florentino
pareciera jugar con las fantasías eróticas del lector heterosexual masculino
implícito, al extenderle una invitación para que pudiera también gozar directamente de los placeres que ofrecían las tierras americanas.

En efecto, las indígenas se presentan dentro de los textos vespucianos en
analogía con la naturaleza desbordante en la que viven, espacios físicos incontrolables, sin dueño, como unas minas sin fondo, y con una gran capacidad de
dar a luz (reproducir)[23] infinidad de veces, sin el más mínimo esfuerzo, y con
el menor desgaste corporal. Además, sus hombres no solamente no ponían
ninguna resistencia para que el europeo pudiera tener acceso a ellas, sino que
ellos mismos se lo procuraban. Vespucci no pierde la oportunidad en hacer
saber al lector las veces que logró probar las delicias del festín americano, tal
y como se ve en el siguiente pasaje en donde los europeos son recibidos por
una población 'con tantas y tan bárbaras ceremonias, que no basta la pluma
para describirlas'. Sin embargo, el humanista florentino pronto encuentra un
deleite y gusto entre las costumbres bárbaras de dicho pueblo:

> Que fue con danzas, cantos y lamentos mezclados con regocijo, y con
> muchas viandas. Nos quedamos allí la noche, donde nos ofrecieron a sus
> mujeres[24] [de tal manera] que no nos podíamos defender de ellas. (225)

La cita anterior describe todo un canto al libertinaje, una fiesta bacanal
en donde el cuerpo de la indígena es ofrecido al europeo sin restricción
ni condición alguna, como un sacrificio erótico para satisfacer la fantasía
sexual del narrador y sus lectores.[25] Este 'no nos podíamos defender de ellas'
sugiere el incontenible apetito sexual de la mujer americana ofrecida como
una forma de amistad, y muestra de la abundancia seductora y epicúrea del

---

[23] Hago referencia al término 'reproducción' – tal y como la crítica marxista lo define –
tomando en cuenta la distinción entre la reproducción de la naturaleza y la reproducción humana
y social, sin olvidar que están estructuralmente ligadas. Carolyn Merchant señala que para que
la 'reproducción' provea las condiciones para la 'producción', debe tenerse en cuenta no sólo la
reproducción de la fuerza laboral y de la sociedad, sino también las condiciones con que se hace
posible la vida, la sociedad y la producción (1989: 17).

[24] Véase también el estudio de Roger Bartra (1997) sobre las mujeres salvajes en la cultura
occidental y, en especial, el apartado sobre las 'serranas' en la literatura española.

[25] Vespucci recoge un mito de la tradición europea sobre la existencia de ciertos pueblos,
como los 'Gymnosophisti', que tenían la costumbre de prestar a sus esposas a los viajeros como
una forma de su hospitalidad (Friedman 1981: 21–22).

ambiente americano que el texto de humanista florentino trataba de presentar al público lector.

Desde esta perspectiva heterosexual masculina, lo americano se construye como el objeto deseado e irresistible, localizado entre el placer y el miedo, entre Eros y Tánatos. Esta fantasía sexual europea crea a la mujer indígena como un espacio saturado de sexualidad, de una lujuria incontrolable, totalmente alejada de la imagen ideal de la mujer cristiana promovida por los manuales de comportamiento europeos (Vigil 1986: 18).

Esta imagen de la mujer indígena proyectada en los textos de Vespucci está enmarcada dentro de los valores negativos (vicios) que la moral cristiana trataba de combatir mediante la imagen del ideal femenino, la cual estaba concebida dentro de valores positivos (virtudes). Estos valores estaban delineados a través del comportamiento en la esfera social y familiar, y enmarcados dentro de lo lícito y de lo ilícito. La lujuria se entendía como un comportamiento corporal licencioso que la cristiandad entendía como 'appetitus inorditatus delectationis venerae', es decir como un apetito desordenado de los placeres venéreos y, por tanto, era siempre un pecado mortal *ex genere suo*, por el hecho de involucrar directamente la utilización de otro, del prójimo, como un objeto para satisfacer los deleites carnales, ya que el acto sexual sólo estaba permitido si su fin era la procreación del género humano (Jordan 1997: 143–51).

Vespucci no deja de presentar a la indígena como un ser de un apetito sexual excesivo e insaciable, y siempre buscando saciarlo con cualquiera de 'nosotros los cristianos' que se pusiera a su paso. Así lo narra el humanista en una escena en donde los mitos de las amazonas y la antropofagia son mezclados para describir el encuentro entre un grupo de mujeres indígenas y un joven cristiano:

El séptimo día fuimos a tierra y encontramos que habían traído con ellos a sus mujeres, y así como saltamos a tierra, los hombres de la tierra mandaron a muchas de sus mujeres a hablar con nosotros; y viendo que no tenían confianza, acordamos mandarles a uno de nuestros hombres, que era un joven muy esforzado, y nosotros para ampararlo entramos a los bateles y él se fue hacia las mujeres. Cuando llegó junto a ellas le hicieron un gran círculo a su alrededor, y tocándolo y mirándolo, se maravillaban. Y estando en esto vimos venir una mujer del monte que traía un gran palo en la mano; y cuando llegó donde estaba nuestro cristiano se le acercó por detrás y, alzando el garrote, le dio tan gran golpe que lo tendió muerto en tierra. En un instante las otras mujeres lo cogieron por los pies y lo arrastraron hacia el monte; los hombres corrieron hacia la playa con sus arcos y flechas a asaetearnos, e infundieron tanto miedo a la gente nuestra ... que ninguno acertaba a tomar las armas. Sin embargo, les disparamos cuatro tiros de bombarda que no acertaron, salvo que, oído el estampido, todos huyeron hacia el monte, donde ya estaban las mujeres despedazando al cristiano, y en un gran fuego que habían hecho, lo estaban asando a nuestra vista, mostrándonos muchos pedazos y comiéndoselos. (253–55)

Es evidente el cambio de tono que muestra el pasaje anterior, en donde la mujer indígena es mostrada de manera extrema, cuya imagen está estructurada dentro de lo monstruoso que causa miedo, aun a los europeos con todas sus armas, debido a que su apetito sexual se había transformado en un apetito que engullía al cuerpo del cristiano. Las imágenes de las amazonas ayudan a construir la escena, pues las indígenas se alejan de la imagen sumisa del ideal cristiano, presentándose como mujeres que cazan (activas) en vez de ser cazadas (pasivas), cambiando con ello los papeles genéricos. La manera en que se describen las características físicas de la víctima – 'joven muy esforzado' – añade el toque erótico que el narrador intenta proporcionar. El joven (europeo), con quien el lector implícito se iba a identificar, se construye como la presa u objeto del deseo sexual de las mujeres (americanas). Al hacerle 'un gran círculo a su alrededor'[26] el acto adquiere un cierto dejo de lujuria. Sin embargo, la escena erótica da un giro inesperado para transformarse en un rito macabro, en donde el objeto sexual se convierte en la presa que es devorada por cada una de las mujeres participantes, transformándose la escena erótica en una escena de espanto, un canibalismo sexual[27] que no diferencia entre la muerte y el placer del sexo. Los pecados de la lujuria y la gula se ligan en el texto vespuciano para hacer una analogía entre los apetitos de la vagina y de la boca, dos orificios que permiten devorar y engullir al hombre europeo. Así, la mujer indígena no solamente devora al hombre con su vagina sino también con su boca.[28]

---

[26] Una escena similar a ésta, aunque un siglo más tarde, aparece en la obra de Cervantes 'El celoso extremeño'. En ella, un grupo de muchachas, encerradas en un caserón, realizan un 'desmembramiento' descriptivo en el cuerpo de un joven guapo (Loaysa) como parte de un ritual (retórico) antropófago: '[Y] una decía: ¡Ay, qué copete que tiene tan lindo y tan rizado!' Otra: '¡Ay, qué blancura de dientes!' ... Otra: '¡Ay, qué ojos tan grandes y tan rasgados! Y por el siglo de mi madre que son verdes, que no parecen sino que son de esmeraldas!' Ésta alababa la boca, aquélla los pies, y todas juntas hicieron dél una menuda anatomía y pepitoria.' (Cervantes 1986: II. 125). James Fernández analiza este pasaje cervantino y lo ve como un acto de colonización interna que se lleva a cabo en España, como una consecuencia de la empresa colonial Americana (1994: 974–75).

[27] El 'canibalismo sexual' hace referencia a la interpretación que David Williams hace del mito de la 'vagina dentada': 'The figure of the *vagina dentata* is the most overt identification of sex with eating, eating with sex, in which both acts, fundamental to life itself, become life's destruction' (1996: 165).

[28] En su estudio sobre la imagen del cuerpo femenino dentro de las fábulas francesas de los siglos XII y XIII, Jane Burns encuentra una constante analogía entre la vagina y la boca, ya que ambos son orificios que son penetrados y remiten a una actividad activa del poder patriarcal, que es la de penetrar y poseer: 'The vagina that eats, sucks, swallows, opens and closes its mouth appears routinely as a *goule*, or gaping mouth' (1993: 54–55).

En efecto, la empresa colonial inicia la representación de los territorios americanos con imágenes de lo corporal americano bajo una excentricidad enmarcada dentro de una ambigüedad sexual que no deja de fascinar al explorador europeo. Los discursos fundacionales del encuentro colombino fijan la identidad del indígena como un cuerpo abierto, pasivo, mudo, cuasi-femenino, al cual se puede observar, poseer, despojar, y finalmente, explotar. Estos mecanismos de producción genérica justifican, al mismo tiempo, el establecimiento de las relaciones de poder que iban a demandar, más tarde, a la población indígena una total subordinación a los intereses y necesidades del proyecto imperial.

Las primeras imágenes de lo americano que surgen de la narrativa del encuentro revelan una obsesión por definir a los pobladores de acuerdo a sus diferencias y comportamientos corporales en relación con los del europeo. La carencia de los tropos de la masculinidad europeos – barba, acero, ropa – así como su comportamiento poco viril construyen al hombre indígena como un ser anormal, femenino y dócil. Esto hace que se refuerce la imagen del sujeto universal europeo, para que a partir de él se vayan inscribiendo los demás cuerpos, de acuerdo a su estado, género y etnia.

Las imágenes colombinas, siguen un proceso epistemológico similar al de la diferencia sexual freudiana, al definir al indígena como un cuerpo lleno de carencias de lo simbólico masculino europeo. Su cuerpo se inscribe una y otra vez como un cuerpo excéntrico, feminizado, cuya belleza despierta el deseo homosocial entre los lectores europeos, ofreciéndoles, con ello, un incentivo homoerótico muy sugerente para que se realice pronto su usufructo. No por casualidad, el Almirante insistentemente señala que 'la gente de estas islas andan todos desnudos, hombres y mujeres, así como sus madres los paren'. Esta empeñosa necesidad de señalar la ausencia de lo simbólico entre los indígenas – barba, acero, y ropa – debe ser valorizada dentro de los sistemas que regulan la diferencia sexual hombre/mujer.

En la medida en que el cuerpo del indígena se presenta con rasgos corpo-rales femeninos, su continua desnudez se torna voyerista y violenta, para ir satisfaciendo la fantasía erótica del lector masculino europeo. La ausencia de lo simbólico no solamente connota el privilegio que se le da a los valores culturales europeos, sino manifiesta la incapacidad del Almirante por entender la corporalidad cultural del otro como algo diferente. Consecuentemente, el cuerpo castrado del indígena se produce a partir de un acto epistémico violento, en el cual la mutilación corporal – por medio de la visión – no solamente lo convierte en el cuerpo feminizado del deseo heterosexual, sino en una fantasía homoerótica que justifica la agresión sexual que la conquista y colonización desatarían.

Por otro lado, Vespucci proyecta sus fantasías eróticas masculinas al describir la exuberancia corporal y el comportamiento desordenado de la mujer indígena, lo cual connotaba una total carencia de valores europeos, al no ajustarse al comportamiento ideal de la mujer cristiana. No obstante, el florentino logra sacar ventaja de la situación, y aprovecha todas las oportunidades que se le presentan para tener acceso al cuerpo de las indígenas, sin ninguna restricción, y con la misma venia del hombre americano. Parecía que el apetito sexual de las mujeres sólo podía ser satisfecho por el hombre europeo, único en poseer los símbolos de la masculinidad.

Con una visión eurocentrista, el cuerpo americano se define de acuerdo a las necesidades y deseos de su sujeto-creador: el hombre europeo. Los principios binarios hombre/mujer, hombre/bestia, alma/cuerpo delimitan las coordenadas del americano con el propósito de imponerle una nueva identidad que pueda racionalizar la imagen de superioridad que el hombre europeo se estaba creando. De ahí, el gran énfasis puesto en la anormalidad del cuerpo americano, estructurado de una manera que satisficiera las demandas de la empresa europea. Demandas que iban desde las materiales hasta las sexuales.

En efecto, el cuerpo masculino europeo se convertirá en el mapa a través del cual se explorará y trazará la corporalidad del otro para luego situarlo en los bordes de lo humano occidental: entre hombre y mujer, debido a la falta de los símbolos y valores masculinos europeos. Dichas imágenes se reiteran una y otra vez, para convertirse en motivos del espectáculo erótico del deseo heterosexual masculino.

Desde el principio, los europeos crean la imagen de América como una entidad corporal, virgen, pasiva y de fácil acceso, a la espera de ser poseída y explotada por los mecanismos del comercio occidental. Tanto el paisaje como sus habitantes se estructuran armónicamente, y son vistos en analogía, como materias primas cuyo valor está en relación con el ordenamiento que les va a imponer la naciente economía de mercado. América se presenta ante Europa como una entidad llena de carencias, es decir, como una naturaleza castrada, un cuerpo mutilado, como un espacio deseado y excéntrico, como un cuerpo femenino productor de infinidad de riquezas y placeres, un espacio que invita a la colonización que muy pronto vendría a realizarse.

3

La ciudad de México y el paisaje urbano

Se ha presentado anteriormente la manera en que el discurso de exploración construye topográficamente el cuerpo americano (naturaleza-indígena) como un paraíso perenne de abundantes recursos naturales, en donde sus habitantes poseen las características físicas adecuadas para ejercer cualquier tipo de explotación (comercial o sexual) que el proyecto colonial demandase. Conforme el europeo se va adentrando en los territorios que va explorando, el llamado 'encuentro de dos mundos' se torna cada vez más violento y brutal debido a la desigualdad de condiciones que existía entre los contendientes, y de cuya empresa el europeo sale triunfante, obteniendo como botín la subyugación de los habitantes americanos, así como la posesión de sus territorios. Las matanzas de nativos que los conquistadores Hernán Cortés y Pedro de Alvarado cometen en Cholula y en el Templo Mayor marcan el inicio del devastador proceso de conquista y colonización que duraría más de tres siglos.

A partir de la conquista de México, señala David Brading, la interacción que el conquistador tiene con el paisaje americano transforma la manera en que este último es visto y explotado (1991: 25), pues a sólo un año de haber derrotado al imperio azteca, el conquistador español, Hernán Cortés se dio a la tarea de (re)construir México-Tenochtitlán para convertirla en lo que sería uno de los dos centros del poder colonial español en América: la ciudad de México. Según George Kubler, la decisión de fundar la urbe colonial sobre las tierras bajas y pantanosas en las que se había asentado la ciudad mexica tuvo consideraciones sociopolíticas más que urbanísticas (1983: 74–75). Si bien Cortés se muestra renuente en un principio a establecer el enclave colonial en la isla del lago de Texcoco, para 1522 cambia de opinión, al darse cuenta que: 'viendo que la ciudad de Temixtitlan, que era cosa tan nombrada y de que tanto cosa y memoria siempre se ha hecho, pareciónos que en ella era bien poblar, porque estaba toda destruida'. La nueva configuración topográfica que resulta se encamina a reproducir y proyectar las nuevas relaciones de poder que los conquistadores van implantando en el terreno conquistado, 'de tal manera que los españoles estén muy fuertes y seguros y muy señores de los naturales' (Cortés 1983; 165).

La capital mexica sufre una profunda alteración con la reordenación sociopolítica que la conquista y colonización imponen en su espacio urbano, produciendo un gran impacto, que se va a extender hasta en los pueblos de sus alrededores. Ross Hassig señala que la construcción de la urbe colonial hizo que los pueblos del valle de México perdieran su importancia como centros independientes, debido a que la capital colonial obtendría un papel – político, económico y cultural – mucho mayor que el que había tenido bajo el imperio mexica (1985: 257).

El poder colonial que se establece en los territorios conquistados ejerce un control, no solamente sobre la urbe mexicana, sino también sobre sus alrededores, los cuales estaban habitados por una gran diversidad de pueblos indígenas. El ambiente urbano da la pauta para que se proyecte y delinee la imagen hegemónica de los colonizadores, impuesta a través de la construcción del espacio colonial, como el lugar propio, en donde las acciones de los conquistadores literalmente iban a tomar lugar (Gregory 2004: xv), a fin de que estos últimos parecieran como 'señores de los naturales'. La disposición del enclave colonial proporciona los mecanismos necesarios para consolidar las prácticas sociales con las que se crea el escenario ideal para que la imagen del cuerpo (masculino) europeo pueda (inter)actuar – en el sentido de representar su papel hegemónico – con el fin de reflejar esa magnificencia corporal necesaria para los ejercicios del poder imperial.

Obras como *México en 1554* de Cervantes de Salazar ostentan imágenes del espacio novohispano en donde el orden y la armonía urbana aparecen como caracteres inherentes de la estructura colonial.[1] Las calles, los suntuosos edificios, las actividades comerciales y sociales, lo mismo que sus instituciones, sirven de marco referencial en donde el cuerpo de las clases privilegiadas se va a poder desplazar con absoluta libertad y, consecuentemente, ejercer una autoridad y dominio sobre el espacio circundante, y sobre la población colonizada. Por supuesto, dicha armonía social se va a contrastar enormemente con la propia realidad social de la colonia, sobre todo si se considera el vasto territorio novohispano todavía en lucha, aunado a los conflictos y crisis sociales que había dejado la conquista dentro de la compleja estratificación del virreinato.

En el presente capítulo se analizará el proceso de transformación del paisaje americano que se da a partir de la entrada de Hernán Cortés a la capital mexica hasta llegar a convertirse en la ciudad de México, ya como núcleo del virreinato de la Nueva España. Se parte de la hipótesis de que el europeo, con la ayuda del discurso urbano, establece las coordenadas para

---

[1]   Otros textos de la época que idealizan de una manera similar el paisaje mexicano son: 'La epístola al licenciado Sánchez de Obregón' (1574) de Juan de la Cueva (1543–1610), 'Epístola al insigne Hernando de Herrera' de Eugenio de Salazar y Alarcón (1530–1602), y *Grandeza Mexicana* de Bernardo de Balbuena (1562–1627). Al otro lado de la moneda, están los que se dedican a deformar esta imagen idealizada de la ciudad. Me refiero a algunas obras anónimas y, en especial, a las de Mateo Rosas de Oquendo (1559–1612). Véase Johnson (1993).

estructurar el paisaje mexicano con el fin de establecer un orden espacial en el que se pudiera inscribir lo que yo llamo el 'cuerpo metropolitano' del europeo para que a su vez, éste pueda imponer y ejercer su dominio sobre el territorio colonizado. La correspondencia ciudad-cuerpo-europeo, implícita en la traza urbana, está orientada a enfatizar y satisfacer las relaciones de poder amo/esclavo que el europeo deseaba imponer a la población indígena. Si se tiene en cuenta que las relaciones sociales están configuradas tanto en el terreno urbano como en el de sus alrededores, el objetivo del análisis será el explorar la forma en que el conquistador europeo, y más tarde el letrado novohispano, ven y construyen la fisonomía de la capital mexicana con el fin de establecer y ponderar las relaciones de poder con las que se van a supeditar los diferentes cuerpos del componente social.

La idea de ciudad en el Renacimiento europeo

Si se revisan los primeros textos que narran la empresa colombina, el lector se da cuenta que esta narrativa está centrada en la descripción de la naturaleza americana. A pesar de la insistente búsqueda de lugares como Cathay, Çibola, o las ciudades opulentas y ricas de los reinos míticos del Gran Khan, que la rica literatura de viajes había descrito, y que los exploradores estaban seguros de encontrar allende el mar, por obvias razones éstos no van a ser encontrados en el llamado Nuevo Mundo. La ausencia de centros urbanos se hace notar.

Y como un choque inesperado de esa realidad que el europeo se rehusaba ver, a Colón no le queda otra cosa que limitarse a hacer referencia a las pequeñas villas o aldeas que encuentra a su paso:

> Las casas diz que eran ya más hermosas que las que avía visto, y creía que cuanto más se allegase a la tierra firme serían mejores. Eran hechas a manera de alfaneques muy grandes, y pareçían tiendas en real, sin concierto de calles, sino una acá y otra aculla y de dentro muy barridas y limpias y sus adereços muy compuestos. Todas son de ramos de palma, muy hermosas. (1997: 126–27)

La descripción anterior es un ejemplo muy típico de la imagen que se obtiene de los asentamientos humanos durante los primeros encuentros del reconocimiento de los territorios americanos. La manera en que aparecen descritas las poblaciones del 'Nuevo Mundo' difieren mucho en su aspecto del modelo ordenador del espacio sociopolítico que se había venido desarrollando en el mundo europeo: la ciudad.

Ya desde el siglo XIII, la Europa se caracterizaba por su clara inclinación hacia los valores urbanos. Para finales del siglo XV, las nuevas clases sociales que habían desplazando a la vieja aristocracia feudal encuentran en las cortes urbanas el espacio adecuado para impulsar su programa ideológico: la corriente humanista. Estas nuevas sociedades hallaron en las urbes no sólo los instrumentos para desarrollar sus actividades socioeconómicas, sino un ambientes favorable que les permitió satisfacer sus requerimientos de clase. Lauro Martines observa que la corriente humanista tuvo un desarrollo netamente citadino:

> Humanism was the city-state's major intellectual experience. It was a refinement of values that derived largely from the urban ruling groups, but it also needed their confirmation to have any force as a program. Humanism spoke for and to the dominant social groups. (1979: 191)

La idea de ciudad resurge como una imagen poderosa, cuya fuerza residía en ser el espacio en donde se constituían las prácticas sociales sobre las que se basaba la ideología burguesa; además de ser considerada como el lugar favorable para el desarrollo del capital político y cultural de la clase burguesa, la ciudad era en esencia una imagen de la sociedad en donde el poder se reproducía y articulaba a través de su configuración espacial. Sus fronteras delimitaban el enclave y los espacios simbólicos, desde los cuales los estratos altos de la sociedad se van a salvaguardar del ambiente social hostil en el que ellos se sentían vivir. Estas mismas fronteras sirven, además, como puntos de partida para ejercer el control del espacio real y simbólico: un espacio cada vez más supeditado a las leyes de la oferta y la demanda impuestas por el naciente sistema capitalista.

La ciudad, al establecerse en su espacio las relaciones de poder, pone en marcha los instrumentos necesarios con los que se unía y segregaba, simultáneamente, a los diferentes cuerpos que conformaban el espectro social. Para Steven Mullaney, la ciudad renacentista se configura no a partir de una planeación urbana o control poblacional, sino más bien con el propósito de definir el espacio social, de una manera que proyectara los requerimientos sociopolíticos de las clases en el poder (1991: 18). Mullaney señala que:

> Any city could be described, regardless of its time and place, as a projection of cultural values and beliefs – as a casting of ideals and ideologies into concrete form, an inscription of cultural practices and contradictions in the very landscape of community. (19)

Si para Mullaney la ciudad es una proyección de las prácticas culturales puestas en marcha por una comunidad, para Elizabeth Grosz constituye uno de los factores importantes para la producción social de la corporalidad (sexual) humana. Si se tiene en cuenta que el cuerpo es una producción social, Grosz advierte que la cultura, al construir el orden biológico a su imagen y semejanza, tiende a proyectar un ambiente sociocultural que produzca y refleje la forma y los intereses del cuerpo hegemónico mismo. Según esto, tanto el cuerpo cómo su ambiente van a producirse mutuamente: 'the city is made and made over into the simulacrum of the body, and the body, in its turn, is transformed, "citified", urbanized as a distinctively metropolitan body' (1992: 242).

En efecto, los cambios socioeconómicos que estaban propiciando el surgimiento de la clase burguesa, también habían cambiado los ejes del poder sociopolítico con los que se había sostenido por siglos el régimen feudal. La creciente actividad mercantil del pujante mundo burgués hace que las sociedades europeas se orienten a promover ese nuevo orden espacial, para ir ajustándolo a sus propios intereses políticos, económicos y sociales (Martines 1979: 73). Denis Cosgrove, en su estudio sobre la evolución del concepto 'paisaje', señala que éste tiene su desarrollo durante los siglos XV y XVI, y aparece como producto de la ideología burguesa en su búsqueda por ejercer un control, tanto real como simbólico, sobre las tierras poseídas. De la misma manera en que las encuestas y los mapas proveían el conocimiento y, consecuentemente, el poder sobre los territorios y sus pobladores, el intelectual renacentista desarrolla una manera de ver el espacio como propiedad, ya sea privada o del estado. Con la ayuda de la perspectiva lineal, desarrollada durante el Renacimiento, se produce una 'ideología visual' monocular que pone en marcha el mercado de la tierra.[2] Esta manera de ver el espacio, desde un punto privilegiado y omnipotente, ofrece a la clase burguesa el poder de contemplar las tierras poseídas con un placer y deleite particular, y dentro de sus mismos espacios privados, sin tener la necesidad de estar presentes en los terrenos o propiedades poseídos (Cosgrove 1985: 55).

Las concepciones renacentistas que se tienen del hombre[3] estaban fuertemente ligadas a la relación que éste tenía con la sociedad, de la cual formaba parte. Esta actitud burguesa hace de la ciudad una forma de vida, con sus propios valores y prerrogativas, definida ya como el espacio por excelencia de su interacción, ya que sólo en ella se podían articular los instrumentos sociopolíticos con los que vendría a ejercer el poder – físico y simbólico – sobre los territorios poseídos. Ya desde la época helénica, la ciudad estaba considerada como la unidad primordial de la organización política, social y cultural, y su concepción estaba vinculada a la idea de humanidad. Aristó-

---

2   Según Cosgrove, la perspectiva lineal fue una invención urbana, empleada inicialmente para representar los espacios de la ciudad. Su finalidad consistía en organizar y controlar las coordenadas espaciales con el fin de ofrecer, al espectador del paisaje, un punto de vista privilegiado – fijo y tridimensional – desde el cual podía contemplar las propiedades que se posaban ante sus ojos (1985: 49).

3   Utilizo aquí el término 'hombre' deliberadamente, por el hecho de ser una época con valores estrictamente masculinos.

teles había sostenido que la ciudad era la forma más alta y perfecta a la que
una sociedad podía llegar en su desarrollo, por ser el enclave en donde más
se mostraba y ejercitaba la creatividad de los pueblos, es decir, el escenario
supremo en donde mejor se reflejaba la naturaleza humana.[4] En otras palabras, la ciudad representaba un signo del avance sociocultural al que una
sociedad había alcanzado.

Con la llegada del humanismo renacentista, el concepto de la *Civitas Dei*,
con el que se había organizado y alegorizado la visión del mundo medieval
va a dejar de funcionar,[5] y su lugar lo viene a ocupar la 'ciudad del hombre',
organizada ya racionalmente por medio de principios matemáticos, mediante
la perspectiva lineal. Como consecuencia de esta nueva actitud secular, del
hombre y el mundo exterior, la fábrica urbana (los edificios, calles y monu-
mentos) es vista por primera vez como el producto de la misma creatividad
humana, ya que, como lo señala Françoise Choay, el concepto de ciudad
como objeto construido no existía antes del siglo XVI (1980: 65).

Aquí es necesario hacer una importante distinción entre la idea de ciudad,
entendida como *urbs*, es decir, la fábrica o parte física de ella; y la entendida como *civitas*, o asociación humana, diferencia que ya se había establecido desde la tradición helénica, y que cobra una gran relevancia durante la
corriente humanista del renacimiento. Si bien la importancia de una ciudad
se mostraba a través de su fábrica, es decir, sus calles, edificios, palacios y
plazas, eran sus habitantes, además de sus leyes e instituciones los que la
completaban y daban la relevancia y grandeza debida. El filósofo francés
Jean Bodin (1530–96) ejemplifica esta distinción al advertir que '[a] town
may be well-built, walled, and also well-populated, but it is not a city unless
it has laws and magistrates to establish a commonwealth' (Kagan y Marías
2000: 9–10).

El hombre del Renacimiento comienza a concebirse como un ser proteico
y mutable, cuya capacidad perfectible lo lleva libremente a elegir cualquier género de vida. Para la corriente humanista, se tenía la noción de que
los hombres nacían como bestias; sin embargo, era la cultura – la lengua,
las artes y las letras – la que ayudaba a humanizarlos. Era, a través de la
educación humanista como se podía llegar a la conversión de lo natural a lo
humano, del animal al hombre. Juan Luis Vives, en su obra intitulada *Fábula
del hombre* (*Fabula de Homine*, 1518), fijará con mucha precisión la nueva

---

[4]   Aristóteles señala en su *Política* que 'quien por naturaleza y no por casos de fortuna carece
de ciudad, está por debajo o por encima de lo que es el hombre' (1999: 158).
[5]   La nueva concepción del espacio se da también en la manera de ver el mundo. Los mapas
medievales habían representado al mundo a través de una imagen cristiana – cuyo centro era
Jerusalén – y en algunos casos, la tierra simbolizaba el cuerpo de Cristo. En cambio, con el Renacimiento, el globo terrestre se ve de una manera más 'realista', lo cual se logra con la ayuda de la
geometría y el conocimiento empírico (Norberg-Schulz 1977: 227–28).

imagen del hombre, distinguiéndolo precisamente por su independencia y autonomía respecto de todas las otras especies y formas predeterminadas, lo cual le daba el poder de dominio, no sólo de sí mismo, sino también de la totalidad del mundo. En *Fábula del hombre*, el humanista español muestra la capacidad de la autotransformación que posee el hombre – al definirlo como la 'cosa más admirable' de la naturaleza y de la misma factura que los dioses del Olimpo – cuya misión era el mandar y obedecer, para así llegar a ser 'un ciudadano urbano', prudente y justo (1947–48: I. 539). Estas ideas reflejan un claro deseo por dominar y controlar el mundo exterior, muy acorde con la ideología de la clase burguesa, cuyo proyecto buscaba imponer nuevas formas de pensar y comportarse dentro del contexto social urbano, con el fin de establecer los lineamientos para la formación de un nuevo sujeto masculino moderno.[6]

A partir del Renacimiento, el espacio urbano se humaniza, o más bien, se masculiniza. La clara conciencia histórica e individualista que se desarrolla durante este periodo hace que el hombre se sienta con el poder y derecho de transformar y manipular el mundo que le rodea. Marsilio Ficino (1433–99), en su *Platonic theology on the immortality of souls* (*Theologia Platonica de Immortalitate Animae*), declara que 'man alone so abounds in perfection that he rules himself first, which no beasts do, then governs his family, administers the state, rules peoples and commands the entire world' (Trinkaus 1970: I. 484). El cuerpo masculino europeo se establece como el modelo de humanidad a seguir, cuya perfección está en relación con las posibilidades infinitas con las que el hombre burgués se siente para transformar su realidad, tal y como su propia hechura divina – a imagen y semejanza de Dios – se lo permite. Dentro de este antropocentrismo y etnocentrismo se encuentra implícita una analogía orgánica entre la urbe y la sociedad: el hombre como microcosmos, y el universo como macrocosmos.

La ciudad es, en efecto, el espacio ideal para el proyecto expansionista de la clase burguesa, ya que sólo en ese ambiente privilegiado se podía reflejar la creatividad y la superioridad de su ser, en relación con la de las otras especies, humanas y animales. La perfección corporal del hombre europeo se instala en el núcleo del espacio renacentista, para convertirse en unidad y medida del mundo, tal y como lo expresa el humanista español Fernán Pérez de Oliva (1492?–1530), en su *Diálogo de la dignidad del hombre*: 'los antiguos fundadores de los pueblos grandes, después de hecho el edificio, mandauan poner su ymagen esculpida en medio de la ciudad, para que por ella se conociesse el fundador' (1982: 95–96). Es así como, a través del espacio urbano,

---

6   Esta imagen burguesa social del hombre que se empieza a establecer durante la temprana edad moderna europea se contraponía a la del ideal caballeresco de la aristocracia guerrera medieval cuyo estatus se adquiría no a partir de la acumulación de una tecnología pedagógica cultural, sino por medio del nacimiento (Correll 1996: 71). Véase también Martínez-Góngora (2005).

se intenta proyectar la perfección corporal de su creador: *l'uomo universale*. Los principios estéticos que derivaron al estudio del cuerpo humano, visto como un artefacto métrico, llevaron a la corriente humanista a comparar la estructura humana con las construcciones y edificios urbanos.

La ciudad provee las bases para que las clases gobernantes se dieran el lujo de ejercer un control y autoridad sobre la sociedad y los espacios circundantes, lo cual hace que entre los humanistas se desarrolle una preocupación por diseñar la ciudad ideal, un espacio que pudiera satisfacer los deseos de grandeza de los grupos poderosos. El resultado de este deseo por crear un ambiente citadino perfecto produce una infinidad de obras que van desde los diseños urbanísticos de Alberti, Filarete, Da Vinci y Palladio, hasta los de Thomas More y Tommaso Campanella. De una manera u otra, estas obras tienden a proyectar una imagen ideal de la ciudad, en el que el orden social que se desprende de ellas está salvaguardado bajo la imagen poderosa del enclave urbano.

La ciudad americana como 'nuevo topos discursivo'

Desde el inicio del proceso de exploración, tanto Colón como los demás aventureros europeos tenían en mente las grandes y sofisticadas ciudades del lejano Oriente que Marco Polo, y Juan de Mandevilla, entre otros, habían descrito en sus textos. Como ya se mencionó antes, en los primeros escritos que narran el contacto de los europeos con las tierras americanas no existen descripciones de ciudades o centros poblacionales que se pudiesen comparar con las concepciones urbanas almacenadas en el imaginario cultural europeo. Por el contrario, la morfología del paisaje americano está presentada como un lugar edénico, virgen, y exuberante en recursos naturales, en donde la presencia humana, como modificadora del paisaje, raramente se hacía presente.

No es hasta las exploraciones de Hernán Cortés y su entrada a México-Tenochtitlán cuando el europeo empieza a describir la grandiosidad de una ciudad americana: 'Es tan grande la ciudad como Sevilla o Córdoba', escribe el conquistador español al referirse, con gran asombro, a la capital azteca. Las asombrosas descripciones de esta ciudad americana continúan en la narrativa cortesana:

> Tiene esta ciudad muchas plazas, donde hay continuo mercado y trato de comprar y vender. Tiene otra plaza tan grande como dos veces la de la ciudad de Salamanca, toda cercada de portales alrededor, donde hay cotidianamente alrededor de sesenta mil ánimas comprando y vendiendo; donde hay todos los géneros de mercaderías que en todas las tierras se hallan.
>
> (Cortés 1983: 62–63)

Es en este momento cuando se introduce lo que José Rabasa llama el 'nuevo topos discursivo': 'the differences between Cortés – señala Rabasa – and Columbus have less to do with attitudes toward the 'other' than with the constitution of a code and the emergence of the New World city as a new discursive topos' (1993: 123). Para Cortés, el centro geopolítico mexica posee las características propias de un enclave urbano, según la idea del *negotium* urbano que él traía en mente, a tal grado que utiliza imágenes de ciudades españolas para que el lector pudiera hacerse una idea de lo que era la urbe mexica.

El tráfago comercial de México-Tenochtitlán es uno de los elementos que más llaman la atención al capitán español; para Cortés, la abundancia de los productos que se comercian en ella es tan grande que parece tener el dominio de la producción total de 'todas las tierras'. La actividad productiva se derivaba de la relación simbiótica que existía entre la riqueza que los alrededores de la urbe generaban y el núcleo de ésta, es decir, la plaza, descrita esta última también como el centro depositario de la gran cantidad de productos que se comerciaban en el diario acontecer del mercado mexicano. Para el conquistador español, la ciudad mexicana no era una urbe más entre varias, ya que las descripciones que ofrece pretenden proyectarla como el centro del paisaje mexicano, un microcosmos concebido a partir de su significado económico, elemento muy importante para la empresa colonizadora.

México-Tenochtitlán se define, entre otras cosas, por el dinamismo económico que genera la actividad del mercado, tarea importante dentro del mundo burgués, ya que, como lo señala José Luis Romero, 'el mercado mostraba el juego de la oferta y la demanda, y recogía muy sensiblemente las posibilidades que se ofrecían para su ámbito. Multiplicar el lucro sólo requería estar presente en otros mercados' (2001: 24). La insistente referencia a la fecundidad de sus alrededores no hace más que enfatizar la riqueza del paisaje circundante con el fin de mostrar el valor del botín que la empresa conquistadora estaba obteniendo.

Al mismo tiempo que se resalta la importancia económica, el paisaje citadino se esboza a través de un orden estamental paradigmático, reflejado en la estructura jerárquica de la misma sociedad mexica:

> La gente de esta ciudad es de más maneras y primor en su vestir y servicio que no la otra de estas otras provincias y ciudades, porque como allí estaba siempre este señor Mutezuma, y todos los señores sus vasallos ocurrían siempre a la ciudad, había en ella más manera y policía en todas las cosas. (Cortés 1983: 66)

El cuerpo de sus habitantes es apreciado por sus vestimentas, maneras y policía, las cuales reflejaban también el desarrollo sociocultural del habitante que se esperaba encontrar dentro de un ambiente urbano. La grandeza de la urbe, mostrada por la sofisticada sociedad nativa, estaba en concordancia, no sólo con la fisonomía del enclave urbano, sino además con la jerarquía social, la *res publica* que existía entre sus habitantes, la cual rebasaba a las otras provincias y ciudades del territorio descrito. El predominio sociopolítico de la ciudad mexica va a reforzar la importancia económica señalada anteriormente, lo cual hace que se refuerce su imagen, como el lugar del asiento de los poderes sociopolíticos de la región, es decir, el centro estratégico en donde 'estaba siempre este señor Muctezuma'.

En los textos del conquistador español, México-Tenochtitlán se yergue como un mundo urbano muy a la manera europea, plasmándose como el centro dominador, receptor y comercializador de sus fecundos alrededores, en donde su admirable fisonomía estaba en relación con el cuerpo social de sus gobernantes. Los alrededores de la ciudad son, a la vez, las fuentes productivas que sustentaban a los habitantes de la urbe. La frecuente comparación de la capital mexica con las imágenes de ciudades europeas y orientales pretende respaldar el discurso urbano que se quiere establecer en la mente de su interlocutor, el rey Carlos V. Cortés intenta dar una imagen ideal del paisaje mexicano con características propias del urbanismo europeo, con el fin de establecer bien el terreno de lo que vendría a ser el futuro asentamiento del poder colonial español.

La gran actividad comercial, sus amplias y derechas calles, así como la compleja red de canales, que permite tener un intenso intercambio de artículos comerciables, buscan crear la imagen de una ciudad autosuficiente y estratégicamente bien planeada. Todos estos atributos con los que se estructura la imagen de México-Tenochtitlán poseían un gran significado tanto para Hernán Cortés como para la corona española.

Sin embargo, a pesar del orden urbano proyectado en los textos cortesanos, México-Tenochtitlán llegaría muy pronto a su fin, una vez que las huestes españolas derrotan al imperio azteca. El espacio urbano descrito por el conquistador extremeño será destruido, para así dar paso a la construcción de la ciudad colonial. La reordenación espacial que resulta estaría en concordancia con las nuevas formas de producción y explotación que sus nuevos pobladores vienen a imponer al terreno conquistado.[7] El mismo Bernal Díaz del Castillo (1496–1584), en su *Historia verdadera de la conquista de la Nueva Castilla*, comenta con un dejo de nostalgia, la transformación que experimenta la morfología del paisaje mexicano, como consecuencia del cambio del uso del terreno que ocurre durante el proceso de colonización:

---

[7]   Henrí Lefebvre señala que cada modo de producción conlleva la producción de un espacio construido en correspondencia al mismo modo: 'Le mode de production projette sur le terrain ces rapports, ce qui réagit sur eux. Sans qu'il y ait correspondance exacte, assignée d'avance, entre les relations sociales et le relations spatiales (ou spatio-temporelles)' (1985: ix).

Y diré que en aquella sazón era muy gran pueblo, y que estaba poblada la mitad de las casas en tierra y la otra mitad en el agua, y ahora en esta sazón está todo seco y siembran donde solía ser laguna. Está de otra manera mudado, que si no lo hubiere de antes visto, dijera que no era posible que aquello que estaba lleno de agua que está ahora sembrado de maizales.

(1998: 160)

A pesar del cambio radical que la conquista española impone al paisaje urbano mexicano, dicha reestructuración tiende a convalidar las ventajas socioeconómicas y políticas de la urbe mexica, señaladas en los escritos cortesanos. Es por ello que la edificación de la nueva ciudad se viene a realizar sobre las ruinas de México-Tenochtitlán, con lo cual se explota su posición estratégica para continuar aprovechando la misma infraestructura política acumulada por el régimen derrotado: 'viendo que la ciudad de Temixtitlan, que era cosa tan nombrada y de que tanto caso y memoria se ha fecho, pareciónos que en ella era bien poblar, porque estaba toda destruida' (1983: 165).

En efecto, la producción del paisaje urbano colonial se inicia justamente durante el proceso de exploración del espacio mexicano, ya conquistado o que estaba por conquistarse. Este nuevo topos discursivo inaugurado por Cortés, establece una manera de ver el paisaje americano que se estaba expandiendo gradualmente ante los ojos del europeo, dándole al terreno conquistado una nueva significación que fuese más acorde a los intereses de su(s) interlocutor(es).

Al enfatizar los aspectos políticos, económicos y sociales, los textos cortesanos intentan presentar la capital azteca como el núcleo del vasto y rico territorio, y por consiguiente, con las características ideales para establecer la futura capital colonial. México-Tenochtitlán se construye con los elementos que el discurso urbanístico europeo marcaba, con el objeto de hacerse más tangible a su interlocutor, y así darle la seguridad y el control para su pronta posesión y permanencia en las nuevas tierras conquistadas.

Orden urbano, orden social

Para principios de 1522, casi un año después de la caída de México-Tenochtitlán, empieza a ser construida la nueva urbe mexicana que vendría a albergar, tanto a la sociedad española como a las instituciones del poder colonial. Como era de esperarse, la realización de tal empresa constructora vendría a recaer sobre las espaldas de la población nativa. Fray Toribio de Motolinía (1490?–1569) lo hace notar de esta manera:

La séptima plaga [que cayó sobre los indios] fue la edificación de la gran ciudad de México, en la cual, en los primeros años andaba más gente que en la edificación del templo de Jerusalén ... y en las obras a unos tomaban las vigas, y otros caían de alto, *sobre otros caían los edificios que deshacían en una parte para hacer en otras.* (1990: 16, énfasis mío)

Es así como la mayoría indígena iba a servir de mano de obra para construir el enclave urbano, con características específicas que le dieran seguridad y estabilidad al régimen colonial, así como de un ambiente aristócrata para que fuera gozado exclusivamente por la minoría europea. El propio Cortés hace mención de la mano de obra indígena en la construcción de la ciudad española:

Y porque hay mucho aparejo de piedra, cal y madera, y de mucho ladrillo, que los naturales labran, que hacen tan buenas y grandes casas, que pueden creer vuestra sacra majestad que de hoy en cinco años será la más noble y populosa ciudad que haya en lo poblado del mundo, y de los mejores edificios. (1983: 197)

La infinidad de piedra que vendría a salir de la demolición de la gran Tenochtitlán, así como el 'mucho ladrillo, que los naturales labran' son utilizados para la edificación de la nueva capital colonial. Y mientras, por un lado se deshacía un orden, por el otro se instauraba uno nuevo. El significado geopolítico que la ciudad colonial hereda de la antigua urbe le da derecho a mantener los mismos privilegios y prerrogativas de los que gozaba bajo el poder mexica:

Como lo supieron en todas estas provincias que he nombrado que México estaba destruida, no lo podían creer los caciques y señores dellas, como estaban lejanas enviaban principales a dar a Cortés el parabién de las victorias y a darse por vasallos de Su Majestad, y a ver cosa tan temida, como de ellos fue México, si era verdad que estaba por el suelo, y todos traían grandes presentes de oro que daban a Cortés.

(Díaz del Castillo 1998: 378).

Una vez concebida la nueva fisonomía urbana, los habitantes de las tierras conquistadas irían a ser desplazados del centro geopolítico, para ser relegados a la periferia de la traza urbana. La nueva ciudad iba a continuar siendo el núcleo y centro estratégico del extenso territorio, aunque ahora bajo el dominio español, el cual seguirá perpetuando la explotación del vasallaje que los otros grupos indígenas le debían y pagaban a la antigua capital mexicana.

Para mediados del siglo XVI, la ciudad novohispana tenía ya una fisonomía bien definida, arquitectónicamente hablando o, por lo menos, así la deseaba mostrar Francisco Cervantes de Salazar en su obra *México en 1554.* El humanista español muestra la *urbs* virreinal como un ejemplo de sobriedad y grandeza, en donde el orden y la proporción de sus edificios estaban en relación con la *civitas*, es decir, la importancia misma de sus pobladores, 'cual corresponde a vecinos[8] tan nobles y opulentos' (1875: 42).

La lectura que realiza Cervantes de Salazar de la capital novohispana se inscribe dentro de la corriente del humanismo renacentista, época en la que el arte y el poder iban constantemente de la mano. Por lo tanto, los tratadistas europeos se ponen a desarrollar proyectos urbanos con el fin de satisfacer los deseos de grandeza que las clases altas demandaban. Esta subordinación de la producción del discurso urbano a los intereses sociopolíticos de las clases en el poder, hace pertinente analizar obras como *México en 1554*, no tanto para saber cómo era la fisonomía de una ciudad en el momento en que fue escrita, sino más bien para entender las estrategias discursivas del poder que plasman las imágenes del espacio urbano configurado en los textos producidos.

La organización socio-espacial que los humanistas del Renacimiento europeo se empeñan en mostrar dentro de las urbes refleja la manera en que los grupos en el poder veían o querían ver el orden jerárquico de la sociedad, en donde las instituciones, así como el poder económico y político estaban mostrados como parte de la grandeza de dicho orden.

México en 1554 fue escrita originalmente en latín[9] con el fin de que sirviera como un manual de ejercicios de aprendizaje para 'los estudiantes de lengua y gramática latinas' de la Real y Pontificia Universidad, lugar en donde el mismo autor, Cervantes de Salazar, se desempeñaba como profesor de la cátedra de Retórica. Esto significa que la obra estaba dirigida a un público muy específico y selecto de individuos: esa minoría distinguida de 'vecinos' conformada por miembros de la clase alta novohispana que habían encontrado una afinidad en los ideales de educación y orden político promulgados por el humanismo renacentista europeo, corriente a la que era adepto

---

[8]   Es pertinente señalar que, durante la época colonial, existía una diferencia entre 'vecinos' y 'habitantes'. Tal diferencia determinaba la posición sociopolítica de cada poblador. Susan Socolow apunta que 'only a relatively few city dwellers were *vecinos*, those property holders, usually of Spanish or Portuguese ancestry, who, after at least four years' residence had been certified by local town councils to attend emergency council meetings. All others were classified as *habitantes*, having limited political power and legal status as city dwellers' (1986: 7).

[9]   El título original en latín es *Commentaria in Ludovici Vives [sic] Exercitationes Linguae Latinae (Mexici, apud Joannem Paulum Brisensem, 1554)*. Cervantes de Salazar nace en Toledo por el año de 1512, y murió en México en 1575. Realizó sus estudios en Salamanca, llega a ocupar, en 1550, el puesto de profesor de retórica en la Universidad de Osuna. Joaquín García Icazbalceta, en el siglo XIX, realiza la traducción al castellano de sus diálogos dándole el título de *México en 1554: Tres diálogos latinos que Francisco Cervantes de Salazar escribió e imprimió en México en dicho año* (México: Antigua Librería Andrade y Morales, 1875). Su fama hace que sea nombrado cronista oficial de la Nueva España, por lo que emprende su obra *Crónica de la Nueva España*, la cual no va a ser publicada hasta 1914.

el autor de esta obra, razón principal por la cual había llegado a la Nueva España para ser su principal promotor.

Francisco Cervantes de Salazar llega al virreinato novohispano en el año de 1551 – con una trayectoria humanística bien establecida en la península ibérica – el mismo año en que se expide la real cédula para la creación de la Universidad de México. Su fama se debía al excelente manejo del latín, que escribía y hablaba con una gran perfección y elegancia. Había sido discípulo de Alejo Venegas, prominente humanista español, además de ser traductor y comentador de Juan Luis Vives y Hernán Pérez de Oliva. Según Miguel León Portilla, personajes como el virrey Luis de Velasco o el arzobispo Alonso de Montúfar pudieron haber intercedido para que el humanista toledano viniera a ocupar una cátedra en la universidad novohispana que estaba a punto de fundarse (Cervantes de Salazar 2001: viii–xvi). Indudablemente Cervantes de Salazar se convierte en una de las figuras relevantes para la difusión del humanismo renacentista en el virreinato novohispano.

México en 1554 se compone de tres diálogos: el primero de ellos ofrece un testimonio muy vivo de la actividad académica de la primitiva Real y Pontificia Universidad de México, a sólo un año de haber sido fundada; mientras que el segundo y tercero contienen la representación de la capital virreinal: la ciudad de México. El segundo de los diálogos se orienta a describir los interiores de la traza urbana, espacio principalmente habitado por la sociedad española y, por consiguiente, primero en importancia jerárquica; mientras que el tercero está encaminado a retratar los alrededores de la urbe. Además, este último es el espacio habitado primordialmente por la población indígena y, por lo mismo, segundo en importancia. Los alrededores de la urbe son, con todo, la fuente que proporciona las riquezas del virreinato novohispano y que satisface, tanto los requerimientos del sistema colonial como las necesidades básicas de los habitantes citadinos. Por tratarse concretamente del paisaje urbano mexicano, en el presente estudio se examinan sólo los dos últimos diálogos de la obra del humanista español.

En los dos últimos diálogos de *México en 1554* se describe la capital del virreinato de la Nueva España, y en ellos intervienen sólo tres personajes: Zamora y Zuazo, vecinos de la ciudad, y Alfaro, un forastero español recién llegado. Los nombres de los personajes de la obra parecen tener un significado simbólico, ya que mientras el nombre del español, también identificado como forastero, está relacionado con la primera letra del alfabeto griego, los nombres de los vecinos de la ciudad novohispana llevan la última letra del mismo. Tal pareciera que Cervantes de Salazar tuviera la intención de emparentar al visitante español con el comienzo u origen de la parte 'vieja' de la herencia cultural de la 'nueva' España, y de la cual los vecinos indianos, como estudiantes, se iban a beneficiar como los herederos de esa tradición europea. Por lo tanto, la relación entre los tres personajes es clara: el maestro-Alfaro representa la cultura de la vieja España, mientras que los estudiantes Zamora y Zuazo los de la nueva España. Es decir, el 'viejo' mundo transfiere y dicta las enseñanzas humanísticas al 'nuevo'.

La enseñanza que se realiza por medio del diálogo, es parte de la tradición didáctica de la corriente humanista, expresada claramente desde el inicio de la obra. Orgullosos de la fábrica y magnificencia de su ciudad, Zamora y Zuazo deciden llevar a Alfaro a dar un paseo por distintos lugares de la capital colonial para que pudiera disfrutar el esplendor de la ciudad colonial:

> Es tiempo ya, Zamora, de que llevemos a pasear por México, cual nuevo Ulises, a nuestro amigo Alfaro, que tanto desea, para que admire la grandeza de tan insigne ciudad. De este modo, mientras le vamos enseñando lo más notable, él nos dirá algo que no sepamos, o nos confirmará lo que ya sabemos. (Cervantes 2001: 41)

Si bien la ruta que siguen los personajes va configurando el orden espacial de la urbe, es la posición subjetiva que éstos tienen con el espacio físico y social lo que determina la composición de las imágenes, así como el dominio que ejercen sobre los lugares descritos, ya que este poder de descripción y apropiación es lo que los distingue del resto del componente social novohispano. A través del recorrido que los tres personajes hacen por calles y caminos es como se va midiendo y construyendo el espacio de la ciudad colonial, ya como capital cultural de la sociedad novohispana; al mismo tiempo, ese paseo urbano ayuda a que los personajes se vayan identificando con las diferentes articulaciones del poder, dentro y a través de las relaciones espaciales que se van produciendo en el texto.

La percepción que los personajes tienen del espacio urbano crea imágenes mentales que ayudan a pensar las áreas que se recorren como algo real, muy propias a su condición sociopolítica, tomando en cuenta que la relación que los paseantes tienen con el entorno mostrado se deriva del resultado de su propia experiencia social colonial y, sobre todo, de su autonomía como sujetos. Es decir, el papel que cada uno de los personajes juega dentro del escenario urbano está determinado por la posición o posicionamiento que tienen dentro del espacio social recorrido, lo cual contribuye, en gran medida, en el ordenamiento real e imaginario de la capital virreinal.

Los personajes inician el paseo por los interiores de la ciudad de México, a una hora no específica de la mañana, partiendo de la antigua calle de Santa Clara, para desde allí dirigirse a la Plaza de Armas, y luego seguir por la calle de Tacuba que, según Fernando Benítez, 'era quizá la única empedrada' (1972: 15). Por tanto, el empedrado de la calle desde donde se inicia el recorrido hace que el paseo de los personajes comience sobre un terreno simbólicamente sólido y firme. '¿Qué calle tomaremos?', le pregunta Zuazo a su compañero Zamora, a lo que este último responde, 'la de Tacuba, que

es una de las principales, y nos lleva en derechura al centro' (41). Con esta
trayectoria en línea recta los personajes emprenden su recorrido desde los
perímetros de la traza urbana hacia el núcleo de la ciudad capital: la plaza,
lugar que se acentúa, no sólo por su importante significado sociopolítico,
sino también porque es el centro desde donde se define la periferia.

Durante el camino hacia el centro de la ciudad, Alfaro describe y exalta
la amplitud de la calle de Tacuba así como lo atractivo del empedrado, desta-
cando la función práctica y estética de su construcción hecha 'para que en
tiempo de aguas no se hagan lodos y esté sucia' (41). Se resaltan también
la simetría y opulencia de la construcción de las casas de los vecinos de esa
calle, sobre todo el aire de fortalezas que las primitivas casas proyectaban al
espectador, a lo que Zuazo responde que 'así convino hacerlas al principio,
cuando eran muchos los enemigos, ya que no se podía resguardar la ciudad,
ciñéndola de torres y murallas' (42). El estado de sitio e inseguridad, en el
que la clase encomendera se sentía vivir, originó esos diseños de casas tipo
fortaleza, construcciones que aseguraban, por un lado, el bienestar y la seguridad de sus habitantes, mientras que, por el otro, proyectaban de una manera
simbólica el poder y dominio que sus dueños ejercían sobre el espacio y la
población conquistada.

Una vez en los perímetros de la plaza, los paseantes no dejan de admirar
la amplitud y grandiosidad de ésta, llevando a Zuazo a preguntarle a Alfaro
si había visto antes algo parecido, a lo que este último le responde:

> Ciertamente que no recuerdo ninguna, ni creo que en ambos mundos pueda
> encontrarse igual. ¡Dios mío!, ¡cuán plana y extensa!, ¡qué alegre!, ¡qué
> adornada de altos y soberbios edificios, por todos cuatro vientos!, ¡qué
> regularidad!, ¡qué belleza!, ¡qué disposición y asiento! En verdad que si
> se quitasen de en medio aquellos portales de enfrente, podría caber un
> ejército. (43)

La libertad con que se mueven los paseantes a lo largo del núcleo urbano está
en relación con la posición sociopolítica que éstos ocupan dentro del ambiente
colonial. La plaza central era el lugar simbólico del poder por excelencia, ya
que era ahí donde estaban asentados los poderes de la iglesia y del estado, así
como las instituciones coloniales – Universidad, Inquisición, conventos – que
representaban la *civitas*. En otras palabras, la plaza era el lugar de la presencia activa del poder público (masculino), y donde se desarrollaba la vida
social y política de la Nueva España, el anillo interior de lo que Ángel Rama
llama la 'ciudad letrada', o como lo señala Zuazo, es el sitio de los 'litigantes,
agentes de negocios, procuradores, escribanos y demás' (44). Tanto las leyes
como sus magistrados se destacan como una parte importante de la sociedad
virreinal, una comunidad social humana que vivía bajo los lineamientos de la
justicia cívica y la virtud individual del sujeto colonial.

Cervantes de Salazar resalta el significado político de la capital novohispana haciendo una relación entre la apariencia física de la ciudad y la jerarquía sociopolítica de sus habitantes, de tal manera que la *urbs* fuera el lugar en donde la *civitas* estaba alojada para que se pudiera hacer el despliegue de las virtudes de sus ciudadanos. Y qué mejor lugar para presentar la jerarquía del poder colonial que la misma sede donde se le ejercía: la sala de audiencias de Palacio. La magnitud y la excelencia del edificio no solamente iban a causar una gran impresión a Alfaro, comentando que 'eso no es palacio, sino otra ciudad' (42). También, el propio interior del salón de audiencias se lo va a elogiar por su amplitud y grandeza, además de recalcar el silencio ceremonial que existía en su interior, lo cual hacía resaltar esa imagen de autoridad que su diseño deseaba proyectar. Tanto la suntuosidad de su decorado de 'ricas alfombras' como el dosel de damasco galoneado que remataban los asientos estaban en concordancia con la grandeza del cuerpo político que albergaba. Todo esto creaba una atmósfera que, según el propio Alfaro, 'infunde no sé qué respeto al entrar' (44). En efecto, la *urbs* y la *civitas* se encuentran en concierto unívoco para crear una unidad con la que se representa el poder y la nobleza de los grupos hegemónicos de la Nueva España.

Una vez descrito el orden y la gravedad del inmueble, los personajes pasan a describir el cuerpo político del virreinato, presentando primero la estructura del gobierno colonial de acuerdo a su verticalidad jerárquica: 'En lugar elevado' se sentaba el virrey sobre un almohadón de terciopelo, teniendo bajo sus pies un cojín del mismo material; alrededor de él se colocaban sus cuatro oidores. Y desde este punto elevado de la pirámide del poder, Zuazo y Zamora se ponen a desglosar el aparato colonial que regía el extenso territorio de la Nueva España:

> Poco más abajo están sentados a uno y otro lado el fiscal, alguacil mayor, abogado de pobres, protector y defensor de indios, y los demás letrados que tienen pleitos. También la nobleza y los concejales, *cada uno en el lugar que le corresponde, según su empleo y dignidad.* (45, énfasis mío)

La relación entre la fábrica urbana y el cuerpo sociopolítico novohispano va a ser una constante en la obra *México en 1554.* La admiración que los personajes muestran por el orden arquitectónico de la capital colonial se da paralelamente al enaltecimiento que hacen del orden social y, por extensión, del sistema colonial. Dentro del pensamiento renacentista, el orden significaba jerarquía. Las teorías cosmológicas de Pitágoras y Ptolomeo habían proveído las bases sobre las que se sustentaba la visión jerárquica del universo – del cosmos. La sociedad humana, como parte de ese mismo orden universal, tenía adscrito también un orden proyectado en su estructura social, por lo que cada miembro de ella tenía asignado una tarea de acuerdo al rango que ocupaba dentro de dicho orden. La relación entre los grupos dominantes y los dominados se racionalizaba dentro de este marco simbólico social (Bentmann y Müller 1992: 33).

La guerra de las imágenes que se realiza en el virreinato novohispano está también imbuida en la misma fábrica urbana, en donde los signos del poder eran proyectados en cada uno de sus edificios con el fin de mostrar el dominio y estabilidad del poderío español al resto de la sociedad colonial, especialmente a la colonizada. La firmeza y verticalidad de las construcciones, así como la solidez de sus materiales, eran signos arquitectónicos que no solamente aludían a la naturaleza de su fábrica, sino también a una retórica imperial que buscaba intimidar y amedrentar a los indígenas americanos a través de la perennidad y visibilidad de sus magnas construcciones. Por obvias razones, tanto Alfaro, como Zamora y Zuazo se van a identificar con cada uno de los lugares que van describiendo, lo cual les permite crearse una identidad común como miembros de la naciente clase social criolla que para ese entonces estaba acumulando un poder político y económico. Por tal motivo, en ningún momento los personajes dejan de recalcar la proporción y orden de los edificios durante el paseo por las calles de la ciudad novohispana, ya que la corporalidad de los propios personajes se extendía simbólicamente hacía las construcciones arquitectónicas logrando una identificación subjetiva con la fábrica de su capital cultural.[10]

En efecto, las imágenes que proyecta cada edificio, plaza, calle o rincón de la ciudad novohispana funcionan como una propaganda visual a través de las cuales el lector-viandante tiende a autoafirmarse e identificarse como miembro de una comunidad social, con valores e intereses comunes (Martines 1979: 257). La grandeza de la urbe se convierte en el símbolo de poder y soberanía que la naciente sociedad criolla estaba empezando a crear. Este grupo social, aunque reducido, había amasado a mediados del siglo XVI un poder económico significativo, a expensas de la población indígena, y gracias a instituciones coloniales como la encomienda, lo cual hizo que más tarde pusiera en guardia a la corona española que vio las ambiciones de la clase criolla como un reto a sus propios intereses territoriales americanos.

La ciudad de México no solamente ejemplificó el locus de la vida sociopolítica del virreinato novohispano, sino también concretizó el papel imperial español al servir como el símbolo de la conquista y colonización; estableciéndose de una manera que se mostrara como un claro testimonio del triunfo español sobre los territorios y pueblos indígenas, gesta bélica todavía muy presente en la memoria cultural de los grupos del poder novohispanos,

---

[10] Martin Krampen señala que 'the "meaning" of the city as a "text" is to be found in the perception of its "readers"' (1979: 26).

quienes veían al conquistador, Hernán Cortés, como el héroe fundador de la nación criolla y principal protagonista de dicha gesta:[11]

¡Oh, una y mil veces dichoso Cortés! que habiendo ganado esta tierra para el emperador a fuerza de armas, acertó a dejar en ella tales testimonios de su piedad, que harán imperecedero su nombre (56)

La narración de Cervantes de Salazar crea, al mismo tiempo, las fronteras del cuerpo-ciudad del colonizador enmarcado dentro de un discurso épico propio. La convivencia y la reproducción de los mitos del imaginario criollo, como el del conquistador de México, le dan una cierta legitimidad histórica al espacio descrito y, con ello, se destierra de esos dominios, junto con sus mitos, a los grupos colonizados, ya que atentaban contra la estabilidad del orden colonial. Para estos vecinos el conquistador español se convierte en el paradigma de la heroicidad novohispana, perfilado dentro de una retórica performativa, en donde la masculinidad del conquistador se destaca no sólo por el manejo de las 'armas' que hizo para conquistar las tierras y ofrecerlas a la corona española, sino también por la gran herencia cultural dejada, la cual se establece como una muestra de sus grandes virtudes: los 'testimonios de su piedad'.[12]

México en 1554 refleja una organización ideal del espacio sociopolítico de la capital novohispana compatible a la imagen que ese número reducido de vecinos tenía de la ciudad: 'Todo México es ciudad, es decir, que no tiene arrabales, y toda es bella y hermosa' (48). Con el poder que la vista le otorga, el autor, a través de los personajes, elige (*electio*)[13] los elementos del paisaje citadino que considera significativos, es decir, los 'sitios más amenos que son los que mayor realce suelen dar a una gran ciudad' (80), para reunirlos en un todo y crear una imagen placentera de la ciudad ideal; por razones que tienen que ver con el propósito ideológico de su obra, el autor ignora o no toma en cuenta los 'arrabales' de la ciudad, por ser espacios marginales sin ningún interés para el lector-viandante ya que ponían en riesgo la nitidez del paisaje urbano que deseaba mostrar. Era precisamente en esos lugares periféricos,

---

11 Véase el interesante artículo de José Antonio Mazzotti sobre la idea de 'nación' dentro del imaginario criollo y la figura de Hernán Cortés como héroe fundador de la misma (2000a).

12 Para Robin Wells, la idea de masculinidad en la temprana edad moderna está basada en la idea de lo heroico: 'For the Renaissance the heroic ideal is essentially masculine. The qualities it evokes – courage, physical strength, prowess in battle, manly honour, defiance of fortune – may be summed up in a word whose Latin root means 'a man'. As English Renaissance writers understand the term, *virtus* signifies an ideal of manhood that derives partly from classical epic, partly from medieval chivalry, and partly from Italian realpolitik' (2000: 2).

13 La *electio* es un concepto retórico renacentista, tomado de los clásicos, que consiste en seleccionar de diferentes 'objetos' lo más perfecto de sus partes con el fin de obtener una imagen totalmente perfecta (Darst 1985: 38–41).

donde habitaban los grupos indígenas y el resto de la heterogeneidad social
del virreinato.

Una vez que han recorrido y admirado la grandeza de los interiores de
la ciudad, en el tercer diálogo los personajes se dirigen, después de haber
comido, a las afueras de la traza urbana con el fin de presentar el paisaje
de los alrededores y posarlo ante los ojos de los grupos poderosos que los
poseían y explotaban. Aquí se introduce un nuevo espacio, el campo, para
así incorporarlo dentro de la totalidad del paisaje novohispano que se quería
abarcar. Si bien el segundo diálogo proyecta el cuerpo sociopolítico de la
urbe, en el tercero Cervantes de Salazar se propone capturar la totalidad
de la estructura socioeconómica del sistema colonial para abarcar el paisaje
mexicano en su totalidad.

Por otro lado, el paisaje aldeano sirve para contrastar distintivamente el
espacio citadino previamente recorrido. Sin embargo, esto no significa que
se vaya a definir a través de una relación antitética con respecto a la urbe.
Todo lo contrario: estos dos espacios se enmarcan dentro de una dependencia
simbiótica, de la cual el enclave urbano, por ser el hábitat de la población
colonizadora, va a ser el que ejerza un dominio y control, para sacar el mayor
provecho posible. Tal y como lo refiere el personaje Zamora, al responder
a la pregunta de Alfaro, sobre quiénes eran los que habitaban las lomas y
montañas que tenían enfrente, señala que:

> Muchísimos indios, y entre ellos gran número de granjas de españoles
> llamadas *estancias* por los mexicanos; varias de ellas tan productivas, que
> mantienen ganados, y dan con abundancia trigo y otras semillas. Las tierras
> bajas gozan de riego que las fertiliza. (66)

La imagen del campo que se presenta en el texto muestra las riquezas naturales y las instancias productivas que poseían los grupos hegemónicos del
virreinato, aquellos grupos cuyo poder y prestigio 'played a central role in
the political and economic life of the city and controlled nearly all the most
productive resources in the regions [of New Spain] where their estates were
located' (Ramírez 1986: 19). El paisaje rural adquiere un gran peso y significado desde este aspecto de la economía política, ya que representaba no
sólo la fuente de las riquezas que sustentaba el poder de la clase encomendera novohispana, sino también los intereses económicos ultramarinos de la
corona.[14]

---

[14] Aquí es conveniente señalar que ya desde la década de 1540, la corona española había
emprendido una serie de medidas para contener la fuerza política y económica que la clase encomendera había adquirido. La implementación de las *Leyes nuevas* de 1542 tenía la intención de
abolir la esclavitud de los indios y acabar con las encomiendas, para que dejaran de ser hereditarias
y desaparecer en el transcurso de una generación. Como una manera de apoyar las *Leyes nuevas*,

Además de presentar los alrededores en su aspecto económico, Cervantes de Salazar se dirige a deleitar la visión de sus privilegiados lectores por medio de imágenes idílicas y placenteras de la naturaleza mexicana. Como producto de la corriente europea renacentista, la explotación agrícola, base fundamental de la economía de la Nueva España, adquiere una legitimación artística derivada de la estética aristotélica, la cual había sublimado la explotación de la tierra como un privilegio de las clases altas, lo cual hace que las representaciones del capitalismo agrario adquieran un carácter tanto artístico como moral (Bentmann y Müller 1992: 40). Por tal motivo, no es extraño que el paisaje rural aparezca repleto de imágenes coloridas, llenas de un deleite visual paradisíaco, en el que se combina un pragmatismo mercantil de explotación, junto a la belleza pictórica de los territorios y edificaciones españolas; y estas últimas se resaltan como símbolos del dominio y de la supremacía de la clase encomendera:

> ¡Gran Dios! ¡cuántas, qué grandes y qué magníficas casas de campo adornan ambos lados de la calzada, en extensas y amenísimas huertas regadas por caños sacados del acueducto! ¿Qué vista hay en España que pueda igualarse o compararse con ésta? (62)

La misma profundidad y extensión del paisaje pretende favorecer la idea de posesión que se tiene sobre las tierras descritas. No por casualidad aparecen y se señalan, en medio de ese extenso paisaje natural, 'los soberbios y elevados edificios de los españoles' (90) como marcas de la hegemonía cultural europea, para que no quedara ninguna duda sobre quiénes eran los que detentaban la potestad del terreno que se estaba contemplando. Las edificaciones, puestas como símbolos del poderío español, se alzan triunfantes por todos los alrededores, y aparecen como amos y guardianes del paisaje mexicano. De esta manera, el campo no solamente se ostenta como un espacio esencial para la subsistencia de la ciudad novohispana, sino también como una muestra del producto final de la explotación de la naturaleza realizada por la agencialidad y el desarrollo económico del sujeto masculino europeo.

El campo, además de ser el lugar que provee los recursos naturales con los que se sostiene la urbe mexicana, también aparece como el espacio de ejercicio, esparcimiento y recreo de las clases dominantes. Así, por ejemplo, es el lugar en donde los caballeros practican la equitación, y se ejercitan en

---

Fray Bartolomé de las Casas escribiría el libro más controvertido de su tiempo, *Brevísima relación de la destrucción de las Indias*. Aunque estas leyes no se pudieron implementar del todo, a raíz de las revueltas de encomenderos que se dan en los virreinatos americanos, especialmente en el Perú, con ellas se inicia una pelea por el poder el cual va a desembocar en la formación de la conciencia criolla y la añoranza de esta clase social por el control irrestricto de los territorios americanos (Zavala 1935: 111–15; véase también Dussel 1979).

'combates simulados ... para estar listos cuando se ofrezcan los verdaderos' (62); asimismo, el campo es 'muy abundante de pesca', muy propicio para el ejercicio de la caza, y con una 'maravillosa cantidad de liebres, conejos, ciervos y patos cimarrones' para que los hombres puedan salir a entretenerse en estas actividades (65). En otras palabras, el campo es el sitio ideal para el relajamiento y desarrollo físico de las clases poderosas.

Es interesante notar que los placeres que se destacan en la obra de Cervantes de Salazar están enmarcados desde un punto de vista netamente masculino. En las áreas rurales se podían practicar los ejercicios varoniles, como los de la equitación y de la guerra, a fin de desarrollar y demostrar, no solamente la destreza militar de los practicantes sino también su vigor y fuerza masculina. Se combinaban estos ejercicios con los del entretenimiento de la caza y de la pesca, actividades que sólo podían ser disfrutadas por las clases altas de la sociedad colonial. La prerrogativa aristocrática del *otium* que la corriente humanista valoraba, se manifiesta no sólo por medio de los ejercicios y del deporte, sino en los ejercicios de la caza y de la pesca, actividades que marcaban un estatus social que los identificaba como miembros de los grupos privilegiados.[15]

El campo se construye como un espacio ideal e indispensable para el bienestar económico, social y físico de la élite masculina del virreinato novohispano y, por esta misma razón, completa la imagen del paisaje citadino en mente. El vínculo de ambos espacios se convierte en la prueba palpable del dominio del hombre sobre el mundo natural, de la ciudad sobre el campo, del europeo sobre el americano, en otras palabras, el triunfo del hombre occidental sobre lo que Dios había creado para su dominio y potestad. El campo viene a reproducir las relaciones urbanas de propiedad y, consecuentemente, de dominación, cuya exteriorización se da a través del usufructo – físico y simbólico – de los territorios, así como de la performatividad que realiza en él el sujeto masculino europeo.

El cuerpo metropolitano

México en 1554 se construye siguiendo las convenciones urbanísticas con las que se determinaba la conformación del espacio urbano, tal y como lo estipu-

---

[15] Bentmann y Müller señalan que los ejercicios físicos al aire libre formaban parte de la ideología humanista que sostenía la villa veneciana: 'the building site of the villa led from the economic aspects to those of the "sanità"', that is, to the provision of physical and spiritual training by means of sporting events. It was the demand for the regional abundance of game and fish that not only reduced the cost of the *padrone*'s menu while enriching it as well but also served his physique through the hunt by hardening his "body which is tired of urban life"' (1992: 76, 97).

laban los tratadistas europeos de la época.[16] Por medio de la fisonomía de los edificios, Cervantes de Salazar busca darle un realce a los grupos poderosos del sistema colonial, al describir la fábrica urbana como una muestra de su creatividad y su agencia. La descripción de los edificios da, por tanto, esa imagen de grandeza que las clases gobernantes intentaban proyectar e imponerle al resto de la población colonizada: 'La estructura de las casas corre parejas con la nobleza de sus moradores', declara Alfaro al comentar sobre la fábrica de las casas de los miembros de la primera nobleza novohispana: 'los nobles e ilustres Mendoza, Zúñiga, Altamiranos, Estradas, Avalos, Sosas, Alvarados, Sayavedras, Ávilas, Benavides, Castillas, Villafañes, y otras familias que no recuerdo' (2001: 48). Con esto se establece una relación ciudad-cuerpo derivada de la naturaleza física de la capital colonial, así como la de cada uno de los miembros que ocupaban la cúspide del orden social del virreinato novohispano. La importancia y poderío de esos 'primeros mexicanos' estaban articulados en la estructura – doméstica y pública – descrita.

Desde el inicio mismo de su obra, Cervantes de Salazar determina la jerarquía de sus personajes por medio de la relación espacio-cuerpo colonial, es decir, el lugar simbólico que Alfaro, Zamora y Zuazo ocupan dentro del territorio que van recorriendo. Por ejemplo, la decisión de realizar el paseo por las calles de la ciudad a caballo y no a pie, se puede leer como una manera de separar a los paseantes debido al significado mundano e inferior que las calles de la ciudad representan. A la pregunta de Zamora sobre la manera en la que iban a recorrer la ciudad novohispana, Alfaro responde que 'mejor es a caballo para que vayamos en conversación y sin cansarnos: cuando fuere necesario nos apearemos para entrar en las iglesias o en palacio (41). El uso del caballo,[17] como medio para recorrer la urbe mexicana, sirve

16 La distribución jerárquica del espacio urbano fue una de las principales preocupaciones de los tratadistas del Renacimiento. Teóricos como Leone Battista Alberti, Francesco di Giorgio, Antonio Filarete, y Leonardo da Vinci se dedican a realizar diseños urbanos y arquitectónicos para satisfacer los requerimientos sociales de los ricos y poderosos. Por ejemplo, en su *De re aedificatoria*, Alberti señala que 'both paintings and poetry vary in kind. The type that portrays the deeds of great men, worthy of memory, differs from that which describes the habits of private citizens and again from that depicting the life of the peasants. The first, which is majestic in character, should be used for public buildings and the dwellings of the great, while the last mentioned would be suitable for gardens, for it is the most pleasing of all. Our minds are cheered beyond measure by the sight of paintings, depicting the delightful countryside, harbours, fishing, hunting, swimming, the games of shepherds – flowers and verdure' (Cosgrove 1985: 51).

17 Kagan y Marías comentan que los artistas del renacimiento se valieron muy frecuentemente de técnicas para poder abarcar de una manera más amplia el paisaje citadino que deseaban representar: 'In an effort to overcome this limitation and to achieve a more comprehensive sense of the city's expanse, artists tradicionally resorted to higher grounds – a nearby tower or mound, an adjacent hill, or, in the case of cities near water, to the crow's nest of a ship. The resulting views are often called cavalier or equestrian views, as they supposedly offered a view of the city as if seen from the saddle of a (very) large horse' (2000: 2).

para introducir las categorías espaciales de lo alto y de lo bajo[18] con las que se regula y ordena el terreno citadino; además ayuda a intensificar el significado simbólico de la naturaleza corporal de los pobladores en su interacción con el espacio colonial urbano.[19]

En efecto, la conversación que se da entre los tres personajes durante el recorrido, y que produce la descripción de la capital novohispana, toma lugar desde lo alto de los caballos; es decir, desde el punto elevado y hegemónico de los grupos sociales a los que Alfaro, Zamora y Zuazo pertenecían. Obviamente, el nivel jerárquico de los personajes determina la manera de ver el paisaje descrito, ya que la perspectiva que se obtiene desde lo alto del caballo se deriva de la naturaleza privilegiada de éstos, además del dominio de la experiencia histórica que tienen con el espacio sociopolítico que recorren.

Por otra parte, cabe recordar la función simbólica que el caballo tenía dentro de la tradición cultural ibérica de la época,[20] considerado como un símbolo de poder, además de ser uno de los tropos de la identidad masculina, y al cual dentro del contexto colonial sólo la población europea tenía el derecho exclusivo, ya que estaba vedado a la población indígena. El propio ambiente caballeresco del siglo XVI no consideraba al caballo como un simple medio de transporte (o de arrastre), sino que representaba, por sobre todas las cosas, un símbolo del estatus social al que se había llegado. Así lo hace ver el criollo novohispano, Juan Suárez de Peralta, en su obra *Tratado de la gineta y la brida* (1580), al hacer una valoración de los ejercicios ecuestres para la formación aristocrática del hombre:

[18] Peter Stallybrass y Allon White señalan que tanto el cuerpo físico como el espacio geográfico se construyen dentro de una interrelación y dependencia con las jerarquías de lo alto y de lo bajo: 'The high/low opposition in each of our four symbolic domains – psychic forms, human body, geographical space, and the social order – is a fundamental basis to mechanisms of ordering and sense-making in European cultures' (1987: 2–3).

[19] Esta composición simbólica, alto/bajo del espacio expuesta en *México en 1554*, no es algo original del escritor español. El humanismo renacentista, en su esfuerzo por satisfacer los deseos de poder y grandeza que las clases poderosas tenían, se dio a la tarea de idear modelos urbanos en donde la estructura espacial estuviera subordinada al orden social. Un ejemplo de ello son los diseños de la ciudad delineada por Leonardo Da Vinci, la cual estaba diseñada en dos niveles, conectados a través de escalones: en un nivel superior – apuntando hacia el sol – se encontraban las clases altas; mientras que el nivel inferior estaba diseñado para las clases bajas (Martines 1979: 273).

[20] En el *Poema de Mio Cid*, el caballo aparece como un importante tropo de la masculinidad, al ser un instrumento esencial para los que participaban en el juego de armas, actividad a la que no todos los personajes del poema épico participaban. Si bien las mujeres podían montar, el tipo de caballo que utilizan no era de guerra, como lo era el famoso Babieca del propio Cid, sino palafrenes. Este tipo de caballos es también de los que utilizan los infantes de Carrión para huir del Cid. Para Jack Weiner, 'los infantes de Carrión quedan lejos de pertenecer al grupo de los verdaderos hombres guerreadores', mostrando con ello su falta de masculinidad (2001: 141).

Y pues el caballo es animal tan dócil y apto para enseñarse, no es justo se deje de mostrar tan noble y virtuoso ejercicio, pues del caballo nace el nombre y valor de los caballeros. Por tanto, los nobles, más los viles hombres y bajos, con la fuerza y valor de este animal, se hacen cada día más grandes, más ilustres. (1950: 16)

Este didactismo de la corriente humanista se extiende, según lo indica el texto de Suárez de Peralta, al uso del caballo, visto como un vehículo con el que se podía alcanzar los niveles de masculinidad deseados por las clases sociales altas del virreinato novohispano.

Si a todo esto se le agrega la inexistencia de animales, como caballos o bovinos, en el continente americano antes de la llegada del europeo, tanto para desarrollar trabajos de carga como de transporte, la introducción de estos cuadrúpedos a las tierras americanas incrementa su importancia simbólica, sobre todo si se toma en cuenta la fuerte impresión y miedo que van a causar a la población nativa.[21] El terror y destrucción que origina esta nueva alteridad entre los habitantes americanos va a ser aprovechada por los ejércitos españoles durante la conquista, convirtiendo al caballo en un arma fundamental y poderosa contra los ejércitos indígenas. Al respecto, Luis Weckmann señala que 'desde los primeros momentos de la Conquista y con objeto de amedrentar a los señores indígenas, los españoles se exhibían ante ellos en complicados ejercicios ecuestres, acompañados a veces del estruendo de cañones y arcabuces' (1984: I. 153).

Así, la imagen español-caballo[22] se viene a construir como símbolo de poder y conquista desde el comienzo mismo del contacto europeo/indígena, icono que continuará siendo utilizado y explotado por el poder colonial a lo largo de los tres siglos de dominio español en territorio americano. Un claro ejemplo de ello es la fiesta de San Hipólito, la fiesta cívica más importante para los colonizadores, ya que dicha festividad celebraba tanto la caída de México-Tenochtitlán bajo el poder español, como la fundación de la ciudad colonial (Weckmann 1984: I. 572). De ella, el propio Cervantes de Salazar comenta lo siguiente:

---

21 Georges Baudot señala que 'durante mucho tiempo en los relatos de la conquista de México los caballos van a ser ciervos, o mejor dicho, venados, van a ser el macatl; y el macatl poco a poco en el mismo relato de la conquista, prácticamente, después de la Noche Triste, empezará a ser caballo, y empezará a aparecer la palabra 'cabaloome' en plural, palabra, por cierto, que se utiliza hoy en día en los pueblos que todavía hablan náhuatl' (1996: 45–46).

22 Aquí vale la pena traer nuevamente a colación el proceso psicocultural, señalado por Paul Schilder, en el cual la imagen del cuerpo tiende a expandirse, al incorporar objetos que están en constante contacto e interacción con su espacio (1978: 202). En lo que concierne al presente estudio, la sociedad europea utiliza dicho mecanismo al incorporar el caballo dentro de la imagen del cuerpo español, e imponerla como símbolo de supremacía y poder.

> En el templo más distante, dedicado a san Hipólito, cada año, el día de la fiesta titular, se juntan todos los vecinos con gran pompa y regocijo, porque ese día fue ganada México por Cortés y sus compañeros. Con la misma pompa lleva el estandarte uno de los regidores, *a caballo y armado*, precedido de una multitud de vecinos, *también a caballo*, para que la posteridad conserve la memoria de tan insigne triunfo y se den gracias a san Hipólito por el auxilio que prestó a los españoles en la conquista.
>
> (2001: 62, énfasis mío)

La teatralidad de este ritual de la victoria española que cada año se celebraba en la ciudad de México proyecta esa imagen español-caballo, enmarcada como un símbolo de poder, y como parte de esa guerra de imágenes que el discurso colonial imponía a la población nativa. El hecho de que el templo de San Hipólito haya sido construido en las afueras de la ciudad, y al lado de un mercado indígena, manifiesta la intención del aparato colonial por establecer una marca física y simbólica de la conquista española sobre la población mexica. La marca alusiva que expresaba tal edificación tenía un propósito evidente: que la población nativa tuviera siempre presente 'la memoria de tan insigne triunfo' de los españoles.[23]

Efectivamente, el uso del caballo era un privilegio al que sólo los colonizadores tenían derecho, ya que las prácticas sociales estaban diseñadas de una manera que favoreciese a la minoría europea, prohibiéndole a la mayoría indígena su acceso a las estructuras del poder, a modo de que estos últimos no se hicieran ni 'más grandes' ni 'más ilustres'. Esta prohibición también frenaba cualquier posibilidad de que la población colonizada pudiera utilizar el equino como instrumento de rebelión contra el gobierno español. En otras palabras, se impide que la población nativa utilice el cuadrúpedo con fines tanto sociales como bélicos, lo cual permite mantener intacta la relación jerárquica amo/esclavo, implícita dentro de la imagen del cuerpo 'clásico' que otorgaba el uso exclusivo del caballo.[24] La posición alta desde donde

---

[23] Según Lewis Mumford la ciudad tiene la capacidad de almacenar y transmitir información: 'Through its concentration of physical and cultural power, the city heightened the tempo of human intercourse and translated its products into forms that could be stored and reproduced. Through its monuments, written records, and orderly habits of association, the city enlarged the scope of all human activities, extending them backwards and forwards in time' (1944: 569).

[24] Traigo a colación el concepto del cuerpo clásico, desarrollado por Mijail Bajtin. El teórico ruso analiza la forma en que se representa el cuerpo humano en la estatuaria clásica, y la contrasta con el cuerpo 'grotesco' de las festividades populares. Bajtin señala que la cultura oficial, en su intento por ejercer y legitimar su autoridad, apela a los valores inherentes del cuerpo clásico: 'The classical statue was always mounted on a plinth which meant that it was elevated, static and monumental ... The classical statue is the radiant centre of a transcendent individualism, "put on a pedestal", raised above the viewer and the commonality and anticipating passive admiration from below' (Stallybrass y White 1986: 21).

se realiza la representación de la urbe mexicana hace que su significado simbólico aumente de manera considerable. Y, aunque las descripciones de la ciudad no siempre se realizan desde lo alto del cuadrúpedo, la posición elevada de los personajes se mantiene de una manera constante.

Como ya se había dicho antes, desde el inicio mismo del paseo por la ciudad los personajes advierten la posibilidad o facultad de apearse 'cuando fuere necesario', ya sea 'para entrar en iglesias o en palacio'. Este descenso del caballo está determinado por la importancia simbólica que poseen los diferentes espacios de la urbe. La jerarquía del terreno determina la manera en que éste es visto y, por consiguiente, la interacción social que debe tenerse dentro de él:

> Allí cerca está la sala del real acuerdo, adonde van todos éstos [letrados] a litigar. Si quieres verla, apeémonos, para que a pie veamos también todo el ámbito de la plaza. (44)

Por obvias razones, los interiores del Palacio van a demandar una forma singular de acercamiento, muy diferente a la que se había dado en las calles. De ahí que la naturaleza ceremonial y simbólica de dicha estructura modifique la conducta corporal de los paseantes en el momento de ir entrando al edificio, con lo cual se establece una relación jerárquica entre éstos y el espacio en el que se hallan:

> Este aposento que ves, lleno de mesas, bancos y escribientes, le ocupa el Correo mayor, sujeto de conocida actividad. Este pasadizo sin puertas, que cae al patio, da entrada a la habitación del virrey, e inmediato está el tribunal. *Descúbrete, pues, la cabeza, entra callado y con respeto, y si algo se te ofrece, hazlo en voz baja.* (44, énfasis mío)

Una vez finalizado el recorrido por el Palacio, los personajes abandonan el edificio, no sin antes cubrirse la cabeza para luego disponerse a transitar y admirar, también a pie, 'todo el ámbito de la plaza'. El acto de proseguir el paseo por dicho espacio público a pie y no a caballo se debe a la relación análoga que existe entre la jerarquía de los personajes con el núcleo geopolítico de la Nueva España ya que, mientras las calles de la ciudad no eran compatibles para andar a pie, dada la jerarquía social de los paseantes – de ahí el uso del caballo como forma de ascenso y despegue de ese espacio mundano – , la plaza les permite esa libertad y privilegio, por ser esta última un terreno simbólicamente superior. En consecuencia, los personajes pueden realizar su marcha sin la ayuda de un vehículo que los levante del lugar en el que se encuentran, a diferencia de lo que sucede durante el recorrido que realizan por las calles, un espacio más de tránsito y 'zona de contacto' en donde las distintas clases sociales de la ciudad novohispana inevitablemente se iban a topar.[25]

Después de todo, la plaza era la cúspide del espacio citadino, el punto más elevado, jerárquicamente hablando, del paisaje urbano[26] y, por tal motivo, el lugar propicio para que las clases gobernantes no sólo pudieran disfrutarlo a pie, sino darse aún el lujo de evocar al conquistador español, Hernán Cortés, como el héroe de la población colonizadora, así como su triunfo sobre los ejércitos mexicas: '¡Oh héroe ingenioso, de ánimo superior a todos, y nacido sólo para grandes empresas!' (46).

Durante el recorrido que los personajes Alfaro, Zuazo y Zamora realizan por los alrededores de la ciudad de México su posición alta se va a mantener. Ya otra vez sobre sus cabalgaduras, los paseantes se elevan nuevamente del espacio que van a recorrer, y conservan esa posición privilegiada para poder admirar el paisaje que se extendía ante sus ojos, y que sólo desde la perspectiva de lo alto del caballo se podía obtener:

> Mas desde aquí vuelven a descubrirse hasta muy lejos por ambos lados del camino los ejidos, llenos de ganado que pace a una y otra parte. Enfrente quedan unas lomas feracísimas, muy agradables por sus bosques y sementeras, en que descansa la vista con deleite. (62)

El espacio mexicano se estructura mediante el poder enunciativo que los paseantes poseen sobre él. La profundidad y extensión del paisaje que se plasma en las imágenes le dan una apariencia más realista al terreno descrito, reforzando aún más la apropiación física y simbólica del espacio en cuestión.

Más adelante, la posición dominante que los personajes tienen sobre la urbe mexicana se hace todavía aún más palpable, una vez que deciden subir a la cima del cerro de Chapultepec con el propósito de 'tener a la vista toda la ciudad de México' (64). La subida al cerro la realizan a pie, por lo que optan por dejar las 'capas a los criados, para ir más desembarazados en la subida'. Por primera vez aparece en la escena la presencia de criados, seguramente indígenas, como acompañantes de los personajes. Esta presencia de la servidumbre viene a completar la relación jerárquica corporal de lo alto/bajo, español/indio, amo/esclavo del orden socio-espacial del virreinato.

Ya en la cúspide del cerro, el paisaje urbano se muestra pasivo y extenso en la espera de ser ordenado por los ojos soberanos de los personajes:

---

[25] Mary Louise Pratt define las 'zonas de contacto' como los espacios sociales en donde culturas distintas se encuentran, confrontan y luchan en relaciones asimétricas de dominación y subordinación (1992: 4).

[26] Denis Cosgrove señala que 'geographically, the center of the city, where public buildings and monuments adorn the main piazza, is the setting for great men and should record their epic deeds' (1985: 52).

¡Dios mío! Qué espectáculo descubro desde aquí; tan grato a los ojos y al ánimo, y tan hermosamente variado, que con toda razón me atrevo a afirmar que ambos mundos se hallan aquí reducidos y comprendidos, y que puede decirse de México lo que los griegos dicen del hombre, llamándole microcosmos o mundo pequeño. (65)

La vista panorámica que se obtiene desde el punto más alto del terreno ofrece un dominio irrefutable y total de la escena urbana. La perspectiva privilegiada que poseen los tres observadores les da la facultad de organizar y controlar las coordenadas espaciales del horizonte capturado en el campo visual, y ejercer con ello una autoridad y control sobre el orden colonial impuesto:

Más lejos rodean la ciudad lomas, collados y montes de desigual altura, unos naturalmente selvosos y abundantes de madera, otros cultivados y fertilísimos. En todos se ven muchas haciendas que embellecen admirablemente la ciudad y los campos circunvecinos. (65)

De la misma manera en que se estructuraban las imágenes de la ciudad, los alrededores siguen también un orden particular, que en este caso estaba trazado de acuerdo a la naturaleza productiva que el sistema colonial les había asignado:

De los campos más cercanos a la ciudad, unos son ejidos de abundantes pastos para el ganado lanar, caballar y vacuno; otros son de árboles frutales, y tan propios para cualquier cultivo, que a excepción de la viña, cuanto allí se siembra produce cosechas increíbles. En ellos hay haciendas y casas de campo, tan bellas todas y feraces, que al mismo tiempo que esparcen el ánimo, mantienen decentemente a muchas familias. (65)

La ilusión realista del espacio contemplado idealiza la manera en que las clases privilegiadas poseían y explotaban los terrenos de los alrededores de la ciudad. La producción textual de las imágenes que se obtiene de la contemplación del campo debe ser evaluada dentro de esta ideología visual que regía en el sistema colonial español. Hay que pensar, por ejemplo, en los criados que acompañan a los personajes, y su imposibilidad de contemplar el paisaje mexicano de la misma forma que sus amos. La realidad sociopolítica de los sirvientes – y de todo aquél que no formara parte de las clases privilegiadas de la jerarquía virreinal – va a ser totalmente distinta a la de sus amos, y por consiguiente, la manera de ver el espacio novohispano – desde abajo – estaría siempre regulada por las relaciones asimétricas del poder colonial.

El nivel elevado de los personajes, Alfaro, Zamora y Zuazo concuerda también con las características arquitectónicas de la ciudad. Por ejemplo, los edificios generalmente son descritos como 'altos y soberbios', y que están 'adornados de tantas y tan altas columnas' (38); de otros se dice que son

'elevados', 'superiores', 'levantados del suelo', 'que ni con minas los derri-
barían' (50). Algunas casas tienen 'fachada de piedra labrada [que] se eleva
toda a plomo, con una majestad que no he notado en otras' (51–52); mientras que otras construcciones 'según su solidez, cualquiera diría que no eran
casas sino fortalezas' (32). Además, el material con que estaban construidas
no era 'material vil, sino de grandes piedras, colocadas con arte', (33) y por
eso daban la sensación de asegurar, física y simbólicamente, la durabilidad
del dominio colonial.

Asimismo, la relación análoga entre la posición alta y privilegiada de los
paseantes con la obra de sus edificios se enfatiza a través del uso constante
de verbos como 'alzar', 'elevar', 'levantar', así como de los adjetivos 'alto',
'elevado' 'levantado', etc. Esta concordancia hace que tanto el cuerpo europeo
como la fábrica de los edificios parezcan elevarse del ambiente natural y del
terreno hostil en que se encontraban, dejando el terreno inferior y desordenado a la población indígena, tal y como lo hace notar Zuazo: 'Desde aquí
se descubren las casuchas de los indios, que como son tan humildes *y apenas
se alzan del suelo*, no pudimos verlas *cuando andábamos a caballo entre
nuestros edificios*' (51–52, énfasis mío).

Como era de esperarse, el elemento indígena aparece muy poco en la obra
de Cervantes de Salazar. Y cuando éste se logra mencionar sirve sólo para
contrastar el orden ideal y la grandeza de la fábrica española. Se observa, por
ejemplo, que 'las casas de los indios [son] humildes y [están] colocadas sin
orden', ya que 'así es costumbre antigua entre ellos' (52). A diferencia de 'las
casuchas de los indios', los edificios españoles se yerguen triunfantes hacia
el firmamento, como una muestra natural de la supremacía colonial europea,
elemento importante para la economía simbólica de la urbe virreinal.

Para finalizar el diálogo tercero de *México en 1554*, y acabar con el recorrido por los alrededores de la ciudad, le surge al forastero Alfaro el deseo
de conocer algo sobre la población indígena y sus costumbres:

> Mas puesto que hay ocasión, mientras vamos por ese otro camino, infor-
> madme, si os parece, de lo último que me resta saber, esto es, del clima y
> naturaleza de la Nueva España, cuya cabeza es México, así como de la vida
> y costumbres de los indios. (66)

El hecho de que Cervantes de Salazar haya dejado para el final del paseo por
la ciudad virreinal hablar sobre la población colonizada es muy significativo.
El orden mismo del texto también establece que el elemento indígena, por
su escasa importancia jerárquica, tenga un espacio muy limitado dentro del
paisaje mexicano que el humanista español deseaba capturar, y por consiguiente es relegado a los márgenes de su narración. Aunado a todo esto, hay
que agregar que el interés que Alfaro muestra por conocer más sobre 'la
vida y costumbres de los indios' se da durante el 'descenso' del cerro de
Chapultepec, así como con el caer del día.

Desgraciadamente, la respuesta que provee Zuazo, 'diligente investigador de esas cosas' según el texto, a la pregunta del forastero es muy breve debido a que se han perdido dos páginas del original de la obra de Cervantes de Salazar. La información que se da sobre los indígenas en las páginas que quedan de la obra, no es otra cosa que una reiteración de lo que otros textos y autores coloniales ya habían dicho con anterioridad sobre la naturaleza de los mexicanos, es decir, llena de imágenes estereotipadas que los retrataban como seres inferiores con el fin de justificar su estado de sumisión. Entre otras cosas, se menciona el trato que los antiguos reyes indígenas le daban al pueblo mexica con el fin de mantenerlo en raya:

> Los reyes cuidaban sobre todo de que [nadie] estuviese ocioso, sabiendo que era imposible dejarse de obrar mal el que viviese en la ociosidad. Los palacios de los reyes y principales eran sumamente magníficos, y por el contrario humildes y bajas las casas de los pobres, apartadas como ahora, y sin ningún orden. (68)

Los comentarios anteriores parecen hacer una analogía entre el trato que los reyes nahuas daban a sus súbditos y la manera en la que el gobierno colonial europeo tenía sometida a la población colonizada, como si el despotismo del pasado indígena justificara su estado de sumisión, pero ahora bajo el despotismo español. Además, la relación que se pretende establecer entre los reyes mexicas y sus palacios descritos como 'magníficos' se asemeja a la manera en que el autor trata la fábrica urbana de los vecinos novohispanos.

Es interesante, también, la manera en que Zuazo resalta la falta y desconocimiento que los indígenas tenían de los caballos, señalando que:

> Peleaban a pie, porque no conocieron los caballos. Cuando vieron por primera vez los jinetes españoles, pensaron que eran así por naturaleza, de suerte que luego ofrecieron a los caballos la misma comida que a los jinetes.

Con ello se reafirma la oposición binaria colonial: español/caballo-indígena-pie.

Finalmente, el poco espacio que se había dejado para hablar sobre lo indígena se corta abruptamente, dejando que el mismo transcurrir del día acabara con el desarrollo de la narración:

> La noche, que corta nuestra conversación, me impide continuar como había comenzado. Así, pues, me harás favor de excusarme, más por falta de tiempo, que de buena voluntad; y mientras aguardas a mañana para lo que resta, ve con Zamora en hora buena, pues desde aquí tengo que irme a casa. (68)

En efecto, la manera en que se construye visualmente el espacio mexicano se relaciona con la implantación del nuevo cuerpo colonial, en donde los mismos mecanismos de apropiación territorial permiten inscribir e instaurar al sujeto masculino europeo dentro del escenario que se va produciendo. El ambiente sociocultural que resulta no es otra cosa que un reflejo del cuerpo mismo del sujeto colonizador, con el cual se establece una analogía entre el nuevo paisaje citadino y el cuerpo metropolitano de los pobladores europeos.

El discurso europeo de la conquista y colonización inaugura una nueva forma de ver el paisaje mexicano. En sus *Cartas de relación*, Hernán Cortés, con la ayuda de las herramientas del discurso urbano que la corriente humanista estaba imponiendo, introduce la capital mexica como un centro urbano muy sofisticado. A través de este nuevo topos discursivo, el conquistador español organiza el espacio de la urbe mexicana desde una perspectiva política, económica y social, al mismo tiempo que prepara el terreno propicio para anunciar el establecimiento de la nueva capital del sistema colonial: la ciudad de México.

Para la segunda mitad del siglo XVI, el humanista español, Francisco Cervantes de Salazar describe la capital novohispana de acuerdo a las convenciones del discurso urbano renacentista. Las imágenes descriptivas de sus edificios permiten ver la ciudad de México no solamente como el símbolo urbano de la creatividad colonial, en especial de sus grupos gobernantes, sino de la supremacía y control que los españoles tenían sobre el espacio en cuestión. *México en 1554* se convierte en un arco triunfal que simboliza tanto la conquista como la colonización, una práctica discursiva que intenta reafirmar la imagen de superioridad del colonizador, con la cual se justifica el dominio sobre la naturaleza mexicana y los pueblos indígenas. Los edificios aparecen como signos con los que se marcaba, de una manera visual, el triunfo español sobre la población nativa, para luego convertirse en un documento histórico palpable, y de gran significado para la formación de la identidad americana del habitante español-criollo – a quien el autor dirigía su obra. El papel que juegan los personajes dentro del escenario sociopolítico determina la manera en que se ve y estructura el espacio urbano – dentro de la obra como fuera de ella – , lo cual contribuye en gran medida al ordenamiento textual y la percepción visual de la capital virreinal, garantizando con ello la autoridad y el poder total del colonizador.

Sin lugar a dudas, la obra de Francisco Cervantes de Salazar construye el espacio urbano en concordancia con el orden social imperante. Como los otros humanistas de su época, la ideología imperial del autor se dirige a satisfacer los deseos de grandeza de las élites novohispanas, plasmando una urbe ideal en donde el orden espacial se define en relación con el orden social imperante. La imagen que se obtiene de la ciudad colonial es similar a la de un lienzo renacentista: libre de tensiones y conflictos sociales que pudiesen poner en peligro el orden deseado; al mismo tiempo que ofrece a los grupos gobernantes una sensación de poder y dominio – real y simbólico – sobre el paisaje mexicano y la población colonizada, y así verse ellos mismos como miembros de una comunidad imaginada en proceso de formación.

4

'Alboroto y motín' de la *Grandeza americana*

Para el siglo XVII, la ciudad de México distaba mucho de ser la ciudad de Cervantes de Salazar y todavía más diferente de la que describieran Hernán Cortés y Bernal Díaz del Castillo. Las grandes epidemias de las décadas de 1540 y 1570 habían diezmado a la población indígena dejando una mortandad de aproximadamente noventa por ciento.[1] Como si eso no fuera suficiente, la vida de los pobladores nativos se vino a agravar aún más debido a la sobre-explotación y a la violencia a que son sometidos bajo el sistema colonial, además del choque que les causaría el despojo territorial y cultural que se da durante los procesos de conquista y colonización.

Con el gran descenso de la población indígena también se redujo la mano de obra, indispensable para el funcionamiento de la economía colonial, la cual requería del trabajo forzado impuesto a la población vencida por los conquistadores. Con esta disyuntiva, la corona española se vio obligada a utilizar otros medios para solucionar la escasez de mano de obra. Es así como el africano entra en la escena colonial, incorporado dentro de la maquinaria de la explotación humana, como esclavo.

No pasó mucho tiempo para que se diera una interacción entre los tres principales grupos raciales (americano, europeo y africano) en todos los ámbitos, incluyendo el sexual, lo que dio como resultado una gran diversidad racial conocida conjuntamente como sociedad de castas. La interacción de estos grupos tomó lugar no solamente en los márgenes de las ciudades sino en los centros de las mismas, muchas veces bajo una situación ilegal y clan-destina, pero no por ello dejaron de tener una importancia dentro de la vida social, política y económica de la colonia.

Ya desde las primeras décadas del virreinato el espectro de la sociedad virreinal se había ensanchado y diversificado, y cada día se hacía más complejo y disforme, alterando el orden señorial concebido y visualizado por el sistema colonial establecido bajo las dos repúblicas: República de españoles y República de indios. Por supuesto, dicha segregación oficial era más ideal que real (Altman 2002: 45), ya que desde el año de 1540 el

---

[1] Woodrow Borah y Sherburne Cook (1963) han estudiado el impacto demográfico que suscitó la conquista de México. En sus estudios muestran que la población del México central, de cerca de 20 millones antes de la conquista, se redujo a casi 1 millón en menos de cien años.

gobierno novohispano se empezó a preocupar por el crecimiento desmedido de las castas, a tal grado que emprendió políticas segregacionistas con el fin de evitar la interacción entre los miembros de las dos repúblicas (Cope 1994: 16; Castañón 2002: 49–53). Sin embargo, el incremento del mestizaje pudo más que esas medidas, a tal grado que puso en jaque a las autoridades virreinales, quienes se vieron imposibilitadas para poner freno al incremento del número de castas que surgían como un 'mal', desde el punto de vista de las élites, ya que la naturaleza ilegítima de los grupos subalternos obligaba a estos últimos a gravitar hacia los márgenes de la sociedad colonial.

La mezcla de razas representaba un agravio para el propio orden social español, el cual se basaba en un sistema estamental comprendido dentro de la llamada pureza de sangre, entendida como el estado o condición de los miembros de los grupos del poder, quienes ellos mismos se proclamaban 'cristianos viejos', es decir, individuos libres de sangre 'impura' como la judía o mora, lo cual les permitía con ello vigilar las fronteras raciales que le daban estabilidad y sobrevivencia al sistema colonial, así como a los privilegios derivados de esta ideología racial (McAlister 1963: 353–54; Mörner 1967: 54–55; Cope 1994: 14–26).

Para algunos criollos, como Baltasar Dorantes de Carranza, el mestizaje que se había estado dando y extendiendo en el paisaje mexicano no solamente representaba el desorden potencial, sino también constituía una afrenta contra su proyecto de nación. El rápido aumento de hijos ilegítimos, producto de la unión, muchas veces forzada, de españoles e indígenas (y africanas), ponía en riesgo los intereses de una clase social basada en la limpieza de sangre como parte de su *estatus* social. Según Dorantes de Carranza, el reducido número de mujeres españolas que había durante los primeros quince años, después de la caída de Tenochtitlán, hizo que los conquistadores se fueran casando o juntando con indias para así dejar muchos

> hijos naturales y bastardos, que *de éstos no habla mi pluma, ni los escribiré, y a ellos les está mejor que se queden en el tintero*, pues las leyes eclesiásticas, derecho divino y civil no les ayuda. De esta gente quedó tanta semilla, y yo aseguro que por el discurso del tiempo y por los que llegarán a Vra Exa., que no se podrá escapar de ellos, los conocerá, que en el pelo se les echará de ver. (1987: 23, énfasis mío)

La naturaleza ilegítima de ese nuevo componente social – el mestizo – no iba a ser vista con buenos ojos por el criollo novohispano. Por tal motivo, esos 'hijos naturales y bastardos' se van a quedar, como una abyección que no se debía mencionar, en el tintero de muchos escritores españoles y criollos que se interesaron en describir el paisaje mexicano, y sus plumas muy pocas veces hablarán bien de su presencia, ya que la naturaleza de su sangre 'impura' desvirtuaba el orden fundacional del cuerpo criollo en proceso de formación.

Esta negación u omisión de la presencia de la heterogeneidad social da lugar a la creación de imágenes reduccionistas de la realidad social del virreinato novohispano, y así la desembaraza de todas sus asperezas – situaciones de conflicto, inestabilidad y trabajo forzado – para luego suplantarla con paisajes placenteros, cuyo principal fin era establecer espacios simbólicos, dentro de los cuales las clases privilegiadas se podían escapar y refugiar de la amenaza constante en la que se sentían vivir. No obstante, a pesar del escapismo que las imágenes utópicas que los textos coloniales producían para el deleite y alivio de las élites novohispanas, la diversidad étnica del *demos* urbano se hacía cada vez más difícil de anular, por más que las autoridades virreinales hicieran todo lo que estaba en sus manos para controlarla.

Con todo, no fueron pocas las ocasiones en que esos grupos subalternos de la sociedad novohispana entrarían abruptamente al escenario urbano para tratar de dar cauce y voz a su descontento, a raíz de las injusticias que el sistema colonial les imponía y originaba.[2] Y aun cuando estos llegaron a quebrantar las reglas del orden socio-espacial impuestas por las autoridades, por medio de motines o rebeliones, estas últimas con regularidad restauraban la paz colonial con todas las armas que tenían a su disposición, incluyendo las retóricas. Por medio de la pluma, los letrados pudieron controlar y sujetar a los amotinados a través de los modos de representación que las élites tenían de ellos, valiéndose de éstos infinidad de veces para convertirse en 'la principal estrategia discursiva' del aparato colonial.

Homi Bhabha señala que, para poder entender el poder del discurso colonial, es necesario cuestionar 'the *mode of representation of otherness*' (1994: 68). Según él, se llega a ser sujeto cuando se proyecta y desplaza en el otro lo negativo, lo oscuro, y las cualidades peligrosas de uno mismo. Las instancias del poder procuran producir conocimientos sobre dos sujetos coloniales, diferentes y antagónicos, establecidos como una fijación (fixity), que normaliza la diferencia como algo real, cuya manifestación discursiva sería el estereotipo: un mecanismo por el cual el otro se representa como invariable, conocido y predecible. Es, además, un conjunto articulado y ordenado de lugares comunes y, por tanto, una construcción tranquilizadora, repetitiva y que no ocasiona conflictos. De ahí que el objetivo del discurso colonial tenga el imperativo 'to construe the colonized as a population of degenerate types on the basis of racial origin, in order to justify conquest and to establish systems of administration and instruction' (70).

En efecto, las clases subalternas son vistas por las autoridades coloniales bajo el lente de los estereotipos, imágenes fijas que vacilan entre el placer y el miedo, y con los que se pretende 'conocer' y 'ver' al 'otro' manteniéndolo

---

[2]   Para el estudio de rebeliones durante la época colonial véanse Soriano (1994), Casarrubias (1963), Castro (1996) y González (1952).

encerrado dentro de retratos repetitivos para así poder ser entendido y más fácilmente descifrado.

La ausencia, o presencia (negativa) de la población indígena, africana y demás castas dentro de la producción cultural novohispana se entiende desde la perspectiva ideológica colonial, en la que los miembros de las clases bajas no tenían otra importancia más que la asignada por el régimen socioeconómico de explotación – como mano de obra para la producción y extracción de riquezas para la metrópoli y las élites gobernantes. Esta misma indiferencia se observa en la manera negativa en que se perciben los ambientes y lugares marginales en los que las clases bajas vivían e interactuaban, espacios que las clases altas evitaban entrar, sin advertir que las condiciones muchas veces extremas de esos lugares eran un reflejo de los efectos secundarios que la explotación colonial había creado: el hambre, la pobreza, la violencia y, por supuesto, los motines y las rebeliones (guerra) eran problemas que existían dentro de los entornos urbanos y rurales (Taylor 1979: 13–16). Así, mientras las autoridades ideaban políticas para solventar sólo lo que ellos veían como una crisis social que atentaba contra el orden y la policía, los letrados, por su cuenta, se valían del artificio barroco para intentar poner un orden estético y moral a la realidad social, a fin de higienizar el paisaje novohispano que a ratos parecía turbio y complejo.

El presente capítulo pretende hacer un análisis del ambiente urbano del siglo diecisiete con el fin de examinar cómo la ideología estética del paisaje colonial se muestra dentro de los dos lados del lienzo barroco: por un lado, el paisaje onírico encubridor oficial que surge como parte de la economía política de la Nueva España, que tiende a privilegiar la riqueza y el alto nivel de vida de los grupos poderosos, sin que se muestre el funcionamiento de la maquinaria de explotación humana, ni los efectos desagradables que la puesta en marcha conllevaba. Y, por el otro, la ruptura de ese orden socio-espacial que se da dentro del mismo paisaje barroco mexicano, a raíz de la protesta por las condiciones extremas a que las clases bajas de la capital novohispana estaban sometidas. Específicamente se estudiará cómo las bases ideológicas de la ciudad barroca se ven proyectadas en el imaginario poético de la *Grandeza mexicana* compuesto por Bernardo de Balbuena; mientras que por el otro, se seguirá el enfoque al examinar la desintegración de esa misma utopía paisajística con el tumulto popular urbano que narra el criollo novohispano Carlos de Sigüenza y Góngora en su texto *Alboroto y motín de los indios de México del 8 de junio de 1692*.

La ciudad barroca

En su ya clásico ensayo intitulado *Socio-historia de la literatura colonial*, Hernán Vidal denomina al periodo que va de 1560 hasta la primera mitad

del siglo XVIII como el periodo 'de la estabilización colonial', época que
comprende el fin de la conquista territorial de los principales pueblos americanos, el establecimiento del sistema administrativo virreinal, y el fortalecimiento socioeconómico de los grupos criollos como principales agentes del
devenir de la Nueva España:

> Hablar de estabilización se refiere al hecho de que una minoría de origen
> europeo es capaz de implementar una política de control coercitivo y
> explotación y una conexión imperial, a pesar de conflictos internos, sobre
> una masa multirracial y multiétnica de trabajadores estimada en cincuenta
> millones y diecisiete millones respectivamente para los periodos indicados,
> mediando entre la catastrófica declinación de la población europea.
>
> (1985: 89)[3]

Como parte del proceso que fortificó la colonización española se encuentra
el sistema de la encomienda, una institución que funcionó como un instrumento de autoridad para los colonizadores españoles, así como una fuente de
terror para los pueblos indígenas. Además reforzó las relaciones de poder y
trabajo entre colonizadores y colonizados, ya que impuso todo un sistema de
control colonial conveniente para la obtención de tributos y servicios personales por parte del encomendero. Desde los inicios del siglo XVI, la encomienda había servido como una forma de maximizar, de una manera abierta y
agresiva, la explotación y control de las poblaciones indígenas de las Antillas.
Finalizada la conquista de México, Hernán Cortés empieza a otorgar encomiendas a sus huestes como un premio por los servicios prestados, poniendo
hincapié en los méritos y aportaciones que cada uno había brindado durante
la empresa bélica. La encomienda tuvo un principio 'benigno', ya que su
objetivo consistía en entregar a un colonizador español privilegiado un grupo
de indígenas que iba a estar bajo su amparo, para recibir educación y evangelización; y a cambio el encomendero recibía un tributo, en especie o trabajo,
por parte de los colonizados (Gibson 1984: 63–64). Sin embargo, ya desde
sus inicios la encomienda se convirtió en una entidad legal que fue utilizada
para explotar indiscriminadamente a la población indígena. Estos abusos
hicieron que la corona española tomara cartas en el asunto, ya que no podía
tolerar el surgimiento de una aristocracia señorial al otro lado del mar, y sin
ninguna posibilidad de controlar sus ambiciones de poder.

Con la implementación de las Leyes Nuevas de 1542, el gobierno colonial
empieza a retomar las riendas del poder, y trata de poner fin a los privilegios que habían adquirido los descendientes de los conquistadores dentro
del sistema de encomiendas, el cual había sido una carta blanca para que

---

[3] Esta visión de la *pax colonial* ha sido modificada en los últimos años. Véase por ejemplo
Schroeder (1998).

esta clase privilegiada pudiera explotar a lo máximo a la población indígena a su cargo, sin tener que darles pago alguno por el trabajo obligado. Si bien al final, las Leyes Nuevas no pudieron suprimir a la encomienda del todo, debido a las protestas políticas que se dieron entre la clase encomendera, sí se alcanzó a abolir la esclavitud indígena. Además, se pudo lograr que la encomienda quedara extinta a la muerte del encomendero y sin la posibilidad de obtener nuevas concesiones.[4]

Estas nuevas iniciativas de la corona generaron un gran descontento y resentimiento entre la clase encomendera, el cual se va a reflejar no solamente en intentos de sublevación contra el gobierno español, como en la 'conspiración' de 1566 de los hermanos Ávila y Martín Cortés que finaliza con la decapitación de los Ávila, sino también dentro de una producción discursiva que emprenden los primeros criollos, quienes buscan guardar en su memoria colectiva este doloroso acontecimiento, visto y entendido como una clara muestra de la afrenta cometida por la corona española contra sus intereses de clase.

Este discurso del resentimiento criollo crea también una conciencia de nación, al tomarse ese acto público de 1566 como punto de referencia, que marca la gran ofensa de la madre patria hacia sus hijos, los españoles nacidos en América, al haber atentado no solamente contra sus intereses económicos, sino también contra su honor y linaje. Así lo refiere Juan Suárez de Peralta al hablar de la sentencia acaecida de Alonso de Ávila:

> ¡Y todo sujeto a una de las mayores desventuras que ha tenido otro en el mundo!, pues en un momento [Alonso de Ávila] perdió lo que en éste se puede estimar, que es vida, honra y hacienda; y en la muerte igual a los muy bajos salteadores, que se pusiese su cabeza en la picota, donde las tales suelen poner, y allí se estuviese al aire y sereno a vista de todos los que le querían ver. (1990: 194)

Para estas fechas la clase encomendera criolla se veía como el dueño legítimo del virreinato novohispano, y entendía muy bien el papel histórico que sus padres habían realizado al conquistar esos territorios para la corona española, considerándose por ello los máximos herederos, tanto de esa hazaña épica como de las mismas tierras conquistadas. Por tal motivo, estos grupos sociales toman la ejecución de los hermanos Ávila como un signo más de su fatalidad americana, ya que sus privilegios y prerrogativas estaban siendo mermados por la corona española, y la condición noble que muchos guardaban, había sido desairada, a tal grado de tratarlos como los más 'bajos salteadores'.

---

4 Guillermo Céspedes del Castillo señala que la Corona española impone al final trabas a la clase encomendera ya que 'no podía tolerar la aparición [en América] de una nueva aristocracia señorial y con ribetes de feudal que, si lograba afirmarse, no habría modo de controlar desde el otro lado del Atlántico' (1994: VI. 92–93).

Si el siglo XVI se caracterizó por los debates que se dieron a favor y en contra de la condición jurídica y moral de la población indígena, para el siguiente siglo ese interés se pierde casi en su totalidad, tal y como lo demuestra la orden del Santo Oficio para prohibir la publicación de la *Brevísima relación de la destrucción de las Indias* de Fray Bartolomé de Las Casas. Este cambio de actitud también se ve en la promoción y difusión de obras como la *Política indiana* de Juan de Solórzano y Pereira (1575–1655), la cual no era otra cosa que un canto apologético del sistema colonial español y de la explotación de la mano de obra indígena (Florescano 1977: 202).

En efecto, a partir del siglo XVII, el tema de lo indígena es relegado al estudio de su historia y su cultura, tarea que es emprendida por los intelectuales criollos, quienes lo hacen con el fin de apropiarse de esa herencia cultural, con la finalidad de crearse una identidad y un pasado americanos, que les pudiera ser de gran utilidad para el proyecto de nación que estaba en proceso de gestación. Se puede ver este comienzo ya en la obra *Teatro de virtudes políticas que constituyen a un príncipe, advertidas en los monarcas antiguos del Mexicano imperio* (1680), de Carlos de Sigüenza y Góngora (1645–1700), en donde aborda al indígena, no para indagar el ser del indio contemporáneo suyo, como lo habían hecho los primeros misioneros del siglo anterior, sino para recuperar su pasado y darle sentido político al presente criollo que se erguía como el centro del devenir del virreinato novohispano.

Una vez lograda la parcial 'pacificación' de los principales pueblos indígenas, la corona española se da a la tarea de buscar la consolidación de su poder sobre sus posesiones americanas, así como del mantenimiento y dominio de un extenso territorio que contenía una población multirracial que día a día se hacía más compleja y difícil de controlar. Si bien la conquista de los pueblos indígenas requirió alianzas con otros pueblos y naciones, enemigos del imperio mexica, el estado absolutista español se valdrá ahora de la clase letrada urbana de sus colonias para que, a través de su producción discursiva, ideara y pusiera en práctica mecanismos con los que se racionalizara y justificara la empresa colonizadora. Esta tarea la asume un gran número de letrados, cuyo trabajo resultó imprescindible para el proyecto colonizador español, ya que sin tal producción, dicho proyecto hubiese enfrentado una mayor cantidad de obstáculos de las que tuvo durante los tres siglos de dominación. Para Ángel Rama, el grupo letrado, compuesto por la burocracia de las capitales virreinales, tuvo un papel muy importante en la transmisión 'desde el púlpito, la cátedra, la administración, el teatro, los plurales géneros ensayísticos', del mensaje ideológico imperial a un vasto público, tanto letrado como iletrado (1984: 28–29). El letrado desempeñó un papel de intermediario entre colonizadores y colonizados, y gracias a ello, la corona pudo ejercer no solamente un dominio sobre la mayoría de la población, sino también mantener las relaciones de poder entre la metrópoli y sus posesiones por un largo periodo de relativa tranquilidad.

Al debilitarse las relaciones entre la corona española y sus virreinatos americanos durante el siglo XVII, se establece un nuevo reordenamiento de la economía y sociedad novohispanas que inevitablemente viene a fortalecer el sistema colonial bajo nuevas formas de explotación – más señoriales que capitalistas – cuyo fin estaba orientado a satisfacer más las necesidades internas que las externas. Esto viene a robustecer la oligarquía y los monopolios comerciales de los grupos en el poder, ayudando al enriquecimiento y fortalecimiento de una minoría europea, la cual se había afianzado dentro de los enclaves urbanos, especialmente en la ciudad de México. Desde la capital colonial se viene a controlar gran parte de los medios de producción agrícola y minera que la población europea o europeizada poseía o capitalizaba en las áreas rurales, ejerciendo un poder sobre la vida política y social del virreinato (Florescano y Sánchez 1987: 483).

Según Lewis Mumford, la monarquía absolutista del seiscientos, en su intento por ejercer su política coercitiva, consolida su poder en la ciudad capital con el fin de centralizar y unificar el poder del estado 'in a single center directly under the royal eye and preventing such a challenge to the central authority from arising elsewhere, in scattered centers, more difficult to control' (1961: 81). Con ello también se remedia el 'peligro' latente que lo heterogéneo representaba para las élites novohispanas, una vez que se intensifica el control sobre el espacio urbano, mediante el incremento de formas de estratificación sociales que las hace más rígidas y severas (Mörner 1967: 53).

El orden urbano de la capital novohispana, creado desde los primeros años de su fundación, fue diseñado para controlar la creciente polarización social que el régimen de explotación originaba. Fray Juan de Torquemada (1564–1624), en su *Monarquía indiana* (1615), llama la atención sobre cómo la traza urbana ejercía esa práctica segregacionista, al señalar que 'no se mezcla esta ciudad con los indios; pero cércanla por sus cuatro partes, haciendo barrios, por sí, que son los arrabales de la dicha ciudad' (1969: I. 299). La idea de un orden urbano fue una constante preocupación para las autoridades virreinales, al tal grado que, todavía hacia el año de 1573, en el momento en que las principales ciudades coloniales ya habían sido fundadas, el rey Felipe II viene a promulgar las *Ordenanzas sobre descubrimiento, nueva población y pacificación de las Indias*. Con dicha legislación se intentaba unificar una serie de disposiciones que en el pasado se habían dictado durante la fundación de diversos asentamientos coloniales en los territorios americanos. Puesto que todas estas disposiciones habían seguido casos particulares, las *Ordenanzas* buscaban darle un carácter general y unificador a la práctica de la fundación urbana.[5]

---

5   Valerie Fraser señala que las Ordenanzas 'draw heavily on the earlier instructions such as

La grandeza del paisaje barroco

A lo largo del siglo XVII la actividad comercial de las colonias españolas con la metrópoli entra en una severa crisis, como consecuencia del reacomodamiento estructural de la economía que se da en los virreinatos americanos, especialmente en la Nueva España, y no como resultado del llamado 'siglo de la depresión económica', el cual había afectado sólo a España, y no a sus colonias ultramarinas como inicialmente se creyó. Contrariamente a lo que ocurre en la península ibérica, los virreinatos españoles en América experimentan una gran actividad económica, que se logra con la diversificación de sus mercados, además de la consolidación y el fortalecimiento del monopolio comercial.

Por otro lado, el descenso de la población indígena es aprovechado por criollos y españoles al apropiarse de las tierras dejadas por los primeros. Además, los colonizadores empiezan a invertir su capital en las colonias, para dedicarse a la actividad agrícola, enfocándose en satisfacer más la demanda interna que la externa. Estos reajustes mercantilistas favorecen a la minoría europea, ya que adquiere una semi-independencia con respecto a la metrópoli, que luego va a aprovechar para ejercer una mayor influencia y dominio sobre el paisaje mexicano.[6]

Paralelamente a este auge económico, la actividad discursiva que emprenden los letrados busca enaltecer dicho apogeo, y ritualizar la importancia de la ciudad capital como el espacio supremo del gobierno virreinal, lugar donde se asentaba el poder que legitimaba el proyecto económico que estaba en marcha. A su vez, esta misma legitimación discursiva conlleva una supresión de las imágenes que estaban surgiendo dentro del propio ambiente urbano (el mestizaje, la pobreza, el hambre, la violencia, etc.), y que las clases poderosas consideraban desagradables e incomodas, ya que de alguna manera cuestionaban las imágenes utópicas del espacio oficial. Al respecto, John Beverley observa que:

> El barroco colonial construye el espacio social de la colonia como una utopía, en principio armonioso y bello, en que cualquier elemento de disidencia o rebeldía aparece necesariamente como una emanación del mal – una fealdad – que amenaza desconstruir su orden. (1987: 75)

Detrás de esta estética barroca del espacio novohispano estaba escondida la realidad social del virreinato, ya que su sola presencia contradecía y ponía en peligro la armonía promulgada desde la oficialidad. Las imágenes idílicas

---

those to Pedrarias Dávila; it is clear from the outset that the author or authors saw themselves as in direct line of descent from the classical past' (1990: 38).

   [6] Douglas Cope señala que para 1620 la minoría española poseía casi la mitad de la tierra arable del valle de México (1994: 13).

y saneadas de la urbe colonial ofrecen una visión de estabilidad y control sobre el paisaje contemplado, en donde las huellas de la explotación colonial no se hacían presentes, y más bien el paisaje se exponía como el lugar ideal para que los grupos poderosos pudieran gozar con plena exclusividad y con la seguridad de no ser molestados.

Las imágenes idílicas de la ciudad de México que surgen servirán para que la propia población europea se pudiera identificar con ellas, y establecer el vínculo entre la grandeza del orden colonial y la de los propios habitantes, tal y como sucede con Baltasar Dorantes de Carranza, criollo y ex encomendero, quien en su *Sumaria relación de las cosas de la Nueva España* (1604), ofrece un ejemplo de esa armonía bucólica del paisaje novohispano:

> ¿Qué ciudad hay en el mundo que tenga más lindas y graciosas entradas y salidas, ni más llenas de hermosos campos y campiñas odoríferas, llenas de todas estas flores, y claveles, y árboles, y frescura entre mucha agua y espadañas haciendo un murmullo risueño de grande alegría y maravilla de las aves y pájaros que acompañan las flores y claveles, y muchos que se sustentan de su calor y zumo, habitando y entretejiéndose entre la juncia y espadañas, pasando los altos y derechos cipreses y laureles?
>
> (1987: 114–15)

A lo largo del texto, la orientación estética del paisaje urbano evita mencionar la complejidad socio-espacial que ya se había generado en el ambiente de la capital novohispana, y todo quedaba reducido bajo el *locus amoenus* de la ornamentación barroca.[7] Dorantes de Carranza está consciente de dicha estrategia discursiva, al dejar claro desde el inicio de su obra que, 'al fin en el libro principal que escribo he propuesto desde el principio de él dejar los males de todos y decir los bienes de cada uno, *aunque los miserables indios lo pagaron con dejar las vidas y el oro que les tomaron*' (35, énfasis mío).

Una de las obras que la cultura novohispana produce, y que ejemplifica esa proyección idílica de la ciudad capital, es la obra intitulada *Grandeza mexicana* (1604) de Bernardo de Balbuena.[8] En esta obra la urbe colonial

---

7   Rosa Perelmuter-Pérez señala que las preceptivas literarias, tanto clásicas como del Siglo de Oro, muestran una falta de interés por la descripción de paisajes: 'Siguiendo a Aristóteles, para quien el "mythos" o asunto era lo esencial en la poesía dramática y narrativa, los tratadistas españoles de los siglos XVI y XVII por lo general ignoran o menosprecian el elemento descriptivo' (1986: 131).

8   Bernardo de Balbuena nace en la villa de Valdepeñas, provincia de Ciudad Real por el año de 1562 y ahí pasa su infancia y adolescencia. Fue hijo ilegítimo de Francisca Sánchez de Velasco y de Bernardo de Balbuena. Su padre, de quien heredó su nombre, había llegado a la Nueva España un año después de la conquista de México-Tenochtitlán y para 1549 se desempeñaba como secretario de la nueva Audiencia que se había instalado en Compostela, capital de Nueva Galicia. Más tarde y a la edad de 22 años Bernardo de Balbuena hijo pide licencia oficial para pasar a las Indias y reunirse con su padre. Entre sus principales obras están la *Grandeza mexicana* (1604), una novela

se refleja como el espacio utópico triunfalista, típico del ambiente imperial del barroco, obra que Hernán Vidal considera como 'el más conspicuo canto imperial de la colonia, la que inaugura lo que podríamos llamar *visión arcá-dica* de las relaciones sociales de la colonia' (1985: 120).

Balbuena escribe su *Grandeza mexicana* con el objeto de cumplir una promesa que le había hecho a doña Isabel de Tobar, en una de las visitas que el poeta español le hace en San Miguel de Culiacán. Para esas fechas, doña Isabel había enviudado y tenía la intención de viajar a la ciudad de México para ingresar a un convento y estar más cerca de su hijo, quien había ingresado a la Compañía de Jesús.[9] Según Rojas Garcidueñas, doña Isabel y Balbuena habían tenido un 'sentimiento compartido en época más o menos remota', por lo que éste le va a responder a su petición en forma epistolar (clásica) en tercetos endecasílabos.

Grandeza mexicana se inicia con una octava real preliminar, que el autor llama Argumento, y tiene la finalidad de condensar ('cifrar') el 'retrato original' del paisaje que pretendía describir, según él mismo lo dice, en sus propios 'versos limitados':

> De la famosa México el asiento,
> origen y grandeza de edificios,
> caballos, calles, trato, cumplimiento,
> letras, virtudes, variedad de oficios,
> regalos, ocasiones de contento,
> primavera inmortal y sus indicios,
> gobierno ilustre, religión y Estado,
> todo en este discurso está cifrado (59)

A partir de cada uno de los versos, se va a desarrollar cada capítulo de la obra con la excepción del séptimo, el cual se divide en dos para dar un total de nueve capítulos.

En el primer capítulo, y después de continuar la dedicatoria a doña Isabel de Tobar, Bernardo de Balbuena describe y sitúa la topografía de la urbe mexicana, muy a la manera del paisaje convencional épico (Curtius 1979: 200–2), elogiando el ambiente natural del lugar en donde se sitúa la ciudad,

---

pastoril *Siglo de Oro en las selvas de Erífile* (1608) y *El Bernardo* (1624); véase Rojas Garcidueñas (1982).

[9]   La *Grandeza mexicana* tiene como subtítulo *Carta del bachiller Bernardo de Balbuena a la señora doña Isabel de Tobar y Guzmán. Describiendo la famosa ciudad de México y sus grandezas.* Sin embargo, en la primera edición de Melchor Ocharte (México 1604), va a dedicar su obra al arzobispo de México fray García de Mendoza y Zúñiga, y en la de Diego López Dávalos (México 1604) la dedica a don Pedro Fernández de Castro, conde de Lemos y presidente del Real Consejo de Indias. El origen de dichas dedicatorias se debe al deseo de Balbuena por obtener 'una dignidad o canongía en las iglesias de México o Tlaxcala' (Rojas Garcidueñas 1982: 26–27).

apegado a su propósito de crear un 'perfectísimo retrato' de la capital novohispana:

> Bañada de un templado y fresco viento,
> donde nadie creyó que hubiese mundo
> goza florido y regalado asiento
>
> Casi debajo el trópico fecundo,
> que reparte las flores de Amaltea
> y de perlas empreña el mar profundo (63)

La templanza del clima que para Balbuena es característica de la urbe mexicana permite que se pueda desarrollar en ella una gran variedad de actividades dentro de su espacio, todas ellas relacionadas con el goce y la regalada
vida que llevaban sus habitantes:

> Tiene esta gran ciudad sobre agua hechas
> firmes calzadas, que a su mucha gente
> por capaces que son vienen estrechas
> …
> Recuas, carros, carretas, carretones,
> de plata, oro, riquezas, bastimentos
> cargados salen, y entran a montones. (64)

Para Balbuena, todo este dinamismo comercial que existía no era más que
el producto de la codicia y el interés de algunas personas, aunque también
admite que éstos eran los propios motores que habían creado y sustentado
los cimientos del edificio colonial (65).

Al ser la *Grandeza mexicana* un canto apologético al sistema colonial y
al poderío español sobre el territorio novohispano, es de entenderse que su
autor sólo vaya a halagar lo que él mismo llama el 'bravo brío español' de la
ciudad y, por tanto, se abstiene de mencionar el 'obscuro origen de naciones
fieras' de la urbe, es decir, del pasado indígena de México-Tenochtitlán, un
periodo que el propio autor ve ya muy lejano y que no tiene ni espacio ni el
interés para tratar (68–70). Y si bien menciona las insignias indígenas 'del
águila y la serpiente' que simbolizaban la fundación de México-Tenochtitlán, es porque para estas fechas la sociedad criolla ya había incorporado
los símbolos indígenas al escudo de armas de la capital novohispana como
parte de su estrategia discursiva para formarse una identidad propiamente
americana.[10]

En su *Grandeza mexicana*, Balbuena se enfoca solamente en describir lo

---

[10] Véase el estudio de Enrique Florescano (2001) sobre el papel de la sociedad criolla en
la transformación histórica y simbólica del escudo nacional mexicano durante la colonia.

que él considera el carácter español/criollo de la ciudad. De tal manera que
el ambiente señorial y caballeresco que la caracterizaba,[11] ocupa un lugar
prominente en el paisaje aristocrático mexicano, ya que era una actividad
muy apreciada por los miembros de la clase criolla:

> podrán contrahacer la gallardía
> brío, ferocidad, coraje y gala
> de México y su gran caballería.
>
> Que así en estas grandezas se señala:
> casas, calles, caballos, caballeros,
> que el mundo junto a ellas no le iguala. (74)

Por supuesto, el autor manchego no podía dejar a un lado el elogio a la
vida cultural de la capital virreinal, por lo que hace mención de esos 'oficios
voluntarios' como la pintura, escultura, poesía, ocupaciones que implicaban
una contemplación artística y relajada, y a las que con gusto se dedicaban y
entretenían 'los gallardos ingenios desta tierra' (86).

Aquí llama la atención del lector contemporáneo la holgada vida que
disfrutaban las clases poderosas en esa *Grandeza mexicana* del virreinato
novohispano. Las diversiones y el jolgorio urbano, pan de cada día de las
élites, se enumeran una a una como una cascada barroca, libre de todo tipo de
asperezas y contratiempos. Toda una serie de placeres mundanos se plasma
con un deleite especial, ya que aun cuando un clérigo como Balbuena no
estaba en condiciones de probar algunos de ellos, nada le impedía sugerirlos
a sus lectores:

> Sin otros gustos de diverso trato
> que yo no alcanzo y sé sino de oídas,
> y así los dejo al velo del recato.[12]
>
> Músicas, bailes, danzas, acogidas
> de agridulce placer, tiernos disgustos,
> golosinas sabrosas de las vidas (93)

---

[11] El tema y el elogio a los caballos era un motivo literario de la época. Juan Suárez de Peralta
había ya dedicado unas páginas en su obra, al señalar que los caballos eran una de las grandes
distracciones de la sociedad criolla del siglo XVI: 'porque todos [los criollos principales] criaban y
tenían caballos y armas, y estaban muy agilizados en ellas, y es una de las fuerzas de aquel reino,
los caballos, y así, mediante ellos, después de la voluntad de nuestro Señor, fueron los que más
efecto hicieron en la conquista y pacificación de todo aquel Nuevo Mundo' (1990: 162).

[12] Según Josefina Muriel, esta mención del placer mundano que hace Balbuena se refiere a los
ambientes de prostitución que existían en México en aquella época (1974: 35).

La *Grandeza mexicana* no deja de proyectar el espacio urbano por medio de la ornamentación barroca, un lugar atiborrado de innumerables glorias y maravillas, como la cornucopia colonial al servicio del imperio español y de la minoría europea privilegiada. Un territorio en el que el dinamismo mercantilista se muestra como parte de su esplendor, favoreciendo a los que ocupaban la cúspide de la pirámide social y ayudándoles a afianzar y gozar su poderío sociopolítico.

El 'trato' o negocio que se desarrolla en el perímetro de su plaza convierte a la urbe mexicana en el centro mismo del mercado libre del orbe occidental, como ninguna otra urbe de la misma Europa:

> es México en los dos mundos de occidente
> una imperial ciudad de gran distrito,
> sitio, concurso y poblazón de gente (114)
>
> ...
>
> No tiene Milán, Luca ni Florencia,
> ni las otras dos ricas señorías,
> donde el ser mercader es excelencia
>
> más géneros de nobles mercancías,
> más prácticos y ricos mercaderes,
> más tratos, más ganancia y granjerías (116)

Las imágenes anteriores describen a la capital novohispana como el núcleo de ese 'idilio económico', un paraíso terrenal perfecto, en donde el proceso de explotación colonial se transfiguraba estéticamente bajo una aprobación celestial.

Para Balbuena, el trato que toma lugar en la urbe mexicana no es la mera actividad mundanal del *negotium* que opera en la acumulación originaria de capital, ya que las riquezas del suelo mexicano que salen a flote a lo largo del texto parecían ser más bien el resultado de la gracia divina, que el de un trabajo arduo, azaroso y prolongado, producto de la explotación humana. En otras palabras, el trato que ocurre en esa grandeza mexicana es más un intercambio de 'regalos' que de mercancías, una transferencia de objetos, sin que se requiera nada a cambio, sólo el continuo goce del espacio utópico.[13] De ahí que el autor se la pase describiendo la urbe colonial como el 'paraíso mexicano' o 'humano paraíso', lugar en donde cualquier deseo o antojo que los privilegiados vecinos (españoles o criollos) pudieran ambicionar sería satisfecho al instante, sin que éstos tuvieran que hacer el más

---

[13] Según Renato Poggioli, la poesía pastoral es un 'idilio económico' creado para el gozo y tranquilidad de los grupos sociales poderosos, dentro del cual se ignora 'industry and trade; even its barter with the outside world is more an exchange of gifts than of commodities' (1975: 5–6).

mínimo esfuerzo para obtenerlo, ya que siempre 'hallará aquí quien se las dé a la mano' (85). En efecto, en ningún lugar de esa grandeza mexicana van a aparecer los mecanismos de explotación que producían y daban 'a la mano' todos esos placeres y riquezas, ya que el autor los deja suspendidos en ese espacio lúdico que crea.

La *Grandeza mexicana* es todo un canto al gozo, al ocio, y a las riquezas de los grupos hegemónicos; es el espacio bucólico por excelencia de la utopía barroca, en el que la nobleza novohispana tenía la posibilidad de refugiarse para alejarse del 'mundanal ruido' de lo desagradable que para ellos representaba la realidad colonial, la cual se había convertido en una constante amenaza a su tranquilidad.

El trabajo o la 'brega', como se refiere a éste Balbuena, no va a encontrar sitio en ese sueño urbano, ya que tal actividad era una ocupación propia de los rústicos y de las clases bajas, 'del campo torpe y pueblo rudo', de todos aquellos que, por su propia condición social, vivían desterrada de ese 'paraíso mexicano' y, por tanto, indignos de gozar sus bienes:

> gente mendiga, triste, arrinconada,
> que como indigna de gozar el mundo
> está dél y sus bienes desterrada (83)

Tanto para Balbuena, como para el resto de sus contemporáneos, el trabajo manual[14] era una actividad que involucraba principalmente al cuerpo y, por lo tanto, estaba considerada como una ocupación no propia para las clases altas, es decir, los vecinos y habitantes de la ciudad. Sin embargo, sí era propio para el pueblo, en este caso, las clases bajas: los indios, negros, mestizos, y gente pobre en general, a quienes se les consideraba aptos para ello. De ahí que el trabajo vaya a tener ciertas connotaciones negativas dentro del texto de Balbuena, al grado de relacionarlo con algunos vicios humanos:

> Pueblos chicos y cortos todo es brega,
> chisme, murmuración, conseja, cuento,
> mentira, envidia y lo que aquí se llega (84)

---

[14] Existe una larga tradición en Occidente, proveniente de la cultura griega, que muestra un desdén por el trabajo manual. La división entre las artes liberales – para los hombres libres – , y las artes mecánicas – para los asalariados y los esclavos – , se basaba en la aceptación de que las primeras suponían una actividad intelectual y las segundas una actividad corporal. El trabajo físico se veía como algo degradante. La misma etimología de la palabra 'trabajo' lleva una idea implícita de sujeción y sufrimiento. 'Trabajar' viene del latín vulgar *tripaliare* que significa 'torturar', el cual se deriva de *tripalium*, especie de cepo o instrumento de tortura. Esta palabra está compuesta de *tres* y *palus*, en referencia a los tres maderos que formaban dicho instrumento al cual se sujetaba al reo (Corominas 1961: 361).

Y aunque los placeres y tesoros con que se caracteriza el ambiente urbano mexicano son parte de las 'grandezas y primores' de la ciudad, para Balbuena, sin embargo, la verdadera 'grandeza' de la capital novohispana radica en su gobierno, cuya cabeza está sustentada en el virrey, el representante directo del Emperador, la 'voz de rey y majestad entera'. La posición del autor, como letrado al servicio del poder imperial, lo obliga a hacer una apología del cuerpo político del virreinato, desglosándolo de arriba a abajo: después del virrey, la Audiencia, los Alcaldes de Corte y los demás miembros del gobierno colonial:

> Fiscales, secretarios, relatores,
> abogados, alcaides, alguaciles,
> porteros, canciller, procuradores,
>
> almotacenes, otro tiempo ediles,
> receptores, intérpretes, notarios
> y otros de menos cuenta y más serviles. (102)

En efecto, la *Grandeza mexicana* es un poema a la vida ociosa, opulenta y señorial que gozaban las élites del México colonial a principios del siglo XVII; es en sí una glorificación del poder y explotación coloniales que tanto las clases sociales altas como la corona ejercían sobre los recursos americanos y, en especial, el de los metales preciosos – y en un momento en que la economía colonial cambiaba su curso de la explotación minera a la actividad agrícola.[15]

Por otro lado, se puede observar que la alabanza al ambiente caballeresco de la ciudad barroca se construye con elementos de la tradición bucólica literaria, con el fin de crear un 'oasis pastoril' al servicio de las clases poderosas del virreinato y garantizar, de una manera simbólica, una seguridad y paz, 'sin miedos, sobresaltos ni revueltas' (98): una 'primavera inmortal' que pudiese esconder o enmascarar las tensiones y conflictos que había dejado la conquista y que la explotación colonial había empeorado, al crear un ambiente hostil y de degradación social en el diario acontecer del virreinato.

Según Renato Poggioli, la poesía pastoral tenía precisamente ese propósito ideológico, de crear un paisaje u 'oasis pastoril' en donde el lector – a través de una identificación con los personajes – pudiera tener una tregua para descansar de las vicisitudes de la actividad cotidiana, lo que se llamaba el *negotium*, es decir, la guerra, el trabajo, los negocios y todo tipo de actividad que requiriera un trabajo azaroso y prolongado (1975: 7–9). John Beverley

---

15 François Chevalier (1970) ha estudiado el cambio que se dio en la Nueva España con el declive de la industria minera y el consecuente auge de la agrícola, sobre todo con el desarrollo de las grandes haciendas que van a subsistir por un gran periodo de tiempo.

retoma las ideas de Poggioli y las aplica al estudio de la poesía bucólica del
Siglo de Oro español, señalando que:

> El poema pastoril es una utopía estética precisamente en la medida en que
> la frontera entre el trabajo y el juego, el deseo y la necesidad, lo sencillo y
> lo culto, ha desaparecido en ello. De ahí que se supone que es un espacio
> mágico, capaz de sanar al ser o la sociedad dañada por las enajenaciones
> sufridas en el reino del *negotium*. (1987: 71)

De ahí que sea importante para Balbuena resaltar, reiteradamente, la paz y
la tranquilidad en cada una de las descripciones que hace del virreinato, para
establecerlas como parte esencial de esa grandeza mexicana; ya que es este
ambiente de estabilidad el que ayuda no solamente al mantenimiento de la
explotación de las exuberantes riquezas, sino a la perennidad de los gozos y
los deleites en los que se entretenían los privilegiados vecinos y habitantes
de la ciudad novohispana:

> Libre del fiero Marte y sus vaivenes,
> en vida de regalo y paz dichosa,
> hecha está un cielo de mortales bienes
> ciudad ilustre, rica y populosa (79)

La política ideológica del proyecto imperial está implícita en la construcción estética del paisaje mexicano que lleva a cabo Balbuena en su texto. La
ciudad de México simbolizaba el espacio del poder colonial, y por ende, el
enclave en donde los grupos en el poder residían. Estos últimos demandaban
y ejercían ese derecho a disfrutar las delicias que ofrecía el paisaje mexicano.
La racionalización del sistema colonial se manifiesta en la aceptación del
proceso de explotación como un producto del desarrollo histórico 'natural',
tendiente a satisfacer las necesidades del pueblo mesiánico, tal y como lo
sentía el Estado español. Por tanto, es el mismo deseo del colonizador – establecido como uno de sus privilegios – el que va a actuar como mecanismo
ordenador del espacio mexicano descrito.

El propio Balbuena está consciente del orden artificioso del paisaje que
presenta en su *Grandeza* al advertir al lector desde un principio que lo que
va a presentar en su texto-pintura son sólo las excelencias de la ciudad, todas
ellas emanadas de las 'gallardías y altivez de pluma' (114) y, por tal motivo,
dejará al margen la rudeza y el 'áspero concurso' del paisaje urbano (69),
es decir, todo lo que pudiera empañar la claridad de sus imágenes, como
lo era la explotación a la que estaban sujetas las clases bajas, así como los
ambientes marginales en que éstos vivían e interactuaban.

Balbuena concluye su obra haciendo una apología a España y a su proyecto
imperial, recordando al lector que el paraíso mexicano está por sobre todo al
servicio de este poder supremo:

¡Oh España altiva y fiel, siglos dorados
los que a tu monarquía han dado priesa,
y a tu triunfo mil reyes destocados!
...
Y pues ya al cetro general te ensayas,
con que dichosamente el cielo ordena
que en triunfal carro de oro por él vayas

entre el menudo aljófar que a su arena
y a tu gusto entresaca el indio feo,
y por tributo dél tus flotas llena (124)

La traza urbana se presenta como el espacio donde se aposenta el poder, así como el lugar para la contemplación y holganza de las clases altas; mientras que el campo es el productor y sustentador de las riquezas que mantenían, y saciaban el ocio y la voracidad de los habitantes citadinos. Además, este último lugar era en donde habitaba la mayoría de la población (indígena) trabajadora, el espacio donde se alojaba el 'torpe y pueblo rudo', lugar donde 'todo es brega', y por tanto, el espacio propicio para justificar la explotación brutal del 'indio feo', impuesta al gusto del imperial deseo.

En efecto, detrás de este sueño bucólico español-criollo de la urbe mexicana se encontraba la otra realidad social que ignora o 'cifra' Bernardo de Balbuena. Los cambios que había experimentado el paisaje novohispano en su componente socio-estructural se hacían cada vez más patentes y difícilmente podían ser contenidos dentro de los modelos reductores impuestos desde los comienzos de la vida colonial. La fuerte aprensión que existía dentro del mismo aparato oficial hacia las clases desposeídas se derivaba de la constante amenaza que la plebe constituía contra la tranquilidad y los intereses de las clases gobernantes.

Por el año de 1580, el virrey Martín Enríquez de Almanza precisamente ya se lo advertía a su sucesor, el conde de la Coruña, al señalar que esta amenaza se agravaba día a día con el aumento de las castas:

la mucha suma que hay de gente menuda, mestizos, mulatos y negros libres y de crecimiento grande en que van con los que de allá vienen y acá nacen. Como allá es una gente tan mal inclinada no creo será pecado presumir de ellos cualquier mal, en caso de alguna rebelión.
(Hanke y Rodríguez 1976–: I. 273)

Este miedo a los sobresaltos, a la movilidad de los cuerpos antihegemónicos, estaba muy inmerso dentro de la mentalidad de los gobernantes y colonizadores, ya que la inestabilidad de lo heterogéneo desafiaba y socavaba los fundamentos que sostenían el oasis pastoril recreado en textos como *Grandeza mexicana*. Como una respuesta a este caos potencial, el gobierno español creó toda una nomenclatura dentro del imaginario colonial para clasificar ese hibridismo, transgresor de fronteras materiales y simbólicas, surgido en los estratos bajos de la sociedad virreinal, con el fin de incorporarlos dentro de un régimen de castas basado en características 'naturales' del individuo y sojuzgarlos dentro de la cosmovisión del determinismo social.[16]

El 'alboroto' del paisaje

El alboroto que toma lugar el 8 de junio de 1692 en pleno núcleo de la capital novohispana, es la imagen inversa del sueño bucólico que los textos oficiales trataban de ocultar. La paz y tranquilidad que las élites gozan dentro de la *Grandeza mexicana* de pronto se viene a interrumpir por el 'ruido' y las 'desentonadas voces' que el 'indio feo' y la demás 'chusma' traen durante su violenta incursión en el mismo centro del poder de la traza urbana.

La *pax hispanica* que muestran las imágenes del oasis pastoril mexicano se violenta en esa noche antihegemónica de junio. La ciudad de México que, desde su fundación se había organizado de una manera que reprodujera las relaciones de poder del virreinato, por momentos parecía incapaz de seguir manteniendo ese modelo coercitivo que garantizaba la seguridad de los habitantes de la traza urbana. En esta ocasión, el dispositivo ideológico que activaba los mecanismos de protección ya consolidados, con los cuales se controlaba a la heterogeneidad de la sociedad colonial, no había funcionado o, por lo menos, había sido ignorado por la plebe que, ya desenfrenada y sin ningún control coercitivo que se lo impidiese, invade el espacio supremo del poder colonial sin haber sido previamente invitada por las autoridades.

Durante la noche de la revuelta, Carlos de Sigüenza y Góngora presencia con gran escándalo y disgusto algunos de los momentos de tal acontecimiento:

> Era tan extremo tanta la gente, no sólo de indios sino de todas castas, tan desentonados los gritos y el alarido, tan espesa la tempestad de piedras que

[16] Según Patrick Carroll la sociedad española se vale de la ideología racial del sistema de castas para implementarla de una forma didáctica a los estratos bajos de la sociedad. Así, se le enseña al indígena, africano y demás castas que su condición étnica es inferior por naturaleza, para asegurar y racionalizar la posición hegemónica de los colonizadores españoles dentro del espacio en que se desenvolvían (1981: 32). Por su parte, Richard Trexler señala que los misioneros españoles, en su tarea de conversión, imponían una relación de poder a su espectador-indígena en concordancia con el proceso de conquista y colonización: 'The theater of New Spain was a crafted ethnography of manners, clothes, and other customs intended by its clerical stage-managers to recall past native humiliations, to create memories of present failures, both native and Iberian, and to project future images of these colonized peoples' (1984: 190).

llovía sobre el palacio que excedía el ruido que hacían en las puertas y en las ventanas al de más de cien cajas de guerra que se tocasen juntas.

(1984: 123)

Sin duda alguna, el tumulto fue un fuerte llamado de atención para las élites de la sociedad novohispana, ya que les hace darse cuenta de que la ciudad que habían diseñado – en sus casi dos siglos de existencia – y que consideraban inexpugnable, podía ser tomada en el momento menos esperado.[17] El propio Sigüenza subraya, en forma de reprimenda, el 'culpabilísimo descuido con que [nosotros los españoles] vivimos entre tanta plebe, al mismo tiempo que presumimos de formidables' (119–20).

Los comentarios que Sigüenza arremete contra la población española y criolla parecían reconvenir la actitud de estos últimos, quienes habían confiado de manera excesiva en los símbolos de autoridad y de poder que circulaban dentro del ritual de la ciudad barroca, cuya función era la de crear 'la ilusión de un poder político en apariencias omnipresente y sancionado por la voluntad divina', el cual 'era ingrediente esencial para la sujeción imperial de las colonias' (Vidal 1985: 102). La actitud arrogante en la que vivían los grupos hegemónicos los hacía ignorar y pasar por alto la situación extrema de la realidad social de las clases bajas dentro del sistema colonial.

El texto que hoy se conoce como *Alboroto y motín*, y que Carlos Sigüenza y Góngora escribiera para dar cuentas de los sucesos del 8 de junio a su amigo, el almirante Andrés de Pez que se hallaba en la corte de Madrid, es una de las versiones que interpretan, desde el punto de vista del imaginario criollo, el tumulto acaecido en la capital novohispana el año de 1692. A lo largo de la carta-relación, el autor trata de enmascarar, como lo hace Bernardo de Balbuena, los efectos que el sistema de explotación habían ocasionado en la población colonizada, al mostrar una admiración por el virrey, el conde de Galve, a quien ve como símbolo de la autoridad central, y ejemplo de 'buen gobierno'.

La narración de Sigüenza y Góngora se puede dividir en dos partes: la primera constituye una apología y defensa de la autoridad colonial, en donde se enumera una serie de acciones que el gobierno virreinal había tomado para tratar de aminorar las tensiones y los conflictos que habían surgido dentro del ambiente novohispano. De esta manera, el criollo presenta sus argumentos para apuntalar la tambaleante figura del virrey con el fin de crearle una imagen incólume que lo liberara del rumor público que lo involucraba, junto con algunos miembros de su familia, como agente responsable de la

---

17 Además de la rebelión popular de 1692 que aquí nos atañe, hubo otras de similares dimensiones durante el siglo XVII: la rebelión de negros de 1612, narrada en lengua náhuatl por el historiador indígena, Antón Muñón de Chimalpahin; y la de 1624. Esta última parece haber sido instigada por miembros de las clases altas (Israel 1975: 135–160).

crisis económica, social y política. Una vez de haber defendido a la persona del virrey, en una segunda parte Sigüenza dirige sus más fuertes ataques contra los indios, a quienes considera como los principales instigadores y perpetradores de la revuelta. Esta 'prosa de contra-insurgencia'[18] consistía en representar a los amotinados como un grupo antisocial, cuya ingratitud y odio hacia el español se habían exacerbado por el consumo desenfrenado del pulque.

En efecto, las estrategias narrativas utilizadas en el texto se apegan a la postura ideológica del autor que busca defender tanto el sistema colonial, al cual estaba estrechamente vinculado, como a sus propios intereses de clase. Mabel Moraña, al analizar el discurso de las apologías y las defensas dentro del contexto colonial, ve esta práctica discursiva como un texto fundacional del llamado barroco de Indias, en donde los criollos, haciendo uso de una retórica específica, buscan interpelar al sujeto virreinal, no sin antes enmascarar el proyecto de la construcción de la subjetividad criolla. Según Moraña, esta producción discursiva articula estrechamente las tensiones ideológicas y culturales que se estaban dando dentro del ambiente colonial del siglo XVII:

> Apología y defensa deben ser entendidas entonces como cara y contracara de un mismo fenómeno, en el que se conjuga – en un mismo texto o en textos que dialogan entre sí, explícita o implícitamente – el discurso del encomio (panegírico o celebratorio) y el de la (auto)justificación. Alabar al otro, al igual que defender lo propio, son operaciones que remiten, dentro de la cultura del Barroco, a distintos niveles de la controversia epocal entre autoridad y subalternidad, fe y razón, escolasticismo y humanismo, centralismo y marginalidad. (1994b: 35–36)

Como se verá más adelante, el texto de Sigüenza remite precisamente al discurso del encomio y al de la (auto)justificación, como una estrategia para restablecer y proteger el orden colonial que había sido impugnado y denostado por los estratos bajos de la sociedad novohispana. Al mismo tiempo, se observa la misma retórica paternalista y disciplinaria del discurso colonial, la cual negaba una autenticidad o justificación al clamor del otro, así como la posibilidad del diálogo como sujeto actuante de la comunidad comunicativa. Al hablar sobre las estrategias narrativas de la prosa anti-insurgente, Silvia Rivera Cusicanqui y Rossana Barragán señalan que: 'Al rebelde se le

---

[18] Ranajit Guha en su ensayo 'The prose of counter-insurgency', analiza cómo la agencialidad del subalterno ha sido negada por la perspectiva élite, anclada dentro de la narrativa colonial, nacional y marxista. Según Guha, estas narrativas regularmente tratan de representar la actividad y conciencia subalterna de acuerdo a los códigos de la élite dominante: 'as an empirical person or member of a class, but not as an entity whose will and reason constituted the praxis called rebellion' (1988: 45–47).

priva así de la condición de sujeto de su propia revuelta, y se lo convierte en un pretexto para la reflexión disciplinadora o autoreformista de los propios poderes coloniales o nacionales' (1997: 17; Moraña 2000: 165).

Los grupos subalternos, en su desesperación por hacerles saber a las autoridades virreinales sobre la situación de extrema miseria en que vivían, recurren muchas veces a revueltas en tiempos de crisis socioeconómicas o políticas, ya que frecuentemente ellos eran los principalmente afectados.[19] Sin embargo, sus demandas casi nunca eran escuchadas o bien recibidas por las autoridades, quienes más bien responden utilizando todos los aparatos represores que tenían a sus manos para repeler la transgresión de los amotinados y reestablecer el orden colonial.

Esta interpretación del motín de 1692 responde a una postura epistemológica por parte de Sigüenza, en la que le hace saber a su interlocutor, Andrés de Pez, los fundamentos de su propia verdad, contradiciendo con ello otras narraciones – sermones, pasquines, cartas, rumores, etc. – que estaban circulando en los ambientes novohispanos, las cuales acusaban a las autoridades del gobierno virreinal de estar coludidas en el incremento de los precios y el acaparamiento de granos. Bajo una apariencia objetiva, 'diáfana' y racional de los hechos, el criollo pretende mediar en la opinión pública y defender así la figura del virrey que estaba siendo atacada desde varios frentes, estableciendo un diálogo intertextual con aquellas versiones que ya eran *vox populi* (Lorente 1996: 145).

Para la Nueva España, el año de 1692 había sido un año devastador. Intensas lluvias, inundaciones, y una plaga de chiahuixtle[20] habían destruido la mayor parte de las cosechas de trigo y maíz durante los meses de junio y julio del año anterior. Ese desastre natural había causado una crisis agrícola y, en consecuencia, una escasez de granos. Ante tal problema, las autoridades coloniales deciden desviar las reservas de maíz – una fuente importante de alimentación de las clases bajas, en particular de la población indígena – de las ciudades aledañas para el consumo de la población de la ciudad de México.

Esta política agravó más la situación en vez de resolverla, ya que generó un incremento en los precios del maíz, así como una escasez de éste. Por si fuera poco, algunos rumores empezaron a divulgarse, entre varios sectores de la sociedad, sobre un contubernio entre algunas autoridades virreinales que los implicaba en la elevación de los precios y la falta de grano. Consecuentemente, las desesperadas y hambrientas clases bajas salieron a pedir

---

[19] Friedrich Katz observa que en la mayoría de las rebeliones, los indígenas amotinados se dirigían a los oficiales locales, ya que creían firmemente en que sus problemas se resolverían una vez que las autoridades supieran sus reclamos (1988a: 79).

[20] El chahuixtle es una enfermedad causada por un hongo que destruye los frutos en la planta de maíz, principalmente, y se presenta en los meses de máxima humedad.

ayuda y respuestas a las autoridades ante la agravada situación. Sin embargo, su intento por establecer un diálogo con las autoridades resultó infructuoso, ya que sólo encontraron puertas cerradas y una clara negativa para escuchar sus demandas, por lo que al final éstos muestran su irritación a través de un peregrinaje por el centro de la ciudad de México, apropiándose momentáneamente del control del palacio virreinal para luego prenderle fuego.

Según lo presenta Sigüenza y Góngora en su narración, la situación del virreinato de la Nueva España bajo el virrey Galve era 'un remedo de lo que ocurría en el Siglo de Oro', es decir, todo era paz y armonía en esa grandeza mexicana. Y aun cuando los estragos que habían causado los fenómenos naturales en las cosechas del trigo y del maíz eran considerables, las medidas que el virrey había tomado antes y después de que estallara la crisis, si bien no la habían solventado del todo, sí la habían aminorado. Para el criollo, el virrey nunca dejó de asumir su responsabilidad como gobernador para enfrentar y aliviar los problemas que las extensas lluvias habían originado, tal y como correspondía al ideal del príncipe cristiano que el propio autor había ya enumerado.

Aunque la rebelión tenía como trasfondo el descontento de las clases bajas, originado por la pobreza y las injusticias – el acaparamiento del maíz, así como la manipulación de los precios de los granos – que la situación colonial les imponía, Sigüenza defiende la postura oficialista del gobierno. Pues tal y como lo señala Alicia Mayer, para el criollo novohispano 'había un mar de diferencia entre el magnánimo gobernante que hizo frente a la catástrofe y el vulgo desenfrenado e irracional que lo produjo' (1998: 360). Este comportamiento de los grupos marginados, en especial el de la población indígena, así como su ingratitud y naturaleza antisocial, fueron las razones – según el criollo – y no otras, por las que se quebrantan los espacios materiales y simbólicos de la ciudad colonial, y ponen en entredicho la magnanimidad de la figura del virrey. Como lo indicara Alfonso Reyes, el criollo novohispano se sentía 'más lastimado ante el desorden que ante la injusticia' (1986: 76).

Por otro lado, no hay que olvidar el interés y la pasión que Sigüenza y Góngora tenía por la historia y las culturas indígenas de México, muy presente en varias de sus obras. Su entusiasmo por el pasado indígena lo había llevado a mexicanizar la imagen de la nación criolla, mostrando un orgullo por la grandeza de Tenochtitlán, los reyes y el panteón mexica. Sin embargo, la rebelión del año de 1692 lo alejan de esa pasión, al ver la agencialidad momentánea del indio del presente como una amenaza, no sólo para la estabilidad política del virreinato, sino para el propio proyecto criollo, que estaba reclamando la potestad sobre el pasado, el presente y el futuro del virreinato de la Nueva España.

Si el orden de la capital novohispana había sido alterado durante la noche del motín de 1692, la única manera de poder devolverlo a su estado original, y a la tranquilidad a la población española, era encontrar a los culpables que lo habían violentado, o por lo menos buscar el 'chivo expiatorio' para que pagara las consecuencias de tan nefasta noche.[21] Dado que el virrey había hecho todo lo que tuvo a su alcance para solucionar la grave situación, entonces ¿cuál había sido el motivo por el que los indios y demás castas se alborotaran la noche del 8 de junio? La respuesta a dicha pregunta la presenta el autor en la segunda parte de su texto.

A pesar de la situación extrema en la que se encontraba en esos momentos la mayoría de las clases bajas, Sigüenza trata de aminorar ésta para persuadir al lector – y posibles lectores – de que los desórdenes se debían más bien a la naturaleza traidora y revoltosa de las clases bajas, por lo que apela a los prejuicios que existían en la mentalidad de las élites contra estos grupos sociales. Si bien es cierto que Sigüenza menciona la escasez de granos como el posible detonador del alboroto, inmediatamente lo refuta al hacer una detallada descripción de las medidas que el virrey había aplicado para remediar la insuficiencia de granos y combatir el incremento de los precios. Para el intelectual criollo, la crisis había sido controlada gracias a 'las muchas y extrañas diligencias que hacía el señor virrey para hallar maíz y que hubiese pan' (1984: 114); también manifiesta que las acciones del virrey, como la de conseguir maíz de Chalco, Celaya y de otras regiones productoras de granos, habían logrado abastos 'considerables y cotidianos [a tal grado] que sobraba el maíz en la alhóndiga todas las tardes' (111). Así, el autor concluye que los indios de México 'nunca experimentaron mejor año que el presente' (116). Con esto Sigüenza pretende desmentir las 'murmuraciones y malicias' de la gente, para luego dirigir sus ataques al indígena a quien considera el principal agente del tumulto.

El inicio del alboroto toma lugar en la alhóndiga de la ciudad, el domingo 8 de junio por la tarde, durante las fiestas del Corpus Christi, después de que una mujer indígena resultara herida a causa de los empujones que entre ellas se daban, en su desesperación por conseguir maíz, y darse cuenta que se había acabado. Este suceso va a causar un gran descontento entre ellas, debido a que los ánimos estaban ya muy caldeados, a consecuencia de un incidente similar ocurrido el día anterior.

Durante la tarde del 7 de junio, también en la alhóndiga, uno de los encargados de vender el grano, en su intento por establecer el orden entre un grupo de mujeres que se arrojaban a comprar maíz, 'le descargó sobre la cabeza y espalda así con el látigo como con el bastón donde pendía, diez o doce golpes' a una mozuela embarazada. El mismo Sigüenza señala que

---

21 René Girard analiza en su obra *El chivo expiatorio* los mecanismos persecutorios colectivos – mitológicos e históricos – que parcial o totalmente culpan a las minorías de las calamidades o crisis sociales. Según Girard, este deseo de buscar un culpable del desorden es parte de los mecanismos sociales para restaurar el orden previo. En este caso, la víctima elegida, el supuesto causante del desorden, 'devuelve el orden, lo simboliza e incluso lo encarna' (1986: 60).

la violenta medida hizo que la mujer malpariera allí mismo. Este altercado solidarizó al resto de las mujeres quienes decidieron tomar a cuestas a la azotada y llevarla, primero a las casas arzobispales y luego al Palacio Real, para quejarse ante las autoridades correspondientes por la manera y actitud con la que se les había tratado.

Sin embargo, como era de esperarse dentro del contexto colonial, el diálogo no se podía dar entre sujetos de naturaleza social radicalmente contraria[22] y, por tanto, se les cierran las puertas a las quejosas a cada lugar a donde se dirigían, hasta agotarse todos los canales de comunicación con las autoridades. Con este antecedente de fondo, y aunado a la desesperación por la falta del maíz, no iba a ser difícil para que la multitud, ya muy exacerbada, buscara una avenida diferente para expresar su inconformidad esa misma noche del domingo, ya que las posibilidades del diálogo con las instancias del poder se habían agotado.[23]

Sigüenza contraataca los rumores que contra el virrey circulaban en el dominio popular. El 7 de abril de 1692, durante la Semana Santa, un párroco había pronunciado un sermón ante el virrey y demás autoridades, en el que los involucraba en la crisis suscitada. La concurrencia aplaudió lo dicho por el predicador, tomándolo como evidencia de lo que 'se hablaba ya con desvergüenza aun en partes públicas'. Este incidente muestra lo caldeados que estaban los ánimos en los ambientes sociales bajos de capital novohispana.

Sin embargo, para Sigüenza, eran los indios los que más se quejaban, y los que más conseguían a través de engaños y mentiras, ya que la naturaleza 'quejumbrosa e inquieta' de éstos era lo que los había llevado a cometer los actos sediciosos. Por tal razón, el criollo los iba a responsabilizar de todo lo ocurrido en el alboroto y, entre ellos, culpa especialmente a sus mujeres (1984: 115–16).

Esta postura confrontadora que asume Sigüenza contra la población indígena se puede entender por lo siguiente: dentro del contexto novohispano, la población indígena era el único grupo social dentro del virreinato que podía desarticular el discurso nacionalista criollo, considerando que el mismo autor había incorporado la historia y cultura indígenas como parte central de su archivo cultural. Se podría proponer que entre la clase criolla había un entendimiento tácito de que los indígenas poseían un derecho congénito sobre las

---

[22] Enrique Dussel advierte que para que pueda existir el diálogo, es decir comunicación, ambas partes tienen que reconocerse como personas iguales (1998: 219). En el contexto del motín de 1692, obviamente las autoridades no consideraron a las indias como sus iguales y, por tanto, no existían las condiciones, desde su punto de vista, para establecer un diálogo.

[23] Douglas Cope señala que si bien las medidas del virrey fueron adecuadas, el tumulto se derivó por la actitud de las autoridades al cerrar los canales de comunicación, los cuales servían como válvula de seguridad para el descontento plebeyo (1994: 136).

tierras americanas, algo que ningún otro grupo étnico del componente social novohispano, incluidos los criollos, poseía. Por ejemplo, entre los clamores que los amotinados gritan durante la revuelta, y que llaman la atención del criollo, están los siguientes:

> −¡Mueran los españoles y gachupines (son los venidos de españa) que nos comen nuestro maíz!−. Y exhortándose unos a otros a tener valor, supuesto que ya no había otro Cortés que los sujetase, se arrojaban a la plaza a acompañar a los otros y a tirar piedras. −¡Ea, señores!,− se decían las indias en su lengua unas a otras, −¡vamos con alegría a esta guerra, y como quiera Dios que se acaben en ella los españoles, no importa que muramos sin confesión! ¿No es nuestra esta tierra? Pues, ¿qué quieren en ella los españoles? (123)

Según este pasaje, el grito de guerra de las mujeres indígenas, y que pronunciaban en su propia lengua − indescifrable para la gran mayoría de la población española y criolla, pero que Sigüenza, como conocedor del náhuatl, pudo no solamente entender sino traducir y hacer inteligible para que sus interlocutores pudieran entender − cuestionaba el poder y la soberanía que asumían los españoles (y criollos) sobre las tierras novohispanas. Con la pregunta retórica '¿No es nuestra esta tierra?', el criollo parece indicar la existencia de una conciencia indígena colectiva que reclamaba la soberanía de los territorios para ellos; mientras que con la otra pregunta '¿qué quieren en ella los españoles?', se les ve a estos últimos como forasteros, advenedizos y saqueadores de esos territorios indígenas. Aún más, según el texto, los indígenas parecieran no tener en cuenta la diferencia entre 'criollo' y 'español', porque a los primeros se les define bajo la categoría general de 'españoles' y a los segundos bajo la de 'gachupines', aunque ambos son vistos de igual forma: como usurpadores y ladrones, y no como dueños legítimos de la tierra.

Por otra parte, es importante enfatizar el papel del criollo como mediador entre el poder imperial, por un lado, y los sectores étnicos y raciales dominados, por el otro. Aquí Sigüenza asume la labor agencial que facilita la interpretación comunicativa entre subalterno y dominador, debido al problema del lenguaje, convirtiendo esta agencialidad en una operación clave de todo un proceso, por medio del cual se viene a institucionalizar dicha labor de representar e interpretar lo americano como parte fundamental de la identidad criolla.

Como parte de su prosa contra-insurgente, Sigüenza produce toda una teoría de conspiración para explicar las causas de la revuelta, en la cual el indio con la ayuda o mala influencia de las demás castas, promueve todo un plan con la sola intención de derrocar al poder colonial, para luego adueñarse de la ciudad y del resto de las posesiones:

¿Quién podrá decir con toda verdad los discursos en que gastarían los
indios [en las pulquerías] toda la noche? Creo que, instigándolos las indias
y calentándoles el pulque, sería el primero quitarle la vida luego el día siguiente al señor virrey; quemarle el palacio sería el segundo; hacerse señores
de la ciudad y robarlo todo, y quizá otras peores iniquidades. (119)

Según esta teoría, no era la falta del maíz ni la desesperación del hambre la
que había empujado a los indios y demás castas a salir a las calles y causar
el caos que habían originado en el centro del poder virreinal, sino su propia
inclinación a los desordenes y al vicio, sobre todo al consumo del pulque. Si
a esto se le agrega la desmedida ambición de sus mujeres – quienes, según
el autor, eran las que no solamente habían azuzado a sus hombres a violar
el orden preestablecido, sino también habían sido los agentes principales del
incremento en los precios del maíz – pareciera que el origen del motín estuviese aclarado dentro de esta interpretación del letrado criollo.

El incremento en los precios del trigo así como la escasez que provocaron
los desastres naturales hizo también que cambiara la dieta alimenticia de un
gran sector de la población de México. Se ha de notar aquí que, mientras el
trigo, a través del pan, era el alimento preferido por la población europea
o europeizada, el maíz, a través de la tortilla, lo era de la población indígena. Sin embargo, según Sigüenza, los altos precios del trigo, así como su
desabasto, hicieron que grupos de la sociedad novohispana que no estaban
acostumbrados al maíz, 'se acomodaran [con] los pobres y plebeyos para
comer tortillas'.

Es importante resaltar también el hecho de que la elaboración, tanto de la
tortilla como la del pan, siguen patrones diferentes establecidos por la división sexual del trabajo.[24] Por un lado, la tortilla que viene de una tradición
indígena, está relacionada con el trabajo individual y doméstico de la mujer,
cuya elaboración, a diferencia del pan, es arduo y laborioso, ya que puede
tomar de 35 a 40 horas a la semana para su manufactura, a diferencia de las 3
o 4 horas a la semana que toma hacer el pan.[25] Por otro lado, el pan que viene
de la tradición europea está relacionado con el trabajo colectivo y público
casi siempre dominado por varones. En efecto, la tortilla y el pan formaban
parte importante de la cultura material novohispana, pero su consumo y
producción estaban establecidos por toda una jerarquía alimenticia, la cual

[24] Arnold Bauer señala que 'from the 16th-century codexes to modern travel accounts and
ethnographic research, there also is an agreement that tortilla-making is women's work' (1990: 10:
véase también Alberró 1992: 85–87).

[25] Estos números los tomo de Bauer, quien señala que 'for the past several hundred years,
while women in wheat cultures spent perhaps no more than 3 to 4 hours a week on bread (and
less if bought from the village baker), maize women took 35 to 40 hours a week on tortillas
alone' (1990: 3). Obviamente el trabajo de hacer tortillas dependía de la clase social y etnicidad
de la mujer.

dependía de las relaciones de poder del mundo novohispano. Con todo esto en juego, el antagonismo binario que Sigüenza trata de plasmar en su narración está determinado por esta economía alimenticia: pan-hombre-español vs. tortilla-mujer-india.

Para Sigüenza, dado que las indígenas eran las únicas que sabían hacer tortillas, muchos de los 'españoles, los más de los negros y mulatos libres y los sirvientes de las casas' se convirtieron de la noche a la mañana en un público consumidor pasivo, y sujetos – simbólica y literalmente – a las manos de las fabricantes de dicho producto. De acuerdo con esta interpretación del criollo, todo el maíz que las indias compraban en la alhóndiga no estaba destinado para el consumo propio, sino para revenderlo en tortillas 'en la plaza y a bandadas por las calles', de lo cual sacaban 'pingües' ganancias que luego se las daban a sus hombres para que se las bebieran en pulque.

La importancia que el intelectual criollo le da al conocimiento técnico de la tortilla, poseído sólo por las indias (estructurado como instrumento de control social: saber es poder), también tiene el objeto de 'feminizar' la naturaleza del alboroto. Según Sigüenza, las indias[26] habían sido las principales instigadoras del motín, ya que los indios, al estar ocupados en sus constantes borracheras, 'las anteponían aun a españoles' (116). El carácter inconstante y débil que los indios mostraban con su frecuente estado de ebriedad los hacía, según el autor, descuidar su papel masculino, el cual parecía estar siendo asumido por sus propias mujeres. En otras palabras, la mujer indígena es vista aquí nuevamente como fuera de la norma femenil, según se articulaba en los manuales de comportamiento de la época, ya que su interacción se estaba dando no en los espacios privados y mujeriles de lo doméstico, sino en los espacios públicos de la actividad comercial, los cuales eran entendidos como espacios masculinos por excelencia.

Con esto en mente, el intelectual criollo se vale del viejo artilugio del discurso colonial, el cual, en su intento por representar al otro, le da mayor fuerza participativa a las mujeres para restársela a los hombres, estableciendo a la otredad como un mundo al revés, a fin de cuestionar la masculinidad del indio, tal y como se había cuestionado en la narrativa de Colón y Vespucci. Además, dentro de este traslapo genérico está inmerso el paternalismo colonial, el cual pretende delinear la imagen del indio como un ser débil, cobarde, sin iniciativa propia e incapaz de crear, por sí solo, un discurso político alternativo que pudiera dar cauce a su descontento social.

Sin embargo, a pesar de tildar a las indias como las más culpables, Sigüenza y Góngora busca identificar de manera general el cuerpo social de

---

26 En el estudio que hace sobre el referido motín, Douglas Cope señala que las mujeres jugaron un papel comparativamente menor que el de los hombres. Llega a esta conclusión a partir del bajo número de mujeres que son sentenciadas, la severidad de las sentencias, así como la ausencia de éstas entre los muertos y heridos en la plaza (1994: 157–58).

los amotinados como agentes perpetradores de la revuelta, con el propósito de fijarlos dentro del imaginario colonial y así facilitar el uso de los mecanismos de control que condujeran a la recuperación del orden colonial urbano perdido.[27] Esta identificación que el autor hace está enfocada en representar a los amotinados de acuerdo a su carácter 'natural', tal y como los concebían las clases altas y autoridades virreinales. Es decir, el criollo se vale de los estereotipos y categorías que el sistema de castas había creado y prefijado, reduciendo así la compleja heterogeneidad colonial en algo más homogéneo, fácil de controlar y manipular, con el fin de facilitar el proceso de sujeción:

> Porque siendo plebe tan en extremo plebe, que sólo ella lo puede ser de la que se reputare la más infame, y lo es de todas las plebes por componerse de indios, de negros, criollos y bozales de diferentes naciones, de chinos, de mulatos, de moriscos, de mestizos, de zambaigos, de lobos y también de españoles que, en declarándose zaramullos (que es lo mismo que pícaros, chulos y arrebatacapas) y degenerado de sus obligaciones, son los peores entre tan ruin canalla. (113)

Las imágenes con las que se reconoce a los amotinados pertenecen al imaginario cultural que compartían tanto el autor como sus lectores. Estos modos de representación ayudaban a identificar y desglosar a los miembros de los grupos sociales marginados que participaron durante la noche del alboroto, con el fin de reconocer las 'verdaderas' intenciones y motivos que los llevaron a quebrantar el orden social.

Una vez que hace el reconocimiento de la naturaleza sociocorporal de los transgresores, el autor adquiere un total control sobre ellos y sobre el espacio en el que habitaban, reduciéndoles con ello la movilidad y agencialidad que habían adquirido durante la noche de la revuelta. De esta forma, como bien lo señala Sam Cogdell, el intelectual criollo 'le niega al pueblo que constituye el objeto de estudio la posibilidad de articular su propia identidad cultural o programa político alternativo, mientras le impone un modelo descriptivo o interpretativo que corresponde a la cosmovisión del sujeto que observa' (1994: 267).

La realidad prefijada que Sigüenza crea, a partir de imágenes estereotipadas que toma del archivo cultural de la colonia, le permite tener una omnipresencia dentro del texto, desde la cual se permite ir y venir de un lugar a otro, cotejar y rebatir versiones de los hechos, describir incidentes del motín en los que no estuvo presente, e incluso le deja hacer un diálogo intertextual con eventos del pasado cultural de la propia ciudad.[28]

---

[27] Aquí traigo a colación lo señalado por Robert Young, al indicar que 'fixity of identity is only sought in situations of instability and disruption, of conflict and change' (1995: 4).

[28] Aquí se hace referencia al artículo de Kathleen Ross (1998) en el que analiza la manera en

Orden y subversión

Sigüenza y Góngora desarrolla toda su teoría del motín como una conjura contra el estado español, enmarcándola dentro del antagonismo 'español' (criollos y gachupines) vs. 'plebe' (indios, negros, españoles de clase baja y demás castas), y dentro de este último grupo, los indios tienen un protagonismo muy significativo en la narración del autor. Este antagonismo descrito se va a delimitar a través de dos espacios: por un lado está la casa, como espacio español (orden-privado) en contraposición con la calle, como espacio plebeyo (desorden-público). Estos dos espacios definen, tanto la naturaleza como la identidad de los protagonistas.

La manera en que Sigüenza y Góngora se entera del alboroto es muy reveladora de la articulación de estos dos espacios:

> A nada de cuanto he dicho que pasó esta tarde me hallé presente, porque me estaba en casa sobre mis libros. Y aunque yo había oído en la calle parte del ruido, siendo ordinario los que por las continuas borracheras de los indios nos enfadan siempre, ni aun se me ofreció abrir las vidrieras de la ventana de mi estudio para ver lo que era hasta que, entrando un criado casi ahogando, se me dijo a grandes voces: –¡Señor, tumulto! Abrí las ventanas a toda prisa y, viendo que corría hacia la plaza infinita gente, a medio vestir y casi corriendo entre los que iban gritando: ¡Muera el virrey y el corregidor, que tienen atravesado el maíz y nos matan de hambre!, me fui a ella. (123)

En esta cita, la casa, además de ser un espacio de cohabitación, simboliza el espacio interior, positivo y personal, del orden y la armonía. Es el espacio que define el dentro del afuera, el yo del no yo. Se estructura como el refugio en el que los grupos privilegiados del virreinato tenían la prerrogativa de vivir y de gozar. Para Gaston Bachelard, la casa es un espacio de unificación psicológica que inspira un 'bien estar'; es un espacio ideal para la realización poética, para habitar – a través del ensueño – los espacios íntimos, que alberga y da seguridad para poder luego recorrer el mundo y el afuera:

> Sin [la casa], el hombre sería un ser disperso. Lo sostiene a través de las tormentas del cielo y de las tormentas de la vida. Es cuerpo y alma. Es el primer mundo del ser humano. Antes de ser 'lanzado al mundo' como dicen los metafísicos rápidos, el hombre es depositado en la cuna de la casa. Y siempre en nuestros ensueños, la casa es una gran cuna. (1983: 37)

---

que Sigüenza y Góngora utiliza la segunda carta de Hernán Cortés como una forma de mantener un diálogo sociocultural entre el pasado y el presente de la urbe novohispana, con el fin de solidificar las bases políticas de la sociedad criolla.

La casa también implica el dominio y la posesión de propiedad privada, dando un sentido de clase e identidad racial, el cual dentro del contexto colonial tenía un valor significativo muy grande. Además, como parte esencial de la casa española-criolla se encuentran los 'libros' que le dan un toque esencial a ese universo del letrado, confiriéndole a dicho espacio privado los valores de clase.

En contraste, la calle es el espacio abierto, del afuera en donde todo puede ocurrir. Nada ahí protege al individuo de ser atacado, ni hay paredes ni techo en donde la gente se pueda refugiar o resguardar ante las inclemencias externas. No es un lugar para el ensueño, ya que es preciso estar despierto, alerta para poder sobrevivir dentro de este afuera. Es en ese lugar, público y exterior, en donde se daban 'las continuas borracheras de los indios', lo cual implica un constante peligro para sus moradores o transeúntes, quienes en su gran mayoría pertenecían a las clases bajas. Es precisamente ese mundanal 'ruido'[29] proveniente de la calle el que viene a romper la paz y ecuanimidad del 'oasis' criollo.

El descontento popular que ocurría, y que pasaba a unos cuantos metros del estudio en donde se encontraba el autor, es reducido a un mero 'ruido' de indios borrachos y por tanto, de insuficiente importancia para que abra las ventanas y vea lo que está ocurriendo en el otro espacio. No es hasta que un criado, quien hace la función de intermediario entre los dos espacios, le viene a informar al criollo de lo que estaba sucediendo, que finalmente este último se decida a abrir las ventanas y confrontar la otra realidad, es decir, el otro espacio que se rehusaba a ver.

En efecto, la calle es el espacio abierto donde la plebe interactúa, come, baila, vive, se emborracha, se muere, y por tanto, el lugar del caos potencial. Y en este mismo espacio callejero se identifican dos lugares que, desde la perspectiva del autor, muestran el carácter perverso y subversivo del alboroto: las pulquerías y el mercado del Baratillo.

Para Sigüenza, las pulquerías habían sido los lugares en donde se habían fraguado los planes del motín, ya que el propio ambiente marginal de dichos recintos populares proporcionaba el cuadro tenebroso y sedicioso que el imaginario aristocrático de la colonia tenía sobre ellas:

> Acudían a [las pulquerías] como siempre no sólo indios sino la más despreciable de nuestra infame plebe y, oyéndoles a aquéllos, se determinaba a espantar (como dicen en su lengua) a los españoles, a quemar el palacio

---

[29] Según Jacques Attali, el concepto de 'ruido' posee un carácter subversivo, ya que desde antes de haber sido definido por la teoría de la información como una señal que interrumpe la recepción de un mensaje, 'ha sido siempre resentido como destrucción, desorden, suciedad, contaminación, agresión contra el código que estructura los mensajes. Remite por tanto, en todas las culturas, a la idea de arma, de blasfemia, de calamidad' (1995: 44).

real y matar, si pudiesen al señor virrey y al corregidor; como con esto no les faltaría a los demás, que asistían a aquellas pláticas y que no eran indios, mucho que robar en aquel conflicto; presumo que se lo aplaudieron (por lo que vimos después). (116).

Tal y como las clases altas los imaginaban, los establecimientos de pulque se representan en la narración del criollo como un lugar siniestro y despreciable, debido a la naturaleza misma de la gente que los frecuentaba. Por lo tanto, estos lugares populares se presentan como el espacio propicio en donde sólo ahí se pudo haber maquinado la subversión.

A lo largo de los tres siglos de la colonia las pulquerías fueron consideradas como el lugar y origen de los delitos y pecados públicos debido a su ambiente relajado y popular. Juan Pedro Viqueira Albán señala que 'las pulquerías no sólo eran consideradas como permanentes centros de vicio, de desórdenes, de crímenes y de pecados por los gobiernos virreinales, sino que éstos, por la simple reunión de grupos tan numerosos de gente del pueblo, temían que en ellas pudiesen fraguarse acciones subversivas' (1987: 172). La peligrosidad inherente del entorno en que se encontraban constituía un constante desafío al orden urbano y, por extensión, les confería ciertos poderes sediciosos a los que asistían a ellas (Cope 1994: 37).

Por tal motivo, Sigüenza y Góngora pone mucho cuidado en mencionar elementos negativos que pudieran desacreditar los argumentos que justificaban el descontento popular. Según el texto, al iniciarse el alboroto, el grupo de amotinados se había dirigido, llevando a cuestas el cuerpo de la india (herida o muerta),[30] a la zona del Baratillo con el único fin de enganchar adeptos entre la gente que atendía dicho lugar. El autor no pierde la oportunidad de describir el ambiente social del Baratillo, como 'el centro donde concurren a vender trapos viejos y semejantes trastes cuantas líneas de zaramullos se hallan en México' (121).

El estigma negativo del Baratillo se elabora a partir de la relación que éste tiene con el cuerpo social que lo frecuenta. Por esta razón, Sigüenza y Góngora resalta, sin titubeos, la concurrencia de 'zaramullos' a esos lugares, quienes no son otros que simples 'pícaros, chulos y arrebatacapas' (113), es decir, 'la más despreciable de nuestra infame plebe'. Así, con la entrada del grupo de mujeres inconformes al Baratillo, y la incorporación a sus filas de

---

30 La versión popular indicaba que las lesiones que había sufrido la mujer, durante el incidente del domingo 8 de junio en la alhóndiga, le habían causado la muerte. Sin embargo Sigüenza lo refuta al argumentar lo contrario según un testigo – pues el propio autor no se hallaba presente en el momento del suceso – que presenció lo que dos 'estudiantillos' de medicina habían confirmado sobre la condición 'real' de la india. El criollo señala que: 'Refirióme esto un hombre honrado que se halló presente y me aseguró, con juramento que le pedí' de que la india realmente no estaba muerta (121). Obviamente contrapone la versión de las clases bajas con la del 'hombre honrado', entiéndase aquí, español o criollo.

'algunos de éstos [zaramullos] y también de indios', el criollo puede fortalecer los argumentos con los que defiende la posición oficial, al mostrar la naturaleza delictiva de algunos miembros participantes del alboroto, y desacreditar el enojo público (121).

Como había sucedido en el caso de las pulquerías, el bajo ambiente social del Baratillo da la pauta para que el autor ponga en duda las causas públicas del motín y, con ello, desprestigie el reclamo popular, el principal objetivo de su narración. El elemento pernicioso de dicho espacio, aunado al cuerpo social que lo frecuentaba, le permite a Sigüenza y Góngora describir el comportamiento de las masas dentro de una perspectiva del imaginario de las clases dominantes, es decir, vistas como meros criminales que habían encontrado la noche del botín un pretexto más para robar y realizar sus consuetudinarias fechorías:

> Mientras los indios ponían el fuego (como quien sabía, por su asistencia en la plaza, cuáles eran de todos los cajones los más surtidos), comenzaron [los zaramullos del baratillo] a romperles las puertas y techos, que eran muy débiles, y a cargar las mercaderías y reales que allí se hallaban. (127)

Inmediatamente después, según Sigüenza, los indios se vienen a incorporar al saqueo de los puestos de la plaza junto con las otras castas. Así, con estas imágenes de la plebe desenfrenada, termina Sigüenza concluyendo que la misma naturaleza criminal de la chusma había sido el verdadero motivo del alboroto del 8 de junio:

> No se acordaron éstos desde este punto de las desvergüenzas que hablaban, ni los indios e indias de atizar el fuego de las casas de ayuntamiento y de palacio y de pedir maíz, porque les faltaban manos para robar. (127)

Como una manera de disuadir a los amotinados y poder restaurar el orden de la ciudad, las autoridades salieron a la calle haciendo uso de los rituales y símbolos del poder al momento de los incidentes de la noche. Sin embargo, sus intentos resultan infructuosos, ya que los sublevados continuaron mostrando su descontento, y no cesaron de atacar el Palacio Real y las casas del Ayuntamiento, lugares donde se asentaba la cúspide del poder colonial.

Más tarde la calma por fin se restablece cuando una tropa al mando del conde de Santiago, don Antonio de Deza y Ulloa, llega al centro de la ciudad 'así para desalojar de ella a los sediciosos como para asegurar del incendio la Caja Real y los tribunales; cumpliendo todos sus muy honradas obligaciones y con el orden dado, hicieron prontamente lo que queda dicho' (132). Así, el fuego que va a consumir los recintos del gobierno colonial va a durar hasta el martes 10 de junio.

Sigüenza menciona la orden del virrey que da al día siguiente del motín para que se suministrara a la ciudad de cuanto maíz había con el fin de paliar el descontento popular. Entre otras medidas que se toman está la de restringir el movimiento de la plebe dentro de la traza urbana, montándose dispositivos de seguridad con el fin de reforzar el orden de la ciudad y el de sus alrededores.

Al final del texto, Sigüenza retoma el tema del pulque para señalarlo como el principal detonador del motín y alboroto, considerando que la prohibición de tal bebida implementada por el virrey era digna de halago. En los días subsiguientes, las autoridades se dedicarían a perseguir a los participantes y aplicarles las penas correspondientes; el propio Sigüenza nota que 'ahorcaron a cinco o seis, quemaron a uno y azotaron a muchos en diferentes días, y juzgo que se van procediendo contra otros que se hallan presos' (134).

De la misma manera que Bernardo de Balbuena, Sigüenza y Góngora se interesa en el orden urbano como símbolo de las relaciones de poder del sistema colonial. La ciudad de México representada en la *Grandeza mexicana* refleja un espacio placentero para los grupos hegemónicos del virreinato, en donde las asperezas que acarrea el tráfago del sistema de explotación colonial – trabajo, pobreza, explotación – se suspenden, y no encuentran cabida dentro del texto, ya que su presencia contradecía el mismo sistema que mantenía esa grandeza urbana.

Sin embargo, conforme fueron creciendo los grupos subalternos, ese enmascaramiento de la realidad urbana se hacía cada vez más difícil de contener. La población marginal que había sido rechazada en los textos oficiales – por el hecho de que afeaban la armonía del paisaje – vendrían muy pronto a hacerse presente de una manera abrupta en el espacio citadino, invadiendo el núcleo del poder novohispano – con su ruido, y sus desentonadas voces de lenguas ininteligibles, como lo era el náhuatl para la gran mayoría de los criollos y gachupines – y así romper la armonía y el orden oficiales, creando una rebelión en el paisaje bucólico, convirtiéndolo en un mero carnaval urbano.

En el texto sobre el alboroto de la capital novohispana, Sigüenza y Góngora intenta buscar las verdaderas causas que lo originaron con el fin de restablecer y reivindicar las fronteras del paraíso mexicano criollo quebrantadas la noche del 8 de junio de 1692. En esta ocasión las impurezas, los ruidos subversivos y los cuerpos feos que Balbuena había detectado y evitado en su paisaje, son los mismos que van a irrumpir en ese espacio privilegiado. Desde el punto de vista de las clases hegemónicas, la ciudad de México era por naturaleza ordenada y armónica debido al poder virreinal que se asentaba sobre ella, así como a la propia condición de sus habitantes españoles y criollos. Esto explica el tono apologético usado para describir los logros alcanzados por el virrey durante su mandato y, en especial, durante su intervención para solucionar la crisis del abasto de granos.

El desorden que tempestivamente invade a la capital de la Nueva España se tenía que deber – tanto para Sigüenza como para muchos de los de su clase social – no a las políticas de explotación colonial, ni a la corrupción que hubiese podido haber dentro del propio gobierno, sino más bien a la naturaleza inquieta y desordenada del 'indio feo' y del resto de la 'chusma'.

El reconocimiento social que Sigüenza y Góngora hace de los amotinados le sirve para poder capturar sus movimientos, su verdadera naturaleza y sus verdaderas intenciones, para luego mostrarlos tal y como eran ante sus destinatarios. Las imágenes estereotipadas actúan como estrategias discursivas para ser proyectadas y situadas dentro del contexto del imaginario sociocultural de la jerarquía colonial. De este modo, el autor despoja a las clases bajas de la poca agencialidad que habían adquirido durante la revuelta y desacredita la producción de cualquier discurso alternativo que pusiese en riesgo la armonía del discurso oficial y de la legitimidad del sistema colonial. El monopolio del discurso apologético del que el autor se vale le ayuda a establecerse como productor exclusivo de enunciados, ya que solamente un criollo como él podía conocer y delimitar los espacios del cuerpo social urbano, conocimiento requerido para el control, la búsqueda y la perennidad del orden del paisaje mexicano.

5

El espacio dieciochesco o la
'reconquista' de América

A partir del año de 1719, el orbe hispano entra en la llamada 'modernidad', según los parámetros que la Europa del norte estaba imponiendo al resto del mundo. Es el momento en que la dinastía francesa de los Borbones viene a sustituir a la casa austriaca de los Habsburgos en el trono español, trayendo consigo el pensamiento Ilustrado a los campos del saber institucional. Esta modernidad a la cual se sujeta la corona española, tenía como principal característica el mercantilismo expansivo, instrumentado bajo nuevas políticas económicas cuyo principal objetivo era lograr una mayor eficiencia en la explotación de los recursos – naturales y humanos – tanto en la península como en los territorios poseídos en ultramar. Políticas que, por otro lado, estaban siendo ejecutadas por las principales potencias europeas del momento, particularmente Francia e Inglaterra. Sin embargo, es hacia la segunda mitad del siglo XVIII cuando las reformas borbónicas van a ser implementadas de una manera profunda, y producir las sucesivas transformaciones en la vida política, económica y social de las colonias españolas en América.

Durante el Siglo Ilustrado, el espacio americano, lo mismo que el del resto del mundo no occidental, se pone nuevamente en disputa en los principales escenarios del poder europeo, lo que Anthony Gerbi (1973) denominaría 'la disputa del Nuevo Mundo'. El proyecto expansionista que emprenden las nuevas potencias de Occidente, el 'corazón de Europa' como llamaría Hegel a Inglaterra, Francia y Alemania, consistía, entre otras cosas, en hacer uso de la historia natural como lenguaje científico capaz de acceder al conocimiento de la naturaleza y revelar las verdades del orden natural de las cosas. Esta renovación de la historia natural se da conjuntamente con la exploración de tierra adentro que la Europa emprende en los territorios colonizados o en proceso de colonización.

Para esta época, el corazón de Europa ya había desplazado a España y Portugal como potencias imperiales, y había adquirido una fuerte conciencia de que el estado al que había llegado – ciencia, tecnología, arte – era muy superior al del resto del mundo. Esta visión desarrollista da lugar a que se rearticule un nuevo discurso expansionista colonial dirigido desde la Europa del norte, lugar ahora del *locus* cultural y el centro del 'proceso civilizador',

pues era en esas regiones desde donde se estaban dando las pautas a seguir
para justificar los proyectos de exploración hacía el interior de la periferia
del orbe occidental.[1]

Esta noción de civilización le permite al europeo definirse como un sujeto
productor de discursos, con los cuales articula todo un conocimiento científico sobre el resto del mundo para luego utilizarlo para marcar las diferencias
'naturales' que lo separaban de los que él consideraba las naciones 'bárbaras'
e 'inmaduras'. Luis Villoro señala que la Europa ilustrada 'tiene por fin una
pauta infalible y universal para valorarlo todo, válida no sólo en el terreno
sobrenatural – como lo era la revelación – sino en todos los campos: la razón.
Y por ese yugo deberá pasar de nuevo América' (1996: 113).

El racionalismo del siglo XVIII se convierte en un instrumento enunciativo, con el cual el europeo somete a un severo juicio crítico y moral al
estado de decadencia en el que se encontraban las naciones del mundo no
occidental, sin tomar en cuenta que la situación de decadencia de algunas de
ellas se debía al vasallaje colonial europeo al que habían estado sometidas
durante siglos. El mismo jesuita criollo, Francisco Javier Clavijero, en su
defensa del indio, explica que la condición degradada en la que se encontraba
éste último no era por la falta de aptitudes, o una característica privativa,
sino debida a la situación servil a la que se le había sujetado bajo el sistema
colonial español.

Este supuesto de percibir lo no europeo de manera peyorativa tiene una
larga trayectoria en la historia de la cultura occidental, y durante la segunda
mitad del Siglo de las Luces se retoma con una gran intensidad, aunque
ahora bajo el lenguaje de un discurso científico moderno que reclamaba estar
apegado a la verdad objetiva.

La noción sobre el origen del mundo se va apartando cada vez más de la
genealogía bíblica, para asumir un papel netamente mercantilista y secular,
en donde el sentido del viaje que se emprende en este proyecto expansionista
está más relacionado con una búsqueda del conocimiento que con el de la
salvación humana. Las instituciones del saber europeo fomentan la creación
de centros y disciplinas desde donde escritores, filósofos, historiadores, y
toda persona relacionada con los aparatos e instituciones hegemónicos, desarrollan métodos y sistemas de clasificación para ordenar los conocimientos
que se van obteniendo sobre las condiciones físicas del mundo natural y de
los pueblos no occidentales, con el fin de ajustarlos a una narración cientí-

---

[1]   Si bien este concepto evolucionista de 'civilización', que Norbert Elias (1978) identifica
como 'civilizing process' – transformación del concepto aristocrático 'policía' – fue utilizado por la
emergente clase burguesa para disputar los espacios políticos que la vieja aristocracia había sustentado por siglos, el poder político que llevaba implícito sirvió también como modelo discursivo de
supremacía que, más tarde se impone a las demás naciones del orbe no occidental.

fica/antropológica que justificara, al mismo tiempo, las relaciones de poder y la dominación europeas (Larson 1994: 24; Said 1979: 7).

Parte de esta modernidad dieciochesca está reflejada en la nueva visión que se tiene del espacio,[2] enmarcada dentro de un ansia por conocer y controlar más a fondo los territorios que estaban bajo el dominio europeo o en disputa, todo ello con el fin de obtener un mejor conocimiento de las riquezas de sus posesiones, y así tener un mayor acceso a ellas para su mejor explotación. Como bien señala Mirjana Polić-Bobić, 'el fenómeno dieciochesco de conocer América, presente tanto en la Península como en América demuestra una fuerte necesidad de "medir" en todos los órdenes el terreno con que se cuenta' (1992: 160). Esta nueva manera de ver el espacio americano viene a reinventar nuevamente su imagen, ya no solamente como mero espacio geográfico, sino como una naturaleza degradada, ya por la influencia del clima o por la incapacidad de sus habitantes para transformar el ambiente en que vivían.

Esta ofensiva política, histórica y económica que se da desde los escritorios de los centros del poder europeo, y que Mary Pratt llama la 'nueva conciencia planetaria' (1992: 15–17), crea su contraparte en los virreinatos americanos, entre las sociedades criollas locales quienes impugnan, dentro y fuera del territorio americano, la manera negativa en que los extranjeros veían y describían las tierras que los habían visto nacer.

Por un lado, la nueva 'visión' colonial que la corona española impone al espacio americano, con el fin de retomar el control económico y político, está enmarcada dentro de la corriente enciclopédica Ilustrada que se va imponiendo en los círculos del saber de las nuevas potencias europeas, las cuales estaban tratando de desplazar al imperio español del continente americano, en su intento por disputarle el poder, para luego poder explotarlo y colonizarlo. Las nuevas regulaciones que la corona española impone a sus colonias americanas, a través de las reformas borbónicas, corren paralelamente a este nuevo discurso de la filosofía natural, el cual describía al continente americano y sus pobladores como 'degenerados' e 'impotentes' y, por lo tanto, inferiores a Europa y sus habitantes.

Por otro lado, la clase letrada novohispana produce una respuesta que contrarresta y refuta el nuevo discurso colonialista, ejemplificada por la *Historia antigua de México* del jesuita criollo, Francisco Javier Clavijero (1731–87), quien objeta la manera errónea y unilateral en que los europeos ilustrados percibían tanto al territorio americano como a sus habitantes. En la Nueva España, como en los demás virreinatos americanos, se producen en los círculos intelectuales de la sociedad criolla una serie de respuestas que dan

---

2   Johannes Fabian llama la atención sobre el visualismo que existe en este tipo de interacción comunicativa (1983: 105–23).

paso a una expresión de identidad nacional, que impugna lo que los propios criollos llaman las mentiras europeas del momento (Millones y Ledezma 2005). Esta disputa sobre el espacio y el cuerpo americanos se da en el preciso momento en el que la sociedad criolla se encontraba en una etapa de madurez económica, cultural y política, la cual no solamente le facilita la búsqueda de respuestas contra ese nuevo discurso expansionista europeo, sino también le ayuda a crear e inventarse una imagen propia, con la cual el anhelo del sueño criollo, de ser los dueños y señores de esos territorios, va a ser alcanzado más tarde con la independencia de las naciones americanas durante el siglo siguiente.

España y la reconquista de América

Para el virreinato de la Nueva España, el siglo Ilustrado se presentaba como un periodo de transición y de cambios drásticos, manifestado en un desequilibrio que se da en todos los niveles, debido al gran desarrollo económico que impulsan las Reformas borbonas. Ese mismo estado de cambio que experimentaba la economía novohispana había generado un gran dinamismo entre los distintos grupos sociales que buscaban un lugar más formal y protagónico dentro de la sociedad novohispana. Para Enrique Florescano, ésta 'es una época trasegada por movimientos sociales intensos y por un proceso que va de lo homogéneo y bien delimitado a lo heterogéneo flotando en fronteras imprecisas' (1999: 234). Sin embargo, la rígida estratificación social no permitió que los nuevos grupos sociales que estaban surgiendo en el virreinato encontraran una fácil cabida dentro del orden preestablecido, lo cual exacerbó los ánimos de los que veían las políticas reformistas de la corona más como un agravio a sus intereses de clase que un beneficio.

Si bien el siglo XVII es el periodo en el que el sistema colonial español se estabiliza en los territorios americanos, y la sociedad criolla se consolida como clase dirigente, al adquirir una semi-independencia – económica, cultural y política – respecto al poder de la metrópoli, el siglo XVIII pareciera ser todo lo contrario. Las Reformas borbónicas se encargan de recobrar el control que la corona española había perdido en el siglo anterior, creando una marginación económica en regiones antes privilegiadas y, al mismo tiempo, permitiendo el ascenso de otras, lo cual hace que los virreinatos españoles se empiecen a constituir como verdaderas colonias. La bonanza económica del momento trae también un reparto desigual en la distribución de las ganancias, el cual agrava aún más la desigualdad social ya existente, incrementando aún más el resentimiento entre la clase criolla, que vio afectados sus intereses – políticos y económicos – por las reformas, enfatizándose con ello su posición subalterna dentro del sistema colonial español (Florescano y Sánchez 1987: I. 578–83).

A partir de la década de 1760, y a diferencia de lo que había sucedido en el siglo anterior, la corona española asume una política más cercana y agresiva hacia sus colonias americanas, emprendiendo así lo que David Brading llamaría 'la reconquista de América' (1991: 467–91). La nueva política del estado requería la revisión de los engranajes que habían venido moviendo las relaciones de la península con sus posesiones ultramarinas, las cuales habían sido desatendidas a lo largo del siglo anterior. Para llevar a cabo esto, se implementaron cambios significativos en las estructuras del gobierno colonial para reestablecer el control de la metrópoli sobre sus colonias. En el pasado, la corona había delegado el poder en algunas corporaciones coloniales, como la iglesia católica y los consulados de comerciantes, quienes por su cuenta habían visto más por sus propios intereses que por los de la corona. Para el estado español era imprescindible recuperar y ejercer el poder sin ninguna interferencia, para incrementar las remesas de plata, y canalizar los beneficios económicos que anteriormente las corporaciones novohispanas acaparaban. Según Florescano, las reformas borbónicas se dirigían exactamente a 'recuperar los hilos que, con independencia de la metrópoli, movían desde hacía más de un siglo los mecanismos económicos, políticos y administrativos de la colonia; colocarlos bajo la dirección y vigilancia de hombres adeptos a la metrópoli, y hacerlos servir a ésta por sobre cualquier otra consideración' (Florescano y Sánchez 1987: I. 492).

En efecto, la nueva orientación del llamado 'despotismo ilustrado' se concentra en readaptar la administración del espacio colonial a los intereses de la corona española, siempre siguiendo los nuevos postulados económicos que las nuevas potencias europeas estaban practicando en sus posesiones de Asia y África, con el fin de instaurar los instrumentos necesarios para fortalecer la explotación de los recursos, así como el reestablecimiento del comercio con la península ibérica. Consecuentemente, todas estas políticas resultarían en un mayor beneficio para la corona española, y una pérdida económica para los sectores económicos antes privilegiados, como los del consulado de comerciantes de la ciudad de México que pierde su poderío debido a las leyes de libre comercio de 1778, y al surgimiento de los consulados de comerciantes de Guadalajara y Veracruz creados en 1795 (Ibarra 2003; Valle 2001).

Por otra parte, esta reconquista, instrumentada a través de las Reformas borbonas, ya no solamente se dirigía a controlar la explotación de la mano de obra del indígena,[3] sino también estaba destinada a despojar a los criollos de

---

3   La corona también implementó políticas para obtener un mejor control sobre la población indígena, como lo fue la promoción del uso del castellano, que tenía la intención de acabar con toda una política seguida desde el siglo XVI, con el establecimiento de la República de Indios, en donde los indígenas pudieran preservar su propia cultura y tradiciones, aparte de la República de Españoles. Esta política también va a afectar indirectamente a los criollos quienes utilizaban sus

muchas de las prerrogativas que habían acumulado en los siglos anteriores. Esos 'criollos resentidos', como los llamara Fernando Benítez, que desde la segunda mitad del siglo XVI se veían como las víctimas directas de las injusticias de la madre patria, nuevamente ven afectados sus intereses, tal y como había sucedido con la promulgación de las Leyes Nuevas de 1542. Esos hijos de los conquistadores que, en su primer intento por defender el patrimonio que sus padres les habían heredado, expresaron su descontento a la corona española con la llamada 'conspiración de encomenderos' en su tentativa por instaurar una nación independiente. Desgraciadamente para ellos, esa conjuración encabezada por las principales familias del virreinato novohispano iba a terminar en 1565 con la ejecución pública de los hermanos Alonso y Gil González de Alba, miembros de la familia criolla más rica de la colonia en aquel entonces. Este acto notorio se convertiría en una herida criolla que no iba a sanar a lo largo de los tres siglos de vida colonial, y siempre estuvo muy presente en la memoria colectiva criolla como el acto más deshonroso de la injusticia española aplicado contra sus hijos novohispanos.[4]

Fernando Benítez señala que, si bien el criollo procuró ser leal súbdito de la corona, al mismo tiempo no podía disimularse a sí mismo su situación inferior y de enfado con respecto a los peninsulares o gachupines:

> El que un hombre durante el siglo XVI naciera en España o en una de sus colonias, por más que los dos se llamaran españoles, tuvieran la misma sangre, el mismo idioma y la misma religión, originaba radicales y complejas diferencias. Uno, para decirlo brevemente, era el dueño del otro, uno tenía el privilegio de mandar y otro la obligación de obedecer, uno podía elegir e imponer y el otro aceptar la imposición o rebelarse y perder la cabeza en un patíbulo. (1972: 275)

Este sentido de impotencia y animadversión que los criollos sentían frente a los españoles se va a acentuar todavía más durante el siglo XVIII, sobre todo a partir de la implementación de las reformas borbónicas, una vez que empiezan a ver que los intereses económicos y políticos que habían adquirido a lo largo del siglo XVII estaban siendo mermados y en peligro de extinguirse.

En el año de 1725 aparece en Madrid un documento intitulado *Repre-*

---

conocimientos de las lenguas y culturas indígenas para obtener puestos y privilegios. Con estas políticas de castellanización ya no iba a ser necesario el conocimiento de las lenguas indígenas para ocuparlos y, por tanto, la entrada de peninsulares a estos espacios, considerados como exclusivos para los clérigos criollos va a causar un revuelo entre la sociedad novohispana (Tanck de Estrada 1981: 48–56).

[4] José Pascual Buxó analiza el contexto histórico-social criollo del siglo XVI en su 'Introducción' a las *Obras* de Luis de Sandoval Zapata (2005: 13–21). Véase también Moreno Toscano (1987: I. 350–55).

sentación político-legal, considerado peligroso por la corona española y, consecuentemente mandado a destruir por el Consejo de Indias, ya que en él se articulaba el reclamo de la clase criolla contra las políticas discriminatorias del gobierno colonial contra esta clase social. Su autor, el criollo Juan Antonio Ahumada, abogado de la Real Audiencia de México, defendía con argumentos legales el derecho de los criollos a ocupar los altos puestos administrativos en las Indias Occidentales que la corona estaba ofreciendo exclusivamente a funcionarios peninsulares. La *Representación político-legal*, como su título lo indica, es una impugnación contra las políticas y las prácticas discriminatorias que la corona estaba implementando para despojar a los criollos de los puestos del poder novohispano, y transferirlos a manos de tecnócratas peninsulares regalistas. A raíz de la toma del poder de la dinastía borbónica, el gobierno colonial impone medidas para instalar en la mayoría de los puestos importantes de la burocracia virreinal a los funcionarios peninsulares. Ahumada cuestiona dichas prácticas señalando que:

> Dando a los americanos los empleos se evitan padecer los daños e injurias que dice la Ley, de que siendo ellos aptos, hayan de ir extraños a obtenerlas, acreditando con este hecho, que en la América hay falta de personas dignas y hábiles para haberlos: siendo notorio que hay allí muchas merecedoras, por vida, ciencia, linaje y costumbres, para tenerlos. (95–96)[5]

El clamor que los criollos expresan al defender sus derechos a gobernar las tierras que sentían haber heredado de sus ancestros, los conquistadores españoles, se iba a intensificar durante el Siglo de las Luces a través de la pluma de hombres como Ahumada. Esta queja criolla se hace patente a lo largo del siglo a través de diversos medios, ya fueran oficiales o clandestinos, creando una fuerte conciencia de identidad entre sus lectores, que a cada paso sentían que el orden colonial establecido se hacía cada vez más difícil de soportar para lograr sus aspiraciones nacionalistas (Tavera 1963: 32–33; Saladino 2001: 65–75).[6]

A partir de 1765, año en el que llega el visitador José de Gálvez a la Nueva España, se marca la introducción del programa reformista que vendría a aplicarse a lo largo y ancho del virreinato. La entrada e implementación de dichas reformas produjeron cambios muy significativos, especialmente en lo que se refiere a la pérdida de privilegios que cuerpos y grupos corporativos habían gozado con anterioridad en el dominio del comercio interno novohis-

---

5 José Mariano Beristáin describe a Juan Antonio de Ahumada como un hombre de 'talentos, literatura y patriotismo' (1947: 93).
6 Véanse también los importantes estudios sobre el papel y el desarrollo de la literatura marginada durante el siglo XVIII novohispano: González Casanova (1986), Miranda y González Casanova (1953), y Pérez-Marchand (1945).

pano. Con la implantación del sistema de intendencias, la corona buscaba establecer un control más directo y efectivo sobre las regiones de su imperio de ultramar. Sin embargo, la puesta en marcha de las reformas borbónicas encontró muy pronto una gran resistencia entre los diferentes segmentos de la sociedad novohispana, una vez que las riendas del gobierno colonial empezaron a quedar bajo el control de una nueva burocracia profesional de origen europeo.

La expulsión de los jesuitas de los territorios americanos en 1767 fue otro duro golpe del estado español a la sociedad criolla. El reconocimiento social que gozaba esta orden religiosa en la Nueva España tenía una larga historia, que venía desde su llegada a tierras americanas en 1572, desempeñando un papel diametralmente opuesto a lo que hacía la Compañía en Europa. Su peso intelectual había determinado el despertar de la conciencia criolla, al jugar el papel de maestros, voceros y forjadores de la identidad de esa clase social desde su arribo a tierras americanas. Los jesuitas se inclinaron por una tendencia sincretista del pensamiento cristiano, lo cual les permitió apropiarse del pensamiento religioso indígena a fin de establecer puentes entre ambas religiones, con el fin de cristianizar el paganismo americano.[7] Para el siglo XVIII existían en la Nueva España veinte colegios de la Compañía de Jesús distribuidos a todo lo largo de su territorio. 'De un golpe – señala Tanck de Estrada – la Nueva España perdió el grupo de educadores de mayor número, talento y prestigio' (1981: 42). Además, durante el Siglo de las Luces, los jesuitas habían sido los agentes que reformaron y modernizaron los estudios humanistas en las instituciones de educación superior novohispanas, las cuales todavía estaban dominadas por la filosofía escolástica, promoviendo el estudio del clasicismo, el método experimental y el de las ciencias exactas.

La agitación suscitada en la Nueva España por la expulsión de la Compañía de Jesús fue general, en tal grado que se realizaron sublevaciones en protesta a esta medida en diferentes ciudades donde los jesuitas tenía una presencia significativa: Pátzcuaro, San Luis Potosí, Guanajuato, San Luis de la Paz, y Uruapan. Reveladora fue también la dura reacción que el gobierno colonial tomó ante tales rebeliones, a manos del visitador José de Gálvez, quien con ayuda de su inspector de tropas, Juan de Villalba,[8] no titubea en hacer uso de su autoridad para contrarrestar el descontento popular, al mandar ahorcar a

---

[7]	Por ejemplo, Edmundo O'Gorman ve una estrecha relación entre las políticas contrarre-formistas promovidas por el arzobispo, Alfonso de Montúfar, y el culto a la Virgen de Guadalupe (1986: 117–22).

[8]	El inspector general de las tropas reales, Don Juan de Villalba muy pronto se convirtió en un personaje muy referido y odiado en la Nueva España, a tal grado que se convirtió en el blanco de muchos textos satíricos anónimos de la época. Su nombre sale a relucir en el popular baile de El Chuchumbé, que aparece por primera vez en las calles del puerto de Veracruz el año de 1767, para luego extenderse a varios puntos del virreinato (Rivera-Ayala 2000: 178–84;. véase también Miranda y González Casanova 1953).

86 personas, azotar a 73 más, y deportar a otras 117; además, condenó a 674 por diversos motivos (Florescano y Sánchez 1987: I. 467–68). El disgusto que produjo la expulsión alteró aún más los ánimos de los novohispanos contra el gobierno español. El intelectual criollo, Antonio León y Gama, en una carta escrita en 1786 a un jesuita criollo en el exilio, Agustín Pedro de Castro, expresa con una mezcla de encono y amargura lo que había significado la expulsión de los hijos de Loyola del suelo mexicano: 'Ya se fueron de aquí los sabios que sabían discernir y apreciar las obras en que conocían algún más que regular estudio' (Moreno 1981: 59–60). La expulsión y las reacciones que provocó en México muestran, en ese sentido, un papel prominente determinante que esta orden religiosa representó en el nacimiento de la conciencia de nación entre los criollos, puente necesario y anterior a la aceptación plena de las ideas independentistas.

Europa y la nueva 'conciencia planetaria'

Por otro lado, mientras los pobladores y territorios americanos estaban siendo embestidos por las reformas borbónicas, y puestos bajo el control de la corona española, en los círculos científicos europeos se estaba debatiendo la supuesta inferioridad de la naturaleza americana. Con la ayuda del discurso científico de la época, el continente americano se describía, ante el público lector europeo, como un mundo nuevo, todavía inmaduro y con un ambiente degradado y desatendido, a consecuencia de la misma inferioridad e incapacidad de sus habitantes por transformar el terreno en donde vivían. La atención de los filósofos europeos no estaba suscrita a lo meramente científico, pues detrás de toda esta narrativa estaban en juego los intereses de las principales potencias europeas, que buscaban sacar a España del continente americano, para que ellas pudiesen quedarse con las riquezas naturales que sus centros manufactureros tanto ansiaban. Jorge Cañizares-Esguerra señala que la misma corona española entendía que 'colonial empires were lost or won by those who controlled the description of lands and peoples' (2001: 134).[9]

Durante el siglo XVIII, las aspiraciones coloniales de las potencias del momento generan una expansión al interior del globo terrestre, la cual ayuda

---

[9] Cañizares-Esguerra hace también una analogía entre esa imagen negativa que promovían los europeos nórdicos sobre la 'mente española' y la Leyenda Negra del siglo XVI. Thomas Scanlan señala que la traducción al inglés que se hace en 1583 de la obra *Brevísima relación de la destrucción de las Indias* de Fray Bartolomé de las Casas, justificó la política agresiva protestante inglesa contra España, así como la política de competencia colonial que se desata en el Nuevo Mundo (1999: 36–37).

a consolidar el poderío geopolítico de éstas. Para ese entonces, Europa adquiere lo que Mary Pratt ha llamado una nueva 'conciencia planetaria', entendida como una expansión y exploración al interior de los continentes, alterando las maneras en que el europeo se percibía a sí mismo, y el lugar que ocupaba en el mundo como ente civilizador, base fundamental para la construcción del eurocentrismo moderno. Dentro de esta odisea expedicionaria la historia natural funcionaría como una herramienta científica con la que se iba a explorar, clasificar, y acceder al conocimiento de los territorios y pueblos no europeos que se encontraban bajo disputa imperial.[10]

El sistema de clasificación creado por Linneo es uno de los frutos de esta 'conciencia planetaria', y su principio estandarizador que se iba a aplicar al mundo natural se fue imponiendo al resto del planeta, anulando la validez de otros sistemas clasificatorios nativos ya existentes en otras latitudes fuera de Europa.[11] Los esfuerzos sistematizadores de los naturalistas de la Ilustración los llevan a utilizar los conceptos de género y especie para clasificar plantas y animales, para luego extenderlos al género humano, un procedimiento que tuvo enormes ramificaciones en la ideología racista de los siglos posteriores.

El Siglo Ilustrado se ha reconocido como el momento en el que las naciones nórdicas de Europa se establecen como el centro del proceso civilizador. El desarrollo económico y político al que habían llegado les permite revisar y revalorar preguntas ya antes hechas sobre la historia natural, aunque ahora bajo supuestos de los nuevos saberes científicos, tomados como la única forma para llegar a la verdad. Los temas religiosos, sociales y políticos se examinan bajo la óptica de un pensamiento racional, como parte de esa visión secular del mundo que se va imponiendo bajo un sentido de progreso y perfectibilidad. La sociedad, y aun la historia, podían alcanzar su realiza-

---

[10] Ejemplo de ello es la exploración internacional de 1735, comandada por franceses, y que tenía como objetivo poner fin al debate de si la tierra era más ancha por el ecuador o por los polos. Para esto salió una expedición al polo norte y otra al ecuador (véase Mary Pratt 1992: especialmente el capítulo 2). Suzanne Zantop señala que este discurso denigrativo sobre América, que se da en esta época, es el resultado de una crisis de identidad europea, la cual trata de establecerse como la autoridad patriarcal en relación con la otredad, interna y externa: '[they took] popular (mis)conceptions about otherness and constructed them into a seemly coherent American reality that not only explained and atoned for the history of conquest but also provided the parameters for a new identity of the European male – that of "natural man" as "natural colonizer"' (1993: 303).

[11] El sistema de Linneo encontró sus críticos dentro de las comunidades científicas. En Europa, Buffon fue uno de sus más fieros detractores, ya que consideró el sistema de Linneo como demasiado abstracto y artificial (Schiebinger 1993: 28). En la Nueva España también se topó con una fuerte oposición, esta vez entre los naturalistas criollos. José Antonio Alzate señalaba que todos los jardines botánicos americanos deberían utilizar el sistema clasificatorio indígena ya que era mejor que el de Linneo, porque clasificaba las plantas sobre bases duales, de apariencia y propiedades (Saladino 2001: 61–64; Tanck de Estrada 1981: 91–94).

ción solamente si se llegaba al control y eventual triunfo de las pasiones y los impulsos. Si bien la revolución burguesa había traído todo un auge en las ideas de igualdad, individualidad y derechos de los hombres, parecía que estos principios no eran tan universales como se manifestaban en los escritos de los filósofos europeos, ya que al americano, como a los demás pueblos no europeos, no se le va a medir con la misma vara.

En efecto, como ya había pasado en los siglos anteriores – con la narrativa de la exploración, conquista y colonización de América – el conocimiento que los científicos y viajeros van recabando a lo largo del siglo XVIII inevitablemente se va mezclando con viejos prejuicios y preconcepciones que el europeo tenía almacenados en su archivo cultural. Las especulaciones acerca del nexo entre clima y sociedad que habían caracterizado los debates del discurso imperial europeo durante el siglo XVI, cobraron vigor una vez más durante el Siglo de las Luces. Una mezcla de tesis naturalistas, impregnadas de posiciones historiográficas e influidas por el determinismo climático, así como prejuicios de la Leyenda Negra, no sin antes darle ese toque racional y científico de la época, son características constantes del debate que se da sobre el llamado Nuevo Mundo. La relación entre el hombre y el ambiente en el que nace, se desarrolla, e interactúa, se convierte en una interrogante para el europeo: si el mundo físico obedece a ciertas reglas, tal y como Newton lo había formulado, entonces ¿el mundo social está también supeditado a leyes naturales? Si el desarrollo al que habían llegado las naciones del norte de Europa se debía, como lo indicaba Montesquieu, a su buen temperamento, lo que explica la existencia de leyes e instituciones fuertes, luego ¿qué pasaba en regiones en donde el clima y el suelo no habían propiciado un desarrollo similar al europeo? Obviamente, esta forma de entender la influencia del ambiente sobre las sociedades podía también explicar el comportamiento humano y la supremacía colonial europea sobre las naciones no europeas. Este tipo de discurso llega a generar una narrativa centrada en los efectos del clima sobre la naturaleza y el cuerpo americanos, dejando entrever los indicios de una incipiente ideología racial.

El sistema de clasificación creado por Linneo fue muy importante desde el punto de vista de la ideología imperial de la época, al darle un espacio a la especie humana en la naturaleza. Por ejemplo, se creó el término 'mamífero' para establecer la mama de la mujer como un vínculo común entre los animales de la clase más alta. Al mismo tiempo, se introduce el término *Homo sapiens*, es decir, 'hombre de razón' con el fin de distinguir a los seres humanos de los otros miembros de la familia de los primates. Londa Schiebinger encuentra este lenguaje taxonómico muy significativo, porque si bien Linneo rompe con la tradición aristotélica de ver al hombre como medida de todas las cosas, 'within Linnaean terminology, a female characteristic (the lactating mamma) ties humans to brutes, while a traditionally male characteristic (reason) marks our separateness'.[12] Es decir, mientras la naturaleza de la mujer se acercaba más a lo animal, el hombre, por el contrario, se alejaba de este estado por medio de la razón. Una vez más, las distinciones entre 'naturaleza-mujer' y 'cultura-hombre', antinomias del pensamiento occidental, se hacen nuevamente presentes dentro del lenguaje científico. Este vínculo que el cientificismo ilustrado hacía de la mujer con lo animal es llevado también a los ámbitos de la diferencia racial, una vez que a los hombres no europeos se les vaya describiendo con características femeninas y ligadas más a la naturaleza animal, como se verá más adelante.

Como ya se señaló en los capítulos anteriores, desde la época medieval, la Europa cristiana había considerado el clima y la geografía como determinantes en la disposición y la constitución de los pueblos. Estas mismas concepciones son retomadas por la historiografía del Renacimiento para enmarcar las descripciones de la naturaleza y el cuerpo americanos, que luego se convierten en el fundamento del racionalismo dieciochesco para reinventar la identidad americana como una entidad inferior en relación con la europea, lo que da la pauta a lo que más tarde vendría a ser el discurso racista. Así, en su ensayo *Of national characters* (1748), David Hume afirmaría que 'there is some reason to think that all the nations which live beyond the polar circles or between the tropics, are inferior to the rest of the species' (Gerbi 1973: 35).

Si bien el discurso pseudo-científico del siglo XVIII ataca de una manera impetuosa las especulaciones metafísicas y los postulados aristotélicos, que habían enmarcado el saber científico europeo por siglos, al mismo tiempo rescatan algunos principios de las teorías climáticas del pasado sobre las que se había sustentado, tanto el discurso imperial grecorromano como el de la temprana modernidad europea. Los principios de la filosofía naturalista, discurso especializado del mundo material y derivado de obras clásicas como la *Historia natural* de Plinio, sirvieron de base para explicar las variaciones corporales en términos ambientales. De acuerdo a este discurso, todos los humanos eran potencialmente iguales, y los especímenes adultos difieren los unos a los otros de acuerdo al ambiente físico y cultural en el cual vivían y se desarrollaban. Esto hace que para los europeos, la otredad esté geopolíticamente determinada como lo contrario, y concretizada ya como un ser inferior que no había alcanzado la madurez y el desarrollo – cultural y humano – del llamado Viejo Mundo y, por tanto, se requería la necesidad de su tutelaje y del despojo de sus territorios. Del producto de esta actividad discursiva ilustrada son las teorías del determinismo geográfico que en sus

---

[12] Además, su sistema clasificatorio estaba basado en la diferenciación sexual de las flores, estableciendo una jerarquía en la que los estambres (las partes masculinas) correspondía a la 'clase' y los pistilos (las partes femeninas) al 'orden'. En esta taxonomía, la clase (masculina) estaba por encima del orden (femenino): véanse Schiebinger (1993: 14–17, 53–55) y Fara (2003).

obras exponen intelectuales como el Conde de Buffon, Cornelius de Pauw, el abate Guillaume Raynal, y el historiador escocés William Robertson, por citar algunos; todos ellos poseían un gran peso intelectual en sus respectivos círculos del saber europeo, y vinieron comandando los debates naturalistas, historiográficos y científicos de la época.

El énfasis que el enciclopedismo Ilustrado pone en la razón y la experiencia le da un aura de convalidación a la postura eurocentrista del cientificismo reinante, propuesto como el único método para llegar a la verdad. América no sólo se convirtió en el terreno propicio para ensayar el nuevo lenguaje científico que las ambiciones imperiales y apetitos económicos de Europa habían creado, sino también se transformó en el campo privilegiado para oponer los dos sistemas imperiales reinantes: por un lado, el antiguo y caduco sistema español y, por el otro, los modernos e imperantes que las nuevas potencias europeas – Francia, Inglaterra y Alemania – estaban impulsando. A través de las herramientas de la historia natural, los ilustrados europeos se propusieron esclarecer y corregir los errores que, según ellos, habían cometido los cronistas e historiadores españoles del siglo XVI, quienes sin ningún método científico convincente habían descrito la naturaleza y los pueblos americanos.

Las fuentes historiográficas sobre América, dejadas por los conquistadores y los misioneros españoles, así como las de los cronistas indígenas, son cotejadas con la nueva experiencia que habían acumulado los viajeros y los filósofos ilustrados contemporáneos al explorar y/o estudiar el 'nuevo' continente y sus habitantes. La Europa ilustrada crea un 'nuevo arte de leer' con el que interpreta la historia del Nuevo Mundo, basado en un escepticismo hacia la historiografía renacentista, y mezclado con reminiscencias de la Leyenda Negra, así como una taxonomía científica, sin dejar a un lado la antigua asociación que la tradición europea le daba al clima como un determinante del genio humano (Cañizares-Esguerra 2001: 11–59).

El año de 1768 se publicó en Berlín un libro intitulado *Recherches philosophiques sur les Américains*, una de las obras más hostiles contra el continente americano que la teoría determinista ilustrada vendría a producir. Dicha tesis que – en palabras de Francisco Javier Clavijero – 'la turba de escritores modernos' se regocijaba en debatir, argumentaba la supuesta inferioridad de la naturaleza americana. Su autor, el abate holandés Corneille de Pauw, quien se jactaba de haber trabajado por diez años en dicha obra, no solamente se había valido de la tesis del conde de Buffon, la cual postulaba el estado de imperfección en el que se encontraba el 'nuevo' continente a causa de su inmadurez. De Pauw lleva esta tesis a los extremos al sostener que más que imperfección, el nuevo mundo había degenerado a tal grado que la fragilidad y la descomposición de su naturaleza lo hacía inferior en su totalidad con respecto al viejo mundo, y el estado de degeneración en el que se encontraba estaba también reflejado en la inferioridad de sus plantas y animales, así como en la constitución física del habitante americano. A lo largo de *Recherches philosophiques*, de Pauw insiste en que la radical diferencia de Europa con respecto a América era la fuerza y el estado de civilización en que se encontraba la primera, en contraste con el abandono y el estado salvaje en que se hallaba la segunda, la cual estaba en un estado tal de degeneración que no podía ofrecer el ambiente propicio para el desarrollo de una sociedad culta y avanzada. Los indígenas americanos, al vivir en un ambiente natural de decaimiento, no podían evitar ser una raza envilecida, de cobardes, ociosos y sin la fuerza física, lo cual los hacía incapaces de todo progreso intelectual. El hombre americano era tan débil que en una pelea, el hombre europeo más débil lo derrotaría con facilidad. Esta teoría determinista se sustentaba en viejas creencias del factor climático, las cuales tenían un papel muy importante en el progreso de la naturaleza y los habitantes del globo terrestre: 'it is without a doubt a great and terrible spectacle to see half the globe so thoroughly maltreated by Nature that everything in it was either degenerate or monstruos' (Gerbi 1973: 58).

El objetivo principal de de Pauw, y de muchos otros naturalistas europeos contemporáneos suyos, era demostrar que la inferioridad del indígena americano se debía a las condiciones ambientales en las que vivía. Como Jean Bodin ya lo había afirmado en la segunda mitad del siglo XVI, de Pauw cree que la perfección del hombre sólo era posible dentro de la sociedad, bajo sus instituciones y sus leyes, ya que, de lo contrario, la sola naturaleza volvería al hombre a un estado salvaje y lo haría incapaz de cualquier progreso:

> Man is thus nothing by himself; he owes what he is to society; the greatest Metaphsyscian, the greatest philosopher, if he were abandoned for ten years on the Isle of Fernández, would come back transformed into a brute, dumb and imbecile, and would know nothing in the whole of nature.
>
> (Gerbi 1973: 53)

Con esto en mente, de Paw acaba con la noción del 'buen salvaje' que los misioneros españoles habían creado durante el siglo XVI en su intento por defender al habitante americano de los abusos y la codicia de los conquistadores españoles, así como con la tradición utópica que se tenía de la Edad de Oro de la humanidad, como una edad de inocencia.

Si el clima tenía un efecto en la complexión y calidad de los hombres, entonces la gran diversidad de pueblos en el mundo se explicaba por la misma diversidad de climas que existía en él. Estas teorías no eran nada nuevas, ya que sus orígenes se pueden trazar desde las teorías de los humores de Galeno y la medicina hipocrática, las cuales ya habían sido esquematizadas durante el siglo XVI por autores como Jean Bodin y Huarte de San Juan, entre otros (Noreña 1975).

En su *Methodus ad facilem historiarum cognitionem* (1566), Jean Bodin establece la fundación de la filosofía de la historia, al exponer su teoría de los efectos del clima en las sociedades y los gobiernos, así como su teoría del progreso que más tarde va a expandir en *Les six livres de la République* (1576). Para Antonello Gerbi, la teoría del clima inscrita dentro de la obra de Bodin 'is perhaps the earliest formulation of the notion that was to enjoy such popularity, of America as "geography" not "history", future not past, etc.' (Gerbi 1973: 38). Por su parte, Huarte de San Juan, en su obra intitulada *Examen de ingenios* (1574), señala que una de las razones que explican la diversidad humana era el temperamento, el cual consistía en la disposición orgánica de las cuatro cualidades primeras (calor, frío, humedad y sequedad), y que variaban en cada persona. Según Guillermo Serés, Huarte de San Juan 'observa cómo difieren cualitativamente las naturalezas de los hombres de acuerdo con la mezcla de humores, la dieta seguida, la edad, el sexo, los lugares que habita, los vientos, el sistema político, etc.' (Huarte 1989: 73).

En efecto, a partir de esta diferenciación en el temperamento de los hombres, producto del clima y de las constelaciones, el discurso colonial de la temprana modernidad establece desigualdades sociales y corporales entre los nacidos en Europa, y los de América. En la Nueva España del siglo XVI, la orden de los franciscanos se adhiere a esa polémica climática, cuando en el año de 1574 fray Jerónimo de Mendieta señalara con gran preocupación por esta orden religiosa que de las Indias Occidentales podría llegar a la decadencia si dejara de ser dirigida por frailes españoles venidos de la península, debido a que los criollos habían adquirido la naturaleza y las costumbres de los indios, por el hecho de haber nacido bajo el mismo clima y suelo (Brading 1991: 297). Dentro de la misma corriente ideológica, fray Bernardino de Sahagún se expresaría en su *Historia general de las cosas de Nueva España*, al sostener que 'la templanza y abastanza de esta tierra, y las constelaciones que en ella reinan, ayudan mucho a la naturaleza humana para ser viciosa y ociosa, y muy dada a los vicios sensuales'. Más adelante, el franciscano agrega que no se maravillaba de que 'las tachas y dislates' eran muy frecuentes en los indígenas americanos, aunque también sucedía lo mismo con 'los españoles que en ella habitan, y mucho más los que en ella nacen, cobran estas malas inclinaciones; los que en ella nacen, muy al propio de los indios, en el aspecto parecen españoles y en las condiciones no lo son . . . y esto pienso que lo hace el clima o constelaciones de esta tierra' (1989: 578–79). Fray Bartolomé de las Casas, en una postura totalmente opuesta a las de Mendieta y de Sahagún, asegura que 'la clemencia, templanza y suavidad de los tiempos' en las Indias Occidentales influyen en la buena fortaleza física e intelectual de los indios (1967: I. 145; Arias 2001: 69–70).

En una nueva época expansionista y globalizadora, el siglo Ilustrado retoma esta teoría climática para ayudar a avanzar los intereses imperiales de las nuevas naciones hegemónicas. En España, fray Pedro Murillo Velarde hace referencia a la tesis determinista en su obra *Geografía histórica* (1752), y trae a colación los estereotipos raciales con los que se había venido representando a los indígenas americanos desde el encuentro con las huestes europeas. Como si fuera poco, sus ataques no sólo se quedan ahí, ya que sus comentarios arremeten contra la otra clase social también nativa del Nuevo Mundo: los criollos. El fraile español comenta que estos últimos habían caído en los mismos vicios que la población indígena. Murillo Velarde apoya su postura en los argumentos presentados por el fraile Juan de la Puente (1612) quien había sostenido que las constelaciones de América creaban inconstancia, lascivia, flojera y, por la misma razón de haber nacido en estas tierras, los criollos no se escapaban de tales defectos (Keen 1990: 23).

Según estos argumentos, el continente americano parecía tener asignado un destino deplorable, y del cual no podía escaparse, ya que la situación decadente en la que se encontraba se debía a toda una serie de leyes naturales que lo regían. Como ya se ha observado, la teoría climática había sido una parte importante del discurso histórico que se retoma durante el descubrimiento, la conquista y la colonización de América para justificar la supremacía europea; por lo que no es de extrañar que, para el siglo XVIII, continúe teniendo esa vertiente imperial, con la que se intenta enmascarar, a través de un discurso científico, la nueva praxis colonizadora. Para los europeos ilustrados, América continúa siendo un continente nuevo, sin historia, una tierra del futuro, tal y como Bodin ya la había concebido; una imagen que más tarde Hegel perpetuaría al expresar el nulo interés histórico y filosófico que tenía dentro de su noción de la historia universal.

Una de las características que constantemente se destacan del ambiente americano y que se convierten en *leitmotiv* del discurso naturalista ilustrado es su supuesta humedad y frialdad. El conde de Buffon va a afirmar, siguiendo algunas de las descripciones que hiciera Gonzalo Fernández de Oviedo en su *Historia general y natural*, que el ambiente pantanoso y frío del continente americano es completamente hostil para el progreso de todas las especies:

> In this state of abandon, everything languishes, decays, stifles. The air and the earth, weighed down by the moist and poisonous vapors, cannot purify themselves nor profit from the influence of the star of life. The sun vainly pours down its liveliest rays on this cold mass, which is incapable of responding to its warmth; it will never produce anything but humid creatures, plants, reptiles, and insects; and cold men and feeble animals are all that it will ever nurture. (Gerbi 1973: 8)

Para Buffon, el clima y la naturaleza de América no han permitido el desarrollo natural del hombre americano, ya que la misma frialdad del continente es transmitida a este último, de una manera que lo hace adquirir características propias de otras especies de sangre fría, convirtiéndolo en un ser incapaz de trasformar ese mismo ambiente en el que nace. Esa imagen de impotencia y virilidad anómala que se asoma en las descripciones del hombre americano, y cuyos vestigios masculinos, bien deformados por el clima en el que vivía, lo convierten en sujeto demasiado pasivo como para poder compararse y competir con la vigorosa masculinidad europea, debe también leerse dentro de los sistemas de clasificación y diferenciación que se estaban dando dentro del discurso científico ilustrado, cuyo fin era explicar cómo las leyes de la naturaleza concordaban con las relaciones del poder colonial impuesto, justificando con ello la explotación de los pueblos y los recursos naturales.

La filosofía ilustrada había traído las nociones de libertad e igualdad de las personas, establecidas como derechos universales inherentes al hombre, y proclamadas en 1789 en *La Déclaration des droits de l'homme et du citoyen*; privilegios que, por otro lado, ya eran gozados por los hombres europeos de las clases altas. Sin embargo, esta misma ideología burguesa no contemplaba dentro de la universalidad de esos derechos humanos las cuestiones de raza y sexo, por lo cual había dejado a una gran parte de la humanidad a los márgenes de esas prerrogativas. Esto indudablemente se va a problematizar todavía más dentro del contexto colonial, dado que la expansión europea encontraría ese dilema una vez que entrara en contacto con la población nativa que empezaba a reclamar esos supuestos derechos innatos al hombre. La manera en que el intelectual europeo reacciona ante esta disyuntiva – para no aplicar esos derechos a todos los hombres – fue la de encontrar una diferencia 'natural' que pudiera excluir al resto de la humanidad no europea de tales derechos, para demostrar la supremacía colonial europea como parte de ese orden. Como señala Schiebinger, la filosofía natural se convierte en un instrumento importante para poder lograr ese objetivo exclusionista dentro del pensamiento sociopolítico: 'if social inequalities were to be justified within the framework of Enlightenment thought, scientific evidence would have to show that human nature is not uniform, but differs according to age, race and sex' (1993: 144).[13]

En efecto, la teoría de los humores sirve de base para el desarrollo de la filosofía natural que, en turno, se da a la búsqueda por encontrar los rasgos particulares que demuestren la desigualdad de condiciones entre el hombre europeo y los no europeos. Una vez más, el cuerpo se convierte en el sitio desde el cual se construye y se define la subjetividad europea moderna. A pesar de que la misma cristiandad reconocía la igualdad de la humanidad

---

13 Londa Schiebinger menciona la polémica que se da en Europa a causa de la exclusión de la mujer y de las razas no europeas del imaginario de *La Déclaration des droits de l'homme et du citoyen*. En Francia, el marqués de Condorcet, Marie-Jean-Antoine-Nicolas Caritat, filósofo, matemático, político y miembro de la Académie Royale des Sciences, señala que si no se iba a considerar a la mujer como igual al hombre deberían probarse las razones naturales para justificar dicha desigualdad y exclusión (1993: 143–44); véase también Charles Hardy (1919).

delante de Dios, ya desde el medioevo las sociedades cristianas pudieron encontrar argumentos con los que demostraron y justificaron las relaciones jerárquicas entre plebeyos y aristócratas. Uno de los razonamientos que evidenciaba la inferioridad de los campesinos frente a la aristocracia, según Paul Freedman, estaba ligado a la Génesis bíblica, con la historia de los hijos de Noé. En toda Europa existía una versión de este raciocinio, cuya razón teológica sugería que los campesinos eran los descendientes de Ham, el cual había sido condenado por su padre Noé por haberlo visto ebrio y desnudo. Por esta causa Ham es maldecido por Noé, así como a toda su progenie, para servir a sus dos hermanos, Shem y Japhet, a quienes se identificaba con Asia y Europa respectivamente. Los siervos, entonces, serían los descendientes de Ham, a quien se le identifica con África (Freedman 1999: 88–89).[14]

La temprana edad moderna sigue estos argumentos de la desigualdad social. Desde los aparatos del saber institucional, la actividad discursiva que se da sobre la naturaleza y cuerpo americanos de los siglos XVI al XVIII responde a la necesidad de justificar la empresa hegemónica española de una manera que demuestre la inferioridad del cuerpo americano con respecto al del europeo. Ya la época clásica entendía que el cuerpo humano, como microcosmos, estaba constituido por cuatro elementos principales o cuatro humores que existían en el macrocosmos. Tanto el hombre como la mujer estaba guiado por esos humores, y el equilibrio de estos era necesario para mantener la salud del cuerpo. Según esta teoría, las dos oposiciones básicas – caliente-frío y húmedo-seco – podían ser combinadas de cuatro maneras para producir los cuatro elementos: tierra (seco-frío), aire (caliente-húmedo), fuego (caliente-seco), y agua (húmedo-frío).

Dentro de lo que se podría llamar la teoría aristotélica de la diferencia sexual o de género, las características sociales y físicas del ser humano, incluyendo su racionalidad, estaban explicadas por el predominio de lo caliente y lo seco en el cuerpo del hombre, a diferencia de la mujer, en cuyo cuerpo predominaban lo frío y lo húmedo. De esta premisa se deriva que las cosas calientes y secas eran consideradas masculinas, mientras que las frías y húmedas eran entendidas como femeninas. En su libro *Examen de ingenios*, Huarte de San Juan explica que la manera en que los órganos sexuales de los niños se desarrollan en el vientre de la madre se deriva del calor o del frío al que están expuestos. Según el propio Galeno, el cuerpo del hombre no era muy distinto al de la mujer más que en la forma exteriorizada de sus órganos

---

[14] Más tarde, a Ham se le identificará también como un negro y el fundador de África, con lo cual los anglosajones justificarían la esclavitud negra. Benjamin Braude (1997) ha encontrado que la historia de los hijos de Noé, así como su asignación de las tres partes del mundo, ha sido manipulada por comentaristas y copistas bíblicos, a partir de finales del siglo XV, con el fin de justificar el ascenso de Europa y, más tarde la supremacía de la raza blanca sobre la gente de color, en especial los negros.

genitales, ya que se creía que el útero y los ovarios tenían una compostura muy similar a la del miembro viril y los testículos pero invertidos y de una manera interna, debido a que el calor tenía la propiedad de agrandar y hacer crecer las cosas, mientras que el frío las encogía o reducía:

> Y, así, es en conclusión de todos los filósofos y médicos que si la simiente es fría y húmeda, que se hace hembra y no varón, y siendo caliente y seca, se engendrará varón y no hembra. De donde se infiere claramente que no hay hombre que se pueda llamar frío respecto de la mujer, ni mujer caliente respecto del hombre. (Huarte 1989: 608–10)

Desde este marco de la teoría de los humores están delineadas las imágenes de América y sus habitantes dentro del discurso científico europeo. El énfasis que se pone sobre la humedad y la frialdad del ambiente americano, según lo afirma Buffon y otros que siguen sus señalamientos,[15] no hace más que mostrar a su habitante como un ser con características más femeninas que masculinas. Los indígenas eran hombres flojos, débiles, pobres de espíritu, y con una inhabilidad de transformar el ambiente en el que vivían y, consecuentemente, incapaces de crear sociedades con instituciones y leyes similares a las que se habían desarrollado en Europa. Estas mismas características climáticas habían creado los obstáculos para el desarrollo 'normal' de las especies existentes en el Nuevo Mundo, reduciéndolas en número y tamaño, y con una incapacidad de reproducirse, lo cual forzosamente hacía que disminuyeran el número de especies en el continente. Dentro de esta misma lógica, el hombre americano habitaba un territorio ocioso e infértil, y por estas mismas características no podía inspirar ningún apetito para su dominio o posesión: 'where having never subjugated either animals or the elements, not tamed the waters, nor governed the rivers, nor worked the earth, he was himself no more than an animal of the first order' (Gerbi 1973: 5). Si bien Buffon insinúa que las condiciones estériles de la naturaleza hacían fútil la subyugación de la misma, también esa misma nulidad hacía imposible que el hombre americano ejerciera un dominio sobre el mundo natural a consecuencia de su falta de fortaleza corporal y viril.

Si la naturaleza americana había transmitido esas cualidades de frialdad y humedad al hombre americano, cualidades que, como ya se ha señalado, hacían también referencia a las características corporales de las mujeres,

---

15 La idea de caracterizar el clima americano como 'frío y húmedo' es tomada del cronista oficial de las Indias, Gonzalo Fernández de Oviedo, quien había caracterizado así al nuevo mundo en *Historia general y natural de las Indias*. El abate holandés se sirve de la autoridad del historiador español para respaldar sus conocimientos americanos ya que nunca puso pie en el continente americano. Por otro lado, hay que recordar que el propio Fernández de Oviedo había servido como autoridad a Ginés de Sepúlveda para argumentar en su obra *Democrates alter* que los indios americanos eran esclavos por naturaleza, y justificar así la guerra que se hacía contra ellos.

dentro de la teoría de los humores, la filosofía natural intentaba fijar así
la corporalidad del americano bajo rasgos femeninos, con el propósito de
establecer esa diferencia corporal respecto con la del hombre europeo. Tal
y como Huarte de San Juan había señalado acerca del impacto que tenía el
calor y/o la frialdad en el desarrollo de los órganos sexuales de los niños en
el vientre de la madre, Buffon resalta la influencia del ambiente americano
en el hombre al indicar que 'the savage is feeble and small in his organs of
generation; *he has neither body hair nor beard*, and no ardor for the female of
his kind' (Gerbi 1973: 6, énfasis mío). De lo anterior se infiere que la frialdad
y la humedad habían contraído los órganos sexuales del hombre americano
o, quizás, no se le habían desarrollado o exteriorizado como debían, de tal
manera que su masculinidad se ponía en duda, no solamente por la incapacidad innata que debía tener para conquistar y dominar el mundo natural en
que se encontraba, sino también por una hombría anómala reflejada en la falta
de deseo sexual por la mujer.[16] En otras palabras, el control y dominio de la
tierra y, por extensión, de la mujer se establecen como características propias
del hombre europeo, y ambas son inexistentes – según Buffon – en el hombre
americano. Para el filósofo francés, la distinción está hecha de la siguiente
manera: 'naturaleza-hombre americano' vs. 'cultura-hombre europeo'.

La misma falta de vello corporal sitúa al hombre americano dentro del
ámbito femenino de la diferencia genérica, ya que nuevamente se acentúa
la falta de este tropo masculino que la cultura occidental preciaba como
parte importante de la imagen corporal del hombre, tal y como ya había
sido empleada durante el siglo XVI (ver Capítulo 2). Una vez más se hace
referencia a esta privación de vello, especialmente el facial, como tropo de
la imagen masculina, el cual hacía también referencia al poder y supremacía
de lo viril europeo, y al cual el propio Carl Linneo había aludido como algo
que Dios había dado a los hombres como ornamento y para distinguirlos de
las mujeres (Blunt 1971: 157). Voltaire también va a señalar esa imagen del
americano sin barba, ya fijada en el discurso colonial, para relacionarla como
un signo de la falta de masculinidad, y claro indicio de su debilidad e inferioridad, pues según el filósofo francés, la historia ya había demostrado que
ese tipo de gente – sin barba – no ofrecía resistencia alguna ante la embestida
colonial europea (1963: 334–35; Gerbi 1973: 44–45).[17]

A través de estas posiciones antropológicas se puede notar cómo el siglo
XVIII de la Europa ilustrada articula un tipo de cuerpo imperial que se va

---

[16] El Abate Raynal hace similares comentarios sobre el hombre americano, señalando su indiferencia hacia el sexo opuesto, lo que sugería una imperfección orgánica o inmadurez, muy acorde
con las condiciones del resto del continente (Gerbi 1973: 47–48).

[17] Voltaire también hace una analogía de la barba con el pelaje de los animales, al señalar que
los leones que existen en América son más pequeños que los del Viejo Mundo, además de carecer
de melena y ser cobardes (1963: 341).

definiendo dentro de su propuesta discursiva de exploración planetaria, cuyos rasgos estaban siendo delineados bajo los parámetros de una masculinidad europea que se autentificaba como la norma a seguir y con la cual se estaba clasificando y ordenando nuevamente la humanidad entera.

Contrariamente a las descripciones de humedad y frialdad del continente americano, estos mismos intelectuales europeos situaban a sus respectivas naciones europeas dentro de las zonas templadas, las cuales eran capaces de producir hombres más fuertes, trabajadores, y con una clara conciencia del saber, de la libertad, y además con la capacidad de crear instituciones con las que se hacía posible la convivencia social.[18] Estos ambientes templados les daban la fortaleza física y el sentido de acción, características que les proporcionaba el poder de controlar y explotar la propia naturaleza. Como había sucedido durante el siglo XVI con las representaciones que los exploradores y los letrados habían hecho de las tierras encontradas durante la empresa colombina, los ilustrados europeos ven nuevamente el continente americano sólo como una entidad geográfica, un espacio natural, carente de historia y por tanto, de cultura.

La reconquista criolla de América

Para la filosofía natural que emanaba de los centros de poder europeos, las imágenes del estado virgen en el que se encontraban los territorios americanos constituían una prueba palpable de la incapacidad e impotencia del hombre americano para transformar y explotar la naturaleza para su propio beneficio, así como para crear sociedades civilizadas. Así lo había señalado en 1735 el deán de Alicante, Manuel Martí, en una carta escrita en latín dirigida a un joven interesado en realizar sus estudios en México. En dicha epístola, Martí califica el ambiente intelectual de la Nueva España como un 'vasto desierto literario', en el cual no existían maestros, ni libros, ni bibliotecas, por lo que persuade al joven estudiante a que abandone su intento de trasladarse a la ciudad de México y se dirija mejor a Roma (Eguiara y Eguren 1944).

El fuerte sentimiento nacional que afloraba en los círculos de la intelectualidad criolla hace que los comentarios denigrantes que se hacían contra el territorio americano y sus habitantes enardezcan todavía más el orgullo patriótico de esta clase social. La clara conciencia de su realidad histórica los lleva a responder a tales agravios a través de un planteamiento epistemológico que se opone totalmente a los provenientes de Europa.

Entre estas respuestas que emanan de las plumas criollas se destaca la

---

18 En el Capítulo 2 de este libro ya se habló sobre el valor simbólico de la barba como tropo de la masculinidad europea.

del Dr. Juan José de Eguiara y Eguren, profesor y rector de la Real y Pontificia Universidad de México. En su intento por impugnar y demostrar lo contrario a lo dicho por el deán de Alicante, el criollo novohispano se dedica a compilar la tradición intelectual novohispana, incluyendo a la indígena, en una obra que se llamaría *Bibliotheca Mexicana*. El proyecto de Eguiara y Eguren buscaba ser una bibliografía comprensiva de la historia intelectual mexicana, organizada de una manera alfabética, de individuos y sus obras, abarcando la época prehispánica hasta el año de 1755. En el prólogo de su obra, se dedica a celebrar el brillo de los ingenios novohispanos así como el de sus instituciones, haciendo notar la producción de obras escritas en náhuatl, latín y español, cubriendo diversas áreas del saber humano. Sin embargo, la obra no pudo ser finalizada debido al fallecimiento de su autor, y sólo pudo salir a luz el volumen que comprendía las secciones de la A a la C.

El pensamiento crítico de la época tenía el potencial de traer al estrado las inquietudes y frustraciones que algunos miembros de la población criolla tenían en cuanto a la situación política y el contexto histórico en el que vivían, por lo que no dudan en utilizarlo para la defensa de sus propios intereses. Puesto en marcha como estrategia, el cientificismo y el enciclopedismo ilustrados les abre las puertas a los grupos intelectuales criollos para construir y debatir sus propios proyectos de nación, interpretando el espacio novohispano y la historia intelectual acumulada e inventariada por ellos mismos – lo que Anthony Higgins ha llamado el 'archivo criollo' – como algo que habían heredado, tanto de los indígenas como de sus parientes más cercanos, los europeos: 'The criollo archive serves as a means to theorize the process of the constitution of a network of intellectuals and institutional formations articulating authoritative texts and statements about Mexico's history and natural envoiroment' (2000: 9). Es así como lo entiende el jesuita mexicano, Francisco Javier Clavijero quien, desde su exilio 'a más de dos mil trescientas leguas de su patria' le tocaría defender la historia y la cultura del suelo que lo vio nacer y reafirmar, al mismo tiempo, la imagen del imperio mexica como una civilización avanzada, la cual se podía comparar con las del viejo mundo.

Si bien la nueva percepción criolla del espacio indiano se deja ver en un gran número de publicaciones de la época y de los siglos anteriores, es en la *Historia antigua de México* escrita por Clavijero donde se siente la culminación del largo proceso emprendido por esta comunidad novohispana: una comunidad que buscaba redefinir la imagen de América, no como una simple entidad geográfica definida por su vacuidad histórica y cultural, tal y como la había presentado el discurso colonial europeo, sino como poseedora de una producción discursiva de gran riqueza, la cual tenía que ser expuesta al mundo con el fin de desacreditar lo que estaban pronunciando los filósofos modernos. Esto implicaba hacer una divulgación al público lector europeo, a quien estaba dirigida principalmente la obra, sobre la verdad de la naturaleza

americana, así como de la historia de México, según la historiografía indígena e hispánica que esta parte del mundo había creado a lo largo de siglos
de vida intelectual.

Clavijero fue uno de tantos jesuitas criollos que sufrieron la política de
expulsión de la Compañía de Jesús en el año de 1767. El criollo abandonó la
Nueva España para embarcarse rumbo a Bolonia, Italia, en donde viviría el
resto de su vida. Aunque Clavijero originalmente escribe su *Historia antigua
de México* en español, es persuadido por unos literatos italianos que estaban
interesados en leer su obra – según lo señala el propio autor – para que la
tradujera al italiano (toscano), para luego ser publicada en el año de 1780.
Después de haber aparecido publicada en italiano, la obra del jesuita atrajo la
atención del público europeo, ya que para 1790 se había traducido al inglés,
al francés y al alemán. La publicación en español no se pudo dar, ya que
es frenada a consecuencia de la crítica e intrigas que su obra padece en
España,[19] así como del nulo interés que para los españoles tenía la historia
indígena, aunado a la aprensión que la corona tenía de sacar a la luz las
preocupaciones e intereses de los criollos. Van a pasar varios varias décadas,
para que en el año de 1826 se hiciera finalmente la traducción al español.[20]

La *Historia antigua de México* consta de 10 libros que cubren la historia
prehispánica y la época de la conquista, así como de nueve disertaciones en
las que el autor se dedica a refutar directamente las diatribas de los naturalistas europeos ilustrados. Para lograr disuadir a sus lectores de los errores
cometidos por estos últimos, Clavijero tuvo que imbuirse, según él mismo lo
advierte, en el saber enciclopédico, leyendo obras de historia natural desde
los autores clásicos, como Plinio y Dioscórides, hasta llegar a los contemporáneos como Buffon, sin dejar a un lado a los españoles Francisco Hernández
y Antonio de Ulloa. A pesar de los errores cometidos sobre el continente
americano, el jesuita novohispano le concede a Buffon una autoridad en la
materia, ya que lo considera 'el más hábil y el más elocuente naturalista de
nuestro siglo' (1958: 423).

Clavijero escribe su *Historia antigua de México* bajo las pautas del racionalismo historiográfico del siglo dieciochesco que se centraban, como bien lo
señala Cañizares-Esguerra, en un 'nuevo arte de leer' las fuentes del pasado
con el fin de implantar una diferenciación entre lo irracional de la historiografía renacentista – la cual había glorificado en gran medida la hazaña española del descubrimiento y conquista de América – y la nueva lectura racional
de esas mismas fuentes, privilegiando el cientificismo que acompañaba la

---

[19] Juan Bautista Muñoz, quien era el Cosmógrafo Mayor de Indias, fue uno de los principales
opositores a la obra de Clavijero y, según Nicolás Bas, el que realizara las diligencias oficiales para
que su obra no fuera publicada en España (2002: 133).

[20] Marino Cuevas adquiere en 1926 el manuscrito original y hológrafo de Clavijero y lo
publica en 1945 (Clavijero 1958: ix–xiii); véase también Roberto Moreno (1981: 55).

nueva conciencia planetaria comandada por la Europa nórdica. Sin embargo, el jesuita criollo se diferencia de esta corriente historiográfica nordeuropea, al convalidar algunas de las fuentes renacentistas que los europeos ilustrados execraban por estar basadas en el testimonio ocular de gente que, según los filósofos modernos, no había sido entrenada para ello. Aún más, el criollo les da autoridad historiográfica a las fuentes indígenas a las que los europeos tampoco daban crédito, por considerar las culturas amerindias incapaces de llevar un recuento de su historia debido a la carencia de una escritura alfabética.

Para llevar a cabo su proyecto, Clavijero busca esa verdad sobre el continente americano en el archivo cultural novohispano que había sido acumulado a lo largo de los casi tres siglos de historia cultural de México. En el pasado, criollos como él sintieron también una necesidad de producir y exponer un conocimiento propio y diferente al de su contraparte europea sobre lo que ellos veían como las bases fundamentales de su proyecto de nación. De ahí que sea lo propio y no lo ajeno lo que iba a dar validez a su texto histórico, siempre tratando de encontrar ese punto medio que le diera la objetividad a su historia y que el racionalismo ilustrado le obligaba a seguir:

> Al referir los acontecimientos de la conquista que hicieron los españoles, me aparto igualmente del panegírico de Solís que de la invectiva del ilustrísimo señor Las Casas, porque no quiero adular a mis nacionales ni tampoco calumniarlos. Dejo los hechos en aquel grado de certeza o verosimilitud en que los encuentro. (1958: xxii)

En efecto, el mismo racionalismo dieciochesco, empleado para denigrar la naturaleza de América, es utilizado por Clavijero en su historia para enumerar y corregir cada uno de los errores que esa 'turba increíble de escritores modernos' estaba cometiendo en sus descripciones del continente americano. Su apego a la 'verdad' hace que el jesuita en ningún momento intente hacer una simple exaltación de la historia de su país, pues su objetivo está centrado en desenterrar y exponer la producción intelectual mexicana a través de sus propios textos, con los cuales refuta los argumentos que los europeos esgrimían sobre el espacio americano como un continente intelectualmente vacío. Y de esta 'turba', el criollo decide exponer los errores de dos autores, De Pauw y Buffon:

> He escogido la obra de Paw [sic], porque, como en una sentina o albañal, ha escogido todas las inmundicias, esto es, los errores de todos los demás. Si parecen un poco fuertes mis expresiones, es porque no hay que usar dulzura con un hombre que injuria a todo el Nuevo Mundo y a las personas más respetables del antiguo. Pero aunque la obra de Paw [sic] sea el principal blanco de mis tiros, tendré también que hacer con algunos escritores, entre éstos Buffon. (423)

La fuerte reacción que lo motivó a salir en defensa de la tierra que lo vio nacer no era para más. No obstante, Clavijero evita mostrar sus emociones en su narración, poniendo mucho cuidado en establecer su posición objetiva en relación con el texto, y su aproximación al problema planteado, al recalcar que el origen de su obra fue llevado por la razón universal y el 'celo por la humanidad', y no por la 'pasión o interés' que uno puede asumir al defender la patria, ya que las emociones tienden a desvirtuar el objetivo central que es la búsqueda de la verdad. Con ello, el jesuita novohispano evita incurrir en los mismos errores en los que habían caído los autores de las invectivas contra América, ya que, como él mismo lo refiere, el excesivo patriotismo fue lo que les había llevado a esos europeos a concebir 'ciertas imaginarias preeminencias de su propio país sobre todos los otros del mundo'. Tal parecía que el jesuita criollo nos estuviese recordando la famosa pintura de Goya con el texto insertado: 'El ensueño de la razón produce monstruos'.

Ya desde el prólogo de la *Historia antigua de México*, el lector implícito es advertido que la presente obra es 'una historia de México escrita por un mexicano', en la que se va a 'honrar la memoria de algunos ilustres americanos cuyas obras son totalmente desconocidas en Europa', con el objeto de resarcir las imágenes del territorio novohispano que lo había pintado como un 'desierto literario'. Clavijero aprovecha este espacio para resaltar el dominio que tenía del náhuatl, la lengua indígena del imperio mexicano, como una muestra de los niveles de su erudición enciclopédica, con la cual convierte esta lengua americana en una herramienta historiográfica muy importante, ya que es a través de ella como se puede acceder al legado histórico indígena, algo que pocos europeos poseían o conocían. Como prueba de ello, el jesuita indica que las pinturas jeroglíficas de los mexicanos fueron las que 'suministraron la mayor parte de los materiales para la historia antigua de México', de autores como Fernando de Alva Ixtlilxóchitl, pasando por Domingo Chimalpáin y Fernando de Alvarado Tezozómoc hasta Fray Bernardino de Sahagún y Fray Juan de Torquemada (335).

La heterogeneidad étnica de estos escritores – indígenas, mestizos y españoles – nos habla de la forma en que el criollo visualiza a la nación mexicana, vinculados cada uno no tanto por una confraternidad étnica, sino por los intereses intelectuales que existían entre ellos. Todos estos autores representaban una parte importante del archivo criollo novohispano y, por extensión, de América, cuya autoridad radicaba en el trabajo intelectual de haber compilado el legado indígena, herencia cultural que para estas fechas formaba parte imprescindible de la epistemología criolla – a la que pertenecía la propia narrativa de Clavijero. Es por eso que el propio jesuita novohispano vaya a lamentar la 'pérdida de aquella prodigiosa multitud de pinturas' indígenas (251) y aprovecha el medio para hacer un llamado a la comunidad imaginada criolla para que 'no se pierda lo que nos queda' (xviii). En efecto, la imagen de nación concebida por el jesuita aparece móvil y flexible, representada por diversos miembros del espacio sociocultural del virreinato cuyo único requisito para pertenecer a él era haber contribuido al archivo cultural a través de su trabajo intelectual, propuesto como un servicio más amplio y de una mayor envergadura: la patria mexicana.

El conocimiento que Clavijero tenía del náhuatl, así como de escritores que habían hecho perdurar la labor intelectual indígena, habla también de la necesidad del autor por crearse una autoridad sobre este patrimonio del archivo mexicano – léase también novohispano y americano – al cual sólo se podía tener acceso a través del conocimiento de esa herramienta lingüística. El náhuatl se convierte en un instrumento importante y privativo del intelectual criollo, ya que sin él se pierde la posibilidad de acceder a buena parte de la historiografía americana y, en consecuencia, se tiene un conocimiento limitado de ella, lo cual lleva inevitablemente a errores como los de los filósofos modernos.

La lengua americana se convierte en una llave para poder acceder al conocimiento de los textos indígenas. A partir de esto se establece un espacio exclusivo desde el cual el criollo puede escribir sobre la historia antigua de México ya que su conocimiento y su erudición sobre la materia histórica legitiman dicho acto epistemológico. Para Clavijero, la ignorancia y los errores de los europeos se debían a que carecían de los instrumentos y los conocimientos arriba señalados y, por tanto, no estaban facultados para escribir sobre el pasado prehispánico, ya que sólo los criollos – conocedores del náhuatl y de la historiografía indígena – tenían la autoridad para hacerlo. Esta posición subjetiva convierte a los intelectuales criollos en herederos de la historiografía nativa, la cual consideraban ya como su propio pasado clásico, equivalente a la Grecia y Roma de los europeos.

En su lucha por legitimar su conocimiento, Clavijero insiste en establecer el espacio que ocupa dentro de esa comunidad como un *locus* privilegiado y autorizado de la enunciación. Para el autor de la *Historia antigua de México*, el haber nacido en América le confiere una potestad sobre lo que escribe, debido a la experiencia empírica que había adquirido en el estudio de la naturaleza americana y su interacción con la población nativa. 'Lo que yo diré – advierte – va fundado en un serio y prolijo estudio de su historia, y sobre el íntimo trato [que tuve] de los mexicanos por muchos años'. El jesuita transforma esta experiencia nativa en autoridad para darle una mayor validez y veracidad a su obra, sobre todo con respecto a las que habían sido creadas desde los escritorios europeos por autores que por 'la falta de conocimiento' de los mexicanos habían creado retratos distorsionados y poco fieles de ellos (45). De ahí que, como bien lo señala Cañizares-Esguerra, Clavijero reproche a los naturalistas europeos el interés que tenían en crear sistemas más que en la compilación de hechos basados en el conocimiento empírico (2001: 237).

Así, por ejemplo, para impugnar los señalamientos de Cornelius de Pauw sobre la inferioridad del hombre americano, Clavijero los confronta con los comentarios de Antonio de Ulloa, el capitán español que había formado parte de la famosa expedición internacional de 1735 en América del Sur:

> Paw presenta a los americanos débiles y enfermizos; Ulloa, por el contrario, afirma que son sanos, robustos y fuertes. ¿Quién de los dos merecerá de nosotros más crédito, Paw [sic] que desde Berlín se puso a filosofar sobre los americanos sin conocerlos, o Ulloa que por algunos años los vio y trató en diversos países de la América meridional? ¿Paw [sic] que tomó el empeño de vilipendiar y envilecernos por establecer *su disparatado sistema de la degeneración*, o Ulloa, que aunque, por otra parte, poco favorable a los indios, no trató de formar ningún sistema sino solamente escribir lo que juzgaba cierto? El lector imparcial decidirá. (506, énfasis mío)

Si, como señala Luis Villoro, la Europa del siglo XVIII había utilizado la razón como una pauta infalible y universal, con la cual se valoraba y medía todo, la crítica que Clavijero hace en el párrafo anterior era de una gran contundencia, ya que desarticulaba y deconstruía el criterio de verdad, a través del cual los europeos habían atribuido 'a todos los americanos lo que se ha observado en algunos individuos o en ningunos' para luego hacer deducciones erróneas de ellas (508).

Clavijero desarma el razonamiento de los europeos con la misma pauta racionalista dieciochesca a través de una argumentación *ad hominem* para poner entredicho sus argumentos y calificarlos como meras 'fábulas' y 'niñerías' que los viajeros, historiadores, naturalistas y filósofos europeos habían pronunciado contra el continente americano. De esta manera, el criollo se transformaba de acusado en acusador, de juzgado en juez, volteándole la tortilla a la arrogante Europa que se ufanaba el monopolio de la verdad. Sin embargo, esta vez las mismas armas retóricas europeas estaban siendo utilizadas en su contra por el jesuita americano, con argumentos más contundentes y con una regla similar con la que medía lo americano:

> Si algún filósofo de Guinea emprendiese una obra sobre el modelo de la de Paw [sic], con el título de *Investigaciones filosóficas sobre los europeos*, podría valerse del mismo argumento de Paw para demostrar la malignidad del clima de Europa y las ventajas del de África. (462)

Con ese criterio universal de la razón, Clavijero niega el discurso planetario que se pronunciaba contra América como una verdad universal. Juzga a sus vociferantes interlocutores, y los confronta para desenmascarar y debilitar cada uno de los razonamientos con el fin de demostrar los errores que algunas veces los hace aparecer como disparatadas 'bufonadas' de las que también se llega a mofar.

El jesuita está consciente de que se estaba enfrentando a modelos euro-

peos con tendencias universales, cuyo fin era privilegiar el orden natural de
las cosas ya clasificadas jerárquicamente por Europa. Para el novohispano
las irregularidades que los naturalistas observaban en lo americano eran el
resultado de una necedad arrogante de comparar las nuevas especies con
otras conocidas o, mejor dicho, contrastar las especies americanas con las
del viejo mundo, tomadas estas últimas como modelos a seguir.

Clavijero ofrece muchos ejemplos de la imposición que de Pauw o Buffon
hacen del sistema taxonómico europeo para clasificar las especies americanas. Uno muy significante es el del *suri* o *touyon*, una ave americana de
gran tamaño que fue llamada avestruz por de Pauw aunque ésta fuese de
una especie distinta a la africana. Para de Pauw, existía una 'deformidad'
o 'irregularidad' en el touyon ya que tenía cuatro dedos separados, en vez
de los dos dedos unidos por una membrana del avestruz. Así, en un diálogo
simulado entre un americano y de Pauw, el jesuita objeta el que se tenga que
tomar como modelo el ave africana. Según el jesuita, el tener sólo dos dedos
unidos por una membrana implicaría, para un americano, una irregularidad
en el avestruz, y no en los cuatro dedos del touyon. El de Pauw retórico de
Clavijero le responde al americano con un rotundo y enfático ¡no!, ya que
'la irregularidad está en vuestros avestruces, porque no se conforman con los
del Mundo Antiguo *que son los ejemplares de la especie*' (484, énfasis mío).
Con esto, el criollo pone al descubierto la pelea en la que está enfrascado:
el uso de lo europeo como arquetipo universal, al cual se debían conformar
todas las especies del mundo, y que el jesuita se rehúsa a aceptar e ignora,
defendiendo, al mismo tiempo, la propia taxonomía americana.

El jesuita expone la taxonomía planetaria como una medida y valor, a la
cual se le otorga el carácter de meta y objetivo de ser alcanzado. Desde el
momento en que la norma europea es afirmada como un valor, la polaridad
emerge casi de modo necesario; ya que si algo es querido como un valor, su
contrario será rechazado como un no valor, es decir, una irregularidad. Por
su parte, el criollo increpa al europeo por rehusarse a ver la diferencia en las
especies americanas y aferrarse en aplicar su sistema de clasificación, el cual
sólo acepta *su* norma, y no hace más que ver irregularidades y despropor-
ciones, unos no valores donde no los hay. Con el *techichi* sucede lo mismo,
ya que por el hecho de no ladrar, se difundió la fábula entre los europeos de
que en América los perros eran mudos.

En cuanto al clima de la naturaleza americana se refiere, Clavijero desba-
rata fácilmente los señalamientos de de Pauw, Buffon y de todos los que
aseguraban que la naturaleza americana era inaccesible, fría y con llanuras
anegadas, pantanosas y estériles, en donde las plantas y los árboles difícilmente daban frutos. Además, según estos autores, cuando los árboles daban
frutos eran de una calidad muy inferiores a los de Europa. Clavijero contesta
que si bien es cierto que en México, como en otras regiones de América,
existen lugares pantanosos y fríos, son más las tierras fértiles que son utili-

zadas para el cultivo, tal y como lo atestiguaron autores como José de Acosta y el Dr. Francisco Hernández, entre otros, que sí habían viajado a la Nueva España. Además señala que la fertilidad de las tierras se demuestra por la variedad y la abundancia de las plantas y frutos que se dan en México. La fecundidad de la tierra americana era tal que mientras en 'Europa no hay más que una siembra y una cosecha; en Nueva España hay varias' (469).

Clavijero, en su defensa a los indios, siempre trata de ser fiel a la 'verdad', sin condenar ni alabar y, más bien, da razones y testimonios apegados al racionalismo del momento, al cual él mismo era un gran adepto.[21] Sin embargo, no deja de asumir un carácter apologético cuando trata ciertos aspectos de la historia o cultura indígenas, sobre todo cuando los considera relevantes para el objetivo de su obra. Así sucede cuando habla sobre la educación que los indígenas recibían en su juventud antes de la llegada de los españoles, ya que para el jesuita esas instrucciones eran dignas de admirar, pues si bien estaban mezcladas con supersticiones de su religión, descartadas éstas últimas podrían 'servir de lecciones a la nuestra' (201).

Por otro lado, cuando habla de los aspectos negativos de la cultura de los mexicanos, Clavijero muestra éstos no como rasgos intrínsecos de su carácter, sino como el resultado de las condiciones y contextos históricos a los que todas las culturas están expuestas. Por lo tanto, los indios son esencialmente iguales a los demás hombres, con las mismos dotes y facultades, 'capaces de todas las ciencias, como lo ha demostrado la experiencia' (46). Los indígenas americanos poseen las mismas virtudes y los mismos vicios que uno está acostumbrado a ver en la gente de todas las naciones.

Si bien Clavijero intenta señalar la igualdad entre el indio y el europeo en cuanto a sus capacidades intelectuales y creativas, al mismo tiempo, advierte una diferencia en el primero, la cual nada tiene que ver con la inferioridad señalada por los filósofos modernos. De la misma manera en que defiende a las especies animales del continente americano de las supuestas irregularidades que poseían por no ajustarse a los modelos de la taxonomía planetaria, el jesuita hace lo mismo con el indio. Las características vistas en el cuerpo del indio determinadas como irregularidades, por ejemplo, la falta de vello – especialmente el facial – debían ser vistas, según el jesuita, como una particularidad del mexicano, tal y como las tienen otras naciones. La diversidad de climas hacía posible la diversidad de seres vivientes y los seres humanos no eran la excepción. Si algunos frutos o plantas prenden mejor en un lugar que en otro, esto no se debe a la superioridad ni a la inferioridad del terreno,

---

21 Clavijero fue uno de los impulsores de la reforma educativa que buscaba promover el estudio de las ciencias exactas, el método experimental y la lectura de filósofos modernos como Descartes, Newton, Leibnitz y Bacon, entre otros. Fue nombrado prefecto de estudios del Colegio de San Idelfonso, del cual tuvo que renunciar pues las reformas que él planteaba no eran apoyadas por el rector del colegio (Tanck de Estrada 1981: 43–45).

sino al hecho de que cada planta progresa mejor en el 'temperamento que le conviene' (470).

A todo esto, Clavijero cree conveniente insertar aquí el otro objetivo de su obra, el cual era una crítica fuerte al gobierno español. Para el jesuita, la degradación que uno podría ver en el indio no se debería entender, como ya se dijo, como una particularidad intrínseca, sino como el resultado de las condiciones históricas a las que había estado sometido durante siglos, en este caso, su sometimiento al sistema colonial español. El jesuita tomó como ejemplo la adicción que los indígenas tenían al pulque, señalando que el régimen colonial los había llevado a una decadencia moral porque ahora más de la mitad de la población estaba sumergida en el vicio de la embria- guez, ya que en los tiempos antiguos 'la severidad de las leyes los contenían en su beber' (45).

En efecto, la condición indigna en la que se encontraban los indios no era por la falta de aptitudes o capacidades, sino debida a la situación servil a la que se les había sujetado. Si se rehusaban a trabajar para los españoles, no era por la supuesta pereza que se les achacaba, sino por los trabajos forzados que los europeos los obligaban a ejercer, creando con ello un encono entre la población nativa. 'Sin embargo – subraya Clavijero –, no hay gente en aquel reino que trabaje más [que el indígena], ni cuyo trabajo sea más útil ni más necesario' (46).

El criollo parece ver en la población nativa a unos compatriotas maltra- tados y abandonados por el sistema colonial español, que solamente veía en ellos una mano de obra, de la cual podía disponer, aun forzadamente, en el momento deseado. Para el jesuita, no hay posibilidad de prosperar ni salir adelante bajo esas condiciones: 'es muy difícil, por no decir imposible, hacer progresos en las ciencias en medio de una vida miserable y servil y de continuas incomodidades' (Clavijero 518). Esta declaración era una clara condena al gobierno español, ya que el jesuita lo acusaba de haber empujado a la miseria a una parte importante del cuerpo social novohispano: aquellos a quienes los criollos habían arrebatado su legado cultural para crearse una identidad americana. Pareciera que Clavijero estaba pagando con esta defensa esa deuda moral que la sociedad criolla tenía con la población nativa.

Como buen educador jesuita, ve la educación como el remedio para aliviar el estado decadente del indígena, pues como él mismo señala, 'lo malo podría en la mayor parte corregirse con la educación, como lo ha mostrado la experiencia'. Curiosamente esa experiencia de la que él habla había sido acumulada por 'muchos hábiles criollos' que fungieron como maestros de 'los pocos mexicanos que se han dedicado al estudio de las letras, por estar el común de la nación empleado en trabajos públicos o privados'. La degrada- ción indígena, por tanto, no era por el clima, como lo clamaban los europeos, sino por el estado colonial español que los había arruinado y explotado, y no había procurado un bienestar para ese sector de la población novohispana:

Por lo demás no puede dudarse que los mexicanos presentes no son en todo semejantes a los antiguos, como no son semejantes los griegos modernos a los que existieron en tiempos de Platón y de Pericles. La constitución política y religiosa de un Estado, tiene demasiado influjo en los ánimos de una nación. (46–47)

Claramente Clavijero se identifica aquí más con el indígena que con el español, ya que parece inferir una analogía entre la situación subordinada del indígena bajo el gobierno español, y la de los criollos con las Reformas borbonas. El estado español es visto aquí más como una tiranía que como la madre patria que debía procurar acoger y cobijar a sus hijos. ¿No es ésta precisamente la queja de los criollos? ¿Estaría acaso Clavijero proponiendo que la salvación del indígena estaba sólo en manos de una nación criolla? ¿Hasta qué punto el conocimiento de la cultura e historiografía mexicana le iban a servir al criollo para reivindicar al indio como ciudadano de la nación criolla? Estas son algunas preguntas que con el tiempo vendrían a darse entre la élite intelectual criolla una vez que el sueño político de esta clase social se convirtiera en realidad con los movimientos independentistas del siglo posterior.

El siglo XVIII significó para el continente americano un periodo de reinvenciones y de reconquistas disputadas por varios bandos. Por un lado estaban las instancias del poder europeo que procuraba establecer sus proyectos expansionistas a través de reformas políticas y producciones discursivas cuya finalidad era buscar un mayor control sobre los territorios americanos y obtener así los mayores beneficios posibles. Por el otro, los grupos intelectuales criollos que, viendo amenazados sus intereses e ideales nacionales, con los embates reformistas españoles por un lado, y la conciencia planetaria del cientificismo europeo, por el otro, crean un discurso alternativo para combatir la embestida discursiva europea, al mismo tiempo que construyen las bases epistemológicas de su proyecto de nación.

La política Ilustrada, que impone el gobierno español sobre sus colonias en ultramar, se orientó a recobrar la dirección de las políticas administrativas y de explotación en América, las cuales se habían mermado desde el siglo XVII, durante el llamado periodo de la estabilización colonial, durante el cual se consolida el poder de los criollos como grupo dirigente de la Nueva España. Con la aplicación de las Reformas borbonas, los criollos son desplazados de los puestos claves de la administración virreinal para que se pudiese imponer en su lugar a burócratas europeos regalistas cuya tarea consistía en impulsar mejores y más modernos programas de explotación de los recursos naturales, con el fin de incrementar las ganancias y beneficios para la metrópoli. Estas políticas excluyentes hacen recrudecer el viejo antagonismo entre el criollo y el gachupín, incrementándose más el ansia y el deseo por establecer los sueños de una patria criolla.

Por otro lado, los ilustrados europeos, inmersos en una conciencia planetaria que apoyaba los nuevos proyectos expansionistas de las nuevas potencias europeas, retoman la vieja idea de América como mera geografía, sin historia. Aún más, el espacio americano era visto como un territorio degradado por la humedad y frialdad de su medio ambiente en donde sus habitantes, principalmente los indígenas, influidos por el mismo clima, poseían esos mismos rasgos. Nuevamente con la ayuda de la teoría de los humores de la tradición helénica, el europeo crea la imagen del hombre americano como un ser impotente y de una virilidad anómala; unos homúnculos incapaces de controlar y ejercer un poder sobre los territorios en que vivían. La supuesta humedad y frialdad de su cuerpo, transmitida por el ambiente natural, le conferirán más rasgos femeninos que masculinos y, por tanto, una incapacidad de transformar, controlar y poseer, no solamente la naturaleza de los territorios, sino a sus propias mujeres.

No obstante, a diferencia de lo que había sucedió en el siglo XVI, el discurso occidental encontró esta vez una gran oposición por parte de la sociedad criolla. Sabedores de los procedimientos retóricos del racionalismo ilustrado, la clase intelectual criolla se dio a la tarea de producir obras en las que negaba y confrontaba la epistemología planetaria del momento, anteponiéndola con una epistemología propiamente novohispana, la cual se basaba en una reivindicación de la historiografía mexicana, en una interpretación de lo americano totalmente distinta a la que se estaba produciendo en los círculos del poder hegemónico europeo. En este sentido, el nacionalismo novohispano sirvió de base para establecer un paradigma racionalista muy diferente al que se promovía al otro lado del Atlántico.

La posición epistemológica criolla del siglo XVIII revalida la historiografía del nuevo mundo que estaba siendo negada por Europa, y la propone como la única válida, con la cual se realizaba la reinvención y reconquista criolla de los territorios americanos. La tarea de criollos como Clavijero era combatir la idea propagada por los europeos sobre América como simple geografía y confrontarla con la propia, la americana. Según los criollos, América era poseedora de una gran riqueza histórica, con una gran diversidad cultural totalmente distinta a la europea, pero de igual valor.

Con la ayuda del archivo criollo, el jesuita novohispano crea una imagen propia de México y de América, totalmente distinta a las emanadas de los textos provenientes de los centros hegemónicos europeos. Para Clavijero, el Nuevo Mundo no era tan nuevo como los europeos lo habían señalado, y para demostrar eso, redime el pasado indígena como una muestra de la historia intelectual de la nación mexicana. Con la reivindicación del indígena, el criollo se rescata a sí mismo y, junto con él, su proyecto de nación. Es precisamente la historia mexicana la que funda y establece las raíces americanas de la nación criolla, jugando el papel de una historia clásica americana que la Europa ilustrada quería negarle.

Clavijero rechaza tajantemente ese 'nuevo arte de leer' las fuentes historiográficas que los nordeuropeos proponían como el correcto, y cree imprescindible la defensa del indígena, ya que dicha acción implicaba liberarse de ese discurso reduccionista y colonial que estaban emprendiendo las naciones europeas en su reconquista de América. El criollo novohispano ve la situación degradada del indígena no como algo intrínseco o congénito, sino como un resultado de siglos de sumisión y explotación al que había estado sometido bajo el sistema colonial español. Esta era una clara crítica al gobierno español, y el jesuita no pierde la oportunidad de expresarla en su obra. ¿Sería ésta la razón por la cual no fue publicada en español?

La labor de Clavijero no fue nada fácil, ya que se enfrentaba a un discurso que se establecía como moderno y científico, el cual era respaldado por el poder económico y militar de esas naciones que lo promovían. Sin embargo, el jesuita criollo supo identificar las debilidades argumentativas en los textos de escritores como Buffon y de Pauw, utilizando la propia razón que el propio cientificismo del momento promovía como arma retórica para hacer su propia reconquista de América. Sólo por medio del racionalismo ilustrado se podía convalidar y restaurar la imagen criolla de América, y con ello establecer los cimientos que apoyarían la que vendría a ser la futura nación mexicana.

CONCLUSIONES

Comencé este libro con un estudio sobre la relación contextual del viaje colombino y la tradición cultural europea sobre el llamado Oriente. En una época de constantes transformaciones políticas, económicas y sociales como en la que vivimos hoy en día, en donde nuevamente el escenario geopolítico está ocupado por conflictos que datan ya de varios siglos, es necesario volver nuevamente al pasado para poder entender el presente.

A lo largo de este estudio he intentado demostrar cómo las estrategias discursivas de colonización aparecen de una manera u otra a lo largo de los tres siglos de vida colonial, cambiando solamente el uso del lenguaje o del estilo imperial en boga. Los textos analizados aquí, aunque muestran el espacio americano en sus diferentes facetas coloniales, tienen un común denominador: el interés imperial por definir y controlar, tanto los territorios (espacio) como a sus pobladores (cuerpo). Veo el viaje colombino, y lo que más tarde traerá consigo – colonización y capitalismo – como parte integral del 'mito de la modernidad'. Ya que a partir de ese momento, la Europa cristiana se ve con los instrumentos necesarios para erigirse por sí sola como la cultura más desarrollada y avanzada en relación con las culturas no europeas de la periferia que va encontrando a su paso y que, consecuentemente, subyuga, coloniza y explota. Si bien esta actitud desarrollista está acompañada de una apertura hacia nuevos horizontes del conocimiento científico, económico y cultural, al nuevo continente descubierto se le relega y condena a ser la antípoda de esa misma modernidad para asumir sólo un papel pasivo dentro de esta gran hazaña universal de Occidente.

Enrique Dussel ha señalado que la modernidad trajo consigo dos significados ambiguos: por una parte está un lado positivo, con un contenido agencial de emancipación racional que tiende a alejarse de las etapas previas percibidas como inmaduras, lo cual hace que se abran nuevas formas y posibilidades para el desarrollo humano; por otra parte, se encuentra uno negativo, que justifica una praxis irracional de la violencia, la cual ayudaría a la Europa cristiana a establecerse como el centro geopolítico mundial, e imponer su proceso civilizador, aun a través de la fuerza (*bellum justum*), a toda nación periférica que se opusiera a dicho proyecto de modernidad.

Ya desde las primeras décadas del siglo XVI, el teólogo y jurista español, Francisco de Vitoria, enmarca este uso de la violencia al legitimar la ocupación por la Corona española de los territorios americanos y combatir la oposición indígena mediante la guerra. Aun cuando Vitoria llega a reconocer la propiedad de los indios sobre los territorios que ocupaban, viene a justificar la presencia española en virtud del orden natural, el cual debía basarse en la libertad de circulación de personas, bienes e ideas. Así, si este argumento no fuera respetado por los indígenas, según Vitoria, la Corona española estaba legitimada para defender *sus* derechos mediante la guerra (véase Vitoria 1991).

En efecto, las relaciones de dominación y opresión presuponen nociones particulares de supremacía del europeo sobre los no europeos, de los hombres sobre las mujeres, del hombre sobre el medio ambiente, de los hombres sobre los animales, de un grupo étnico sobre el otro, de sujetos sobre objetos, así como la de una clase económica sobre otra, o de un poder colonizador sobre el resto del mundo. La España isabelina trajo un fundamentalismo religioso al continente americano, el cual fue impuesto a sangre y fuego, tanto sobre la población nativa como a los africanos que fueron traídos a América como esclavos, para así poder hacer más efectiva la explotación de los recursos americanos. El mesianismo evangelizador que caracterizó el colonialismo europeo a lo largo de los siglos estuvo apoyado por las formas más brutales e inhumanas a las que fueron sometidos los colonizados, quienes además fueron la herramienta principal para alcanzar las riquezas sobre las que se sustenta la bonanza de la modernidad. Ejemplo de ello fue el inmenso caudal de recursos que al final de la colonia quedaron bajo el poder de la Iglesia católica y que más tarde se convirtió para los regímenes de los gobiernos liberales en una gran problemática para sus proyectos de nación, y que el estado mexicano trataría de resolver con las famosas Leyes de Reforma.

He enfocado mi análisis en la producción discursiva sobre el espacio americano que emprende el poder europeo desde la temprana edad moderna bajo el mando de la corona española. Los textos estudiados forman parte de la historiografía de Occidente sobre la cual se funda la subjetividad europea, y cada uno de los textos estudiados aquí tenía la intención de crear un conocimiento sobre lo americano (territorios y habitantes), con el fin de facilitar y justificar el control y dominio que se iba ejerciendo durante el proceso de explotación, conquista, y colonización. A través de este ordenamiento mundial se irían demarcando las áreas de explotación con el fin de ajustarlas a las necesidades, prácticas y modelos organizativos de las potencias de Occidente. Al respecto, Walter Mignolo menciona lo siguiente:

> El descubrimiento, conquista y colonización del Nuevo Mundo (como se suele describir todavía el acontecimiento y procesos posteriores), no es de relevancia particular para la historia de América y de España (tal como la construyó la historiografía y la conciencia nacionalista, tanto en uno como en otro lado del Atlántico), sino fundamentalmente para la historia de la

occidentalización del planeta, para la historia de una conciencia planetaria que va irrefutablemente unida a los procesos de colonización.

(1995b: 35)

Mucho se ha hablado de la época renacentista como una era de importantes cambios en el mundo europeo, no solamente desde el punto de vista cultural, sino político y económico. La aventura colombina trajo como resultado un desarrollo sostenido de las naciones europeas, el cual ha sido disfrutado por estas en los últimos 500 años. Dicho desarrollo, es importante decirlo, hubiese sido inconcebible sin la explotación de los recursos naturales y humanos que proveyeron las empresas ultramarinas, las cuales también establecieron las pautas y las estrategias discursivas para que se pudieran crear y justificar las bases de los subsiguientes proyectos imperiales.

Como parte de esta paradoja imperial que comienza a finales del siglo XV, el resto del mundo no europeo se quedaría, desde entonces, como parte de su destino siniestro, al margen de esta bonanza capitalista que la bien mentada modernidad había traído, para poder solamente ser y formar parte de la maquinaria productiva que haría mover los engranajes del sistema de explotación, y permanecer así atrapados dentro de las murallas que Alejandro Magno había diseñado para atrapar esas razas impuras del lejano Oriente, o en el tintero – como diría Dorantes de Carranza – de los escritores que habían diseñado los modelos de explotación colonial, y establecido éstos como privilegios de la clase colonizadora.

Creo que es de vital importancia entender la aparición de América dentro de la cultura occidental, como un proceso discursivo que, si bien se lleva a cabo desde 1492, no va a cesar de producir obras que refuerzan el mito de la modernidad, aun en nuestros días. Sin esta comprensión de la marcha histórica que a partir de la empresa colombina se ha seguido, y se sigue dando, no se puede comprender la dinámica mundial a la que estamos sujetos hoy. Somos el resultado de esa definición espacial que tomó lugar en los salones de las instituciones del saber europeo y que colocó a Europa en el privilegiado *locus* de la enunciación y, que desde entonces, ha venido dictando los postulados de sus proyectos políticos, económicos y sociales, siempre globalizadores, los cuales le han redituado ganancias exorbitantes, enmascarados bajo posturas desarrollistas modernizadoras, y al que todas las naciones del orbe se deben sujetar.

Si bien el corazón de Europa sigue teniendo una influencia considerable dentro del escenario mundial, es el papel de los Estados Unidos de América el que ha monopolizado en las últimas cinco décadas el discurso bélico, arrastrando a las principales potencias europeas y al resto del mundo dentro de esa cruzada global contra los cinocéfalos del siglo XXI, el 'terrorismo' islámico, y atrayéndolos dentro del gran teatro global de los viejos conflictos que han sujetado por siglos al mundo. Hay que recordar, por ejemplo, la famosa Cumbre de las Azores, en donde cuatro líderes políticos de Occidente, Tony Blair de Inglaterra, José María Aznar de España, José Manuel Durão Barroso de Portugal, y George Bush de Estados Unidos, declaran un ultimátum al régimen de Saddam Hussein, de Irak, para que procediera al desarme, indicando que de lo contrario enfrentaría todo el poder militar que representaban esas naciones. Dicha reunión fue muy simbólica desde el punto de vista del colonialismo europeo, ya que cada una de estas naciones había tenido un papel importante en la historia colonial europea. Sin minimizar la importancia de los otros tres países europeos, especialmente Inglaterra, son los Estados Unidos el país que está al frente del nuevo proyecto imperial de herencia europea, tanto militar como económico. En vísperas de la guerra con Irak, el propio George W. Bush hizo referencia a la 'cruzada' a la que se estaba enfrentando, aun cuando rápidamente fuera silenciado por sus asesores al darse cuenta que la palabra 'cruzada' tenía connotaciones muy desafortunadas para el mundo musulmán. Y qué decir de la controversia del Papa Benedicto XVI con el Islam, cuando el 12 de septiembre de 2006, en una ceremonia en la Universidad de Ratisbona, Alemania, institución de educación superior en donde fuera él mismo profesor de teología, se expresara acerca de la religión islámica de una manera peyorativa, trayendo a colación una cita que venía de un diálogo de 1391 entre el erudito emperador bizantino Manuel II Paleólogo y un persa culto, acerca de la religión, la razón y la guerra santa. Después de varios siglos de contacto entre Europa y el llamado Oriente, el conflicto entre ellos todavía sigue vivo.

La entrada al siglo XXI nos lleva a replantear nuevamente estas categorías de la modernidad presente. Las políticas neoliberales que se han impuesto en América Latina desde la década de 1970, a partir del derrocamiento del presidente chileno, democráticamente electo, Salvador Allende, y la implantación que hizo el gobierno de Estados Unidos de la dictadura militar de Augusto Pinochet, por medio de un golpe de estado, no han dejado más que miseria, degradación ambiental y abuso de los derechos humanos en muchas de las sociedades de esta región que previamente había estado bajo el dominio colonial español; mientras que por el otro, estas mismas políticas neoliberales han creado una gran riqueza entre los pequeños grupos de oligarcas, los mismos que promovieron en un principio estas políticas macroeconómicas. Si la política del gobierno colonial español fue el establecimiento de un discurso evangelizador que escondía o enmascaraba la realidad sociopolítica de la colonia, pareciera que desde los gobiernos post-independentistas estuviesen recogiendo y siguiendo esa herencia colonial que en estos momentos se ve más que nunca.

Sin embargo, a partir de la última década del siglo XX se han generalizado los descontentos sociales en varios países de la región contra las políticas que se han planteado y propuesto bajo un fundamentalismo económico establecido como el único medio para entrar a ese estadio de modernidad y primer mundo que tanto han soñado las clases medias latinoamericanas. Cansados ya de escuchar la misma historia de siempre, cada vez surgen movimientos populares a raíz de la situación extrema en la que se encuentran, para tratar de hacer valer su posición de sujetos dentro de unos espacios políticos que cada vez más se van cerrando. Mientras tanto, las élites hacen todo lo posible para que nadie se entere de lo que pasa en América Latina, con el objeto de poder increpar las rebeliones populares y movimientos sociales con políticas sociales represivas bien disfrazadas de políticas de seguridad pública, a fin de distraer la atención de las quejas que hacen los millones y millones de excluidos en nuestra América.

Parecería que la historia se fuera a repetir, y las imágenes que aparecen en los medios de comunicación están plagadas de conflictos étnicos cuyos orígenes, si se analizaran con más detenimiento, se podrían encontrar en el contacto de europeos y americanos. Las noticias de los sucesos que toman lugar en el estado de Oaxaca, Chiapas y el valle de Atenco, para citar sólo algunos, nos obligan a hacer una revisión y una mirada al pasado del México colonial para ver cómo y de qué forma los grupos en el poder hoy siguen las estrategias de dominio y control que fueron utilizadas en otras épocas y latitudes diferentes. Bernardo de Balbuena ya había señalado en su *Grandeza mexicana* que la avaricia era uno de los vicios que movía la Nueva España. Con la entrada del siglo XXI la misma historia pareciera volver a repetirse: la disputa sobre el Nuevo Mundo continúa.

OBRAS CITADAS

Acosta, Joseph de. 1962. *Historia natural y moral de las indias*. Ed. Edmundo O'Gorman. 2ª edic. México: Fondo de Cultura Económica.

Adorno, Rolena. 1987. 'La *ciudad letrada* y los discursos coloniales', *Hispamérica*, 48: 3–24.

——. 1992a. 'Colonial reform or Utopia? Guaman Poma's Empire of the four parts of the world', en Jara and Spadaccini 1992: 346–74.

——. 1992b. 'Los debates sobre la naturaleza del indio en el siglo XVI: Textos y contextos', *Revista de Estudios Hispánicos*, 9: 47–66.

—— and Patrick C. Pautz. 1999. *Alvar Núñez Cabeza de Vaca: His account, his life, and the expedition of Pánfilo de Narváez*. 3 vols. Lincoln NE: University of Nebraska Press.

Águila, Yves. 1983. 'Représentations de la ville de Mexico et évolution de la conscience créole', en Birckel 1983: 63–81.

Ahumada, Juan Antonio. 1992. 'Representación político-legal', en Ramos Medina 1992: 87–105.

Ainsa, Fernando. 1992. *De la Edad de Oro a El Dorado: Génesis del discurso utópico americano*. Tierra Firme. México: Fondo de Cultura Económica.

Alba Pastor, María. 1999. *Crisis y recomposición social: Nueva España en el tránsito del siglo XVI al XVII*. México: Universidad Nacional Autónoma de México: Fondo de Cultura Económica.

Alberro, Solange. 1992. *Del gachupín al criollo: O de cómo los españoles de México dejaron de serlo*. México: El Colegio de México.

Allen, John L. 1976. 'Lands of myth, waters of wonder: The place of the imagination in the history of geographical exploration', en Lowenthal y Bowden 1976: 41–61.

Altman, Ida. 2002. 'Reconsidering the center: Puebla y Mexico City, 1550–1650', en Daniels y Kennedy 2002: 43–58.

Agustín, San. 1988. *La ciudad de Dios*. Trad. Santos Santamarta del Río y Miguel Fuertes Lanero. Ed. Victorino Capanaga. 2 vols. Biblioteca de Autores Cristianos 171–72: Obras Completas de San Agustín 16–17. Madrid: Editorial Católica.

Amin, Samir. 1989. *El eurocentrismo: Crítica de una ideología*. Trad. Rosa Cusminsky de Cendrero. México: Siglo XXI.

Anglería, Pedro Mártir de. 1964. *Décadas del Nuevo Mundo*. Ed. Edmundo O'Gorman. 2 vols. México: José Porrúa e Hijos.

Arias, Santa. 2001. *Retórica, historia y polémica: Bartolomé de las Casas y la tradición intelectual renacentista*. Lanhman MD: University Press of America.

—— y Mariselle Meléndez (eds). 2002. *Mapping colonial Spanish America: Places and commonplaces of identity, culture, and experience*. Lewisburg PA: Bucknell University Press.

Aristóteles. 1933. *Generación de los animales*. Ed. y trad. Francisco Gallach Palés. Obras Completas de Aristóteles 12. Madrid: Imp. de L. Rubio Augas.

——. 1971. *Retórica*. Ed. y trad. Antonio Tovar. Madrid: Instituto de Estudios Políticos.

——. 1999. *Ética nicomaquea. Política*. Ed. y trad. Antonio Gómez Robledo. 18ª edic. Sepan Cuantos 70. Mexico: Porrúa.

Armand, Octavio. 1992. 'América como *mundus minimus*', *Hispania*, 75: 828–35.

Atiya, Aziz Suryal. 1938. *The crusade in the later Middle Ages*. Londres: Methuen.

Attali, Jacques. 1995. *Ruidos: Ensayos sobre la economía política de la música*. Trad. José Martín Arancibia. México: Siglo XXI.

Auerbach, Erich. 1968. *Mimesis: The representation of reality in Western literature*. Trad. Willard R. Trask. Princeton NJ: Princeton University Press.

Bachelard, Gaston. 1983. *La poética del espacio*. Trad. Ernestina de Champourcin. México: Fondo de Cultura Económica.

Bajtin, Mijail. 1988. *La cultura popular en la Edad Media y en el Renacimiento: El contexto de François Rabelais*. Trad. Julio Forcat y César Conroy. Madrid: Alianza.

Balbuena, Bernardo de. 1990. *La grandeza mexicana y compendio apologético en alabanza de la poesía*. Ed. Luis Adolfo Domínguez. 5ª edic. Sepan Cuantos 200. México: Porrúa.

Baldwin, John W. 1971. *The scholastic culture of the Middle Ages, 1000–1300*. Lexington MA: Heath.

Barkan, Leonard. 1975. *Nature's work of art: The human body as image of the world*. New Haven CT: Yale University Press.

Barthes, Roland. 1970. 'Historical discourse', trad. Peter Wexler, en Lane 1970: 145–55.

Bartra, Roger. 1997. *El salvaje artificial*. México: Universidad Nacional Autónoma de México, Ediciones Era.

——. 1998. *El salvaje en el espejo*. México: Universidad Nacional Autónoma de México, Ediciones Era.

Bas Martín, Nicolás. 2002. *El cosmógrafo e historiador Juan Bautista Muñoz, 1745–1799*. Valencia: Universitat de València.

Baudot, Georges. 1996. *México y los albores del discurso colonial*. México: Nueva Imagen.

Bauer, Arnold J. 1990. 'Millers and grinders: Technology and household economy in Meso-America', *Agricultural History*, 64: 1–17.

Behrend-Martínez, Edward. 2005. 'Manhood and the neutered body in early modern Spain', *Journal of Social History*, 38/iv: 1073–93.

Benítez, Fernando. 1972. *Los primeros mexicanos: La vida criolla en el siglo XVI.* 4ª edic. México: Era.

Bennett, Herman L. 2003. *Africans in colonial Mexico: Absolutism, Christianity, and Afro-Creole consciousness, 1570–1640.* Bloomington IN: Indiana University Press.

Bentmann, Reinhard y Michael Müller. 1992. *The villa as hegemonic architecture.* Foreword Otto Karl Werckmeister. Trad. Tim Spence y David Craven. Atlantic Highlands NJ: Humanities Press.

Berger, John. 1972. *Ways of seeing.* Londres: BBC and Penguin Books.

Beringer, Walter. 1985. 'Freedom, family, and citizenship in Greece', en Eadie y Ober 1985: 45–56.

Beristáin y Martín de Souza, José Mariano. 1947. *Biblioteca hispanoamericana septentrional.* 2 vols. México: Librería Navarro.

Beverley, John. 1987. *Del 'Lazarillo' al sandinismo: Estudios sobre la función ideológica de la literatura española e hispanoamericana.* Minneapolis MN: Prisma Institute.

Bhabha, Homi K. 1994. *The location of culture.* Londres y Nueva York: Routledge.

Birckel, Maurice (ed.). 1983. *Villes et nations en Amérique latine.* Intro. Joseph Pérez. París: CNRS.

Bloom, Harold. 2001. 'The one with the beard is God, the other is the Devil', *Portuguese Literary and Cultural Studies*, 6: 155–66.

Blunt, Wilfrid (with William T. Stearn) 1971. *The compleat naturalist: A life of Linnaeus.* Londres: Collins.

Bodin, Jean. 1941. *La méthode de l'histoire.* Trad. Pierre Mesnard. París: Les Belles Lettres.

Bolaños, Álvaro Félix. 1994. *Barbarie y canibalismo en la retórica colonial: Los indios Pijaos de Fray Pedro Simón.* Bogotá: CEREC.

Bono, Diane M. 1991. *Cultural diffusion of Spanish humanism in New Spain: Francisco Cervantes de Salazar's 'Diálogo de la dignidad del hombre'.* Nueva York: Peter Lang.

Borah, Woodrow W. y Sherburne F. Cook. 1963. *The aboriginal population of Central Mexico on the eve of the Spanish conquest.* Ibero-Americana 45. Berkeley CA: University of California Press.

Bowditch, Phebe L. 2001. *Horace and the gift economy of patronage.* Classics and Contemporary Thought 7. Berkeley CA y Londres: University of California Press.

Boyer, Richard E. y Geoffrey Spurling (eds). 2000. *Colonial lives: Documents on Latin American history 1550–1850.* Nueva York: Oxford University Press.

Brading, David A. 1991. *The first America: The Spanish monarchy, Creole patriots and the liberal state, 1492–1866.* Cambridge: Cambridge University Press.

Brandenberger, Tobias. 1994. 'El episodio amazónico del *Libro de Alexandre*: Fondo, fuentes, figuración', *Zeitschrift für Romanische Philologie*, 110/iii–iv: 432–66.

Braude, Benjamin. 1997. 'The sons of Noah and the construction of ethnic and geographical identities in the medieval and early modern periods', *The William and Mary Quarterly*, 54/i: 103–42.

Braudel, Fernand. 1953. *El Mediterráneo y el mundo mediterráneo en la época de Felipe II*. Trad. Mario Monteforte Toledo y Wenceslao Roces. 2 vols. México: Fondo de Cultura Económica.

Brooks, Peter. 1993. *Body work: Object of desire in modern narrative*. Cambridge MA y Londres: Harvard University Press.

Butler, Judith. 1993. *Bodies that matter: On the discursive limits of 'sex'*. Nueva York: Routledge.

——. 1999. *Gender trouble: Feminism and the subversion of identity*. Nueva York y Londres: Routledge.

Burke, Peter. 2004. 'Frontiers of the monstrous', en Knoppers y Landes 2004: 25–39.

Burns, E. Jane. 1993. *Bodytalk: When women speak in Old French literature*. Philadelphia PA: University of Pennsylvania Press.

Buxó, José Pascual. 1975. *Muerte y desengaño en la poesía novohispana, siglos XVI y XVII*. México: Universidad Nacional Autónoma de México.

——. 'Bernardo de Balbuena: El arte como artificio', en Cortés 1993: 189–215.

Cadden, Joan. 2004. 'Trouble in the earthly paradise: The regime of nature in late medieval Christian culture', en Daston y Vidal 2004: 207–31.

Calderón de Cuervo, Elena. 1992. 'Las cartas de Amerigo Vespucci: Hacia la conceptualización discursiva del Nuevo Mundo', *Cuadernos Americanos*, 6/iii: 91–107.

Cámara Muñoz, Alicia. 1990. *Arquitectura y sociedad en el Siglo de Oro: Idea, traza y edificio*. Madrid: El Arquero.

Campbell, Mary B. 1988. *The witness and the other world: Exotic European travel writing, 400–1600*. Ithaca NY: Cornell University Press.

Cañizares-Esguerra, Jorge. 2001. *How to write the history of the New World: Histories, epistemologies, and identities in the eighteenth-century Atlantic world*. Stanford CA: Stanford University Press.

Carrasco, David. 1999. *City of sacrifice: The Aztec empire and the role of violence in civilization*. Boston MA: Beacon.

Carroll, Patrick J. 1991. *Blacks in colonial Veracruz: Race, ethnicity, and regional development*. Austin TX: University of Texas Press.

Casarrubias C. Vicente. 1963. *Rebeliones indígenas en la Nueva España*. 2ª edic. México: Secretaría de Educación Pública, Instituto Federal de Capacitación del Magisterio.

Casas, *Fray* Bartolomé de las. 1967. *Apologética historia sumaria*. Ed. Edmundo O'Gorman. 3ª edic. 2 vols. México: Universidad Nacional Autónoma de México.

Castañón González, Guadalupe. 2002. *Punición y rebeldía de los negros en la Nueva España en los siglos XVI y XVII*. Veracruz: Instituto Veracruzano de la Cultura.

Castro Gutiérrez, Felipe. 1996. *La rebelión de los indios y la paz de los españoles*. Tlalpan, México DF: CIESAS.

——. 2002. 'Alborotos y siniestras relaciones: La república de indios de Pátz-cuaro colonial', *Revista Relaciones*, 23/lxxxix: 201–33.

Castro-Klarén, Sara. 1999. 'Mimesis en los trópicos: El cuerpo en Vespucci y Lery', en García Castañeda 1999: 31–38.

Cerda, Juan de la. 1599. *Libro intitulado Vida política de todos los estados de mugeres: en el qual dan muy prouechosos y christianos documentos y auisos, para criarse y conseruarse deuidamente las mugeres en sus estados.* Alcalá de Henares: En casa de Juan Gracián.

Certeau, Michel de. 1988. *The writing of history.* Trad. Tom Conley. Nueva York: Columbia University Press.

Cervantes, Miguel de. 1986. *Novelas ejemplares.* Ed. Harry Sieber. 2 vols. Letras Hispánicas 105–106. 8ª edic. Madrid: Cátedra.

Cervantes de Salazar, Francisco. 1875. *México en 1554: Tres diálogos latinos que Francisco Cervantes de Salazar escribió e imprimió en México en dicho año.* Ed. y trad. Joaquín García Icazbalceta. México: Antigua Librería Andrade y Morales.

——. 1985. *Crónica de la Nueva España.* Prólogo Juan Miralles Ostos. México: Porrúa.

——. 2001. *México en 1554: Tres diálogos latinos.* Trad. Joaquín García Icaz-balceta. Introducción Miguel León-Portilla. México: Universidad Nacional Autónoma de México.

Cesareo, Mario. 1995. *Cruzados, mártires y beatos: Emplazamientos del cuerpo colonial.* West Lafayette IA: Purdue University Press.

Céspedes del Castillo, Guillermo. 1994. *América hispánica, 1492–1898.* 14ª reimpr. Historia de España 6. Barcelona: Labor, 1994.

Checa Cremades, Jorge. 1986. *Gracián y la imaginación arquitectónica: Espacio y alegoría de la Edad Media al Barroco.* Potomac MD: Scripta Humanistica.

Chevalier, François. 1970. *Land and society in colonial Mexico: The Great Hacienda.* Trad. Alvin Eustis. Prólogo Lesley Byrd Simpson. 3ª edic. Berkeley CA: University of California Press.

Choay, Françoise. 1980. *Le règle et le modèle: Sur la théorie de l'architecture et de l'urbanisme.* París: Seuil.

Claval, Paul. 1978. *Espace et pouvoir.* París: Presses Universitaires de France.

Clavijero, Francisco Javier. 1958. *Historia antigua de México.* 2ª edic. Ed. P. Ma-riano Cuevas. México: Porrúa.

Cogdell, Sam. 1994. 'Criollos, gachupines y "plebe tan en extremo plebe": Retórica e ideología criollas en *Alboroto y motín de México* de Sigüenza y Góngora', en Moraña 1994a: 245–79.

Cohen, Jeffrey Jerome (ed.). 1996. *Monster theory: Reading culture.* Minne-apolis MN y Londres: University of Minnesota Press.

——. 1999. *Of giants: sex, monsters, and the Middle Ages.* Minneapolis, MN: University of Minnesota Press.

Colomina, Beatriz (ed.). 1992. *Sexuality and space.* Nueva York: Princeton Archi-tectural Press.

Colón, Cristóbal. 1997. *Textos y documentos completos.* Ed. Consuelo Varela y Juan Gil. 2ª edic. Madrid: Alianza.

Connell, Raewyn W. 1995. *Masculinities*. Berkeley CA: University of California Press.

Cope, R. Douglas 1994. *The limits of racial domination: Plebeian society in colonial Mexico City, 1660–1720*. Madison WI: University of Wisconsin Press.

Córdoba, Fray Martín de OSA. 1957. *Tratado que se intitula Jardín de las nobles doncellas*. Madrid: BAE.

Correll, Barbara. 1996. *The end of conduct: Grobianus and the Renaissance text of the subject*. Ithaca NY: Cornell University Press.

Corominas, Joan. 1961. *Breve diccionario etimológico de la lengua castellana*. Biblioteca Románica Hispánica. Madrid: Gredos.

Cortés, Hernán. 1983. *Cartas de relación*. Ed. Manuel Alcalá. 13ª edic. Sepan Cuantos 7. México: Porrúa.

Cortest, Luis (ed.). 1993. *Homenaje a José Durand*. Madrid: Verbum.

Cosgrove, Denis E. 1984. *Social formation and symbolic landscape*. Londres: Croom Helm.

———. 1985. 'Prospect, perspective and the evolution of the landscape idea', *Transactions of the Institute of British Geographers*, 10: 45–62.

———. 1993. *The Palladian landscape: Geographical change and its cultural representations in sixteenth-century Italy*. University Park PA: Pennsylvania State University Press.

——— y Stephen Daniels. 1988a. 'Introduction', en Cosgrove y Daniels 1988b: 1–10.

——— y ——— (eds). 1988b. *The iconography of landscape: Essays on the symbolic representation, design, and use of past environments*. Cambridge: Cambridge University Press.

Cuervo, Elena C. de. 1992. 'Las cartas de Amerigo Vespucci: Hacia la conceptualización discursiva del Nuevo Mundo', *Cuadernos Americanos*, 6/iii: 91–107.

Curtius, Ernst Robert. 1979. *European literature and the Latin Middle Ages*. Trad. Willard R. Trask. Londres: Routledge y Kegan Paul.

Daniels, Christine y Michael V. Kennedy (eds). 2002. *Negotiated empires: Centers and peripheries in the Americas, 1500–1820*. Nueva York y Londres: Routledge.

Darst, David H. 1985. *Imitatio: Polémicas sobre la imitación en el Siglo de Oro*. Madrid: Orígenes.

Dathorne, Oscar Ronald. 1995. 'New world/old word, or Reading the "viewed": Columbus and the "visionary", Vespucci and the "verbal", De Bry and the "visual", and the construction of text', *Readerly/Writerly Texts: Essays on Literature, Literary/Textual Criticism, and Pedagogy*, 2/ii: 9–27.

Daston, Lorraine y Fernando Vidal (eds). 2004. *The moral authority of Nature*. Chicago IL: University of Chicago Press.

——— y Katharine Park. 1998. *Wonders and the order of Nature, 1150–1750*. Nueva York: Zone Books y Cambridge MA: MIT Press.

Davis, Natalie Zemon. 1975. *Society and culture in early modern France: Eight essays*. Stanford CA: Stanford University Press.

Dawson, Christopher. 1955. *The Mongol mission: Narratives and letters of the*

Franciscan missionaries in Mongolia and China in the thirteenth and fourteenth centuries. Londres: Sheed y Ward.

Díaz del Castillo, Bernal. 1998. *Historia verdadera de la conquista de la Nueva España*. Ed. Joaquin Ramirez Cabañas. 17ª edic. México: Porrúa.

Donnell, Sidney. 2003. *Feminizing the enemy: Imperial Spain, transvestite drama, and the crisis of masculinity*. Lewisburg PA.: Bucknell University Press.

Dorantes de Carranza, Baltasar. 1987. *Sumaria relación de las cosas de la Nueva España, con noticia individual de los conquistadores y primeros pobladores españoles*. Ed. Ernesto de la Torres Villar. México: Porrúa.

Duby, Georges y Michelle Perrot. 2000. *Historia de las mujeres en Occidente*. Trad. Marco Aurelio Galmarini. 5 vols. Madrid: Taurus.

Dussel, Enrique D. 1979. *El episcopado latinoamericano y la liberación de los pobres 1504–1620*. México: Centro de Reflexión Teológica.

———. 1994. *El encubrimiento del indio, 1492: Hacia el origen del 'mito de la modernidad': Conferencias de Frankfurt, octubre de 1992*. México: Cambio XXI y Colegio Nacional de Ciencias Políticas.

———. 1998. *La ética de la liberación: Ante el desafío de Apel, Taylor y Vattimo*. México: Universidad Nacional Autónoma de México.

Eadie, John W. y Josiah Ober (eds). 1985. *The craft of the ancient historian: Essays in honor of Chester G. Starr*. Nueva York: University Press of America.

Eagleton, Terry. 1983. *Literary theory: An introduction*. Minneapolis MN: University of Minnesota Press.

Eguiara y Eguren, Juan José de. 1944. *Prólogos a la Bibliotheca mexicana 1755*. Ed. y trad. Agustín Millares Carlo. México: Fondo de Cultura Económica.

Elias, Norbert. 1978. *The civilizing process: The development of manners*. Trad. Edmund Jephcott. Nueva York: Urizen Books.

Ellingson, Terry J. 2001. *The myth of the noble savage*. Berkeley CA: University of California Press.

Elliott, John H. 1970. *The Old World and the New, 1492–1650*. Cambridge: Cambridge University Press.

Fabian, Johannes. 1983. *Time and the other: How anthropology makes its object*. Nueva York: Columbia University Press.

———. 1990. 'Presence and representation: The other and anthropological writing', *Critical Inquiry*, 16: 753–72.

Fara, Patricia. 2003. *Sex, botany, and empire: The story of Carl Linnaeus and Joseph Banks*. Cambridge: Icon.

Fernández, James D. 1994. 'The bonds of patrimony: Cervantes and the New World', *Publication of the Modern Langiuage Association of America*, 109/v: 969–81.

Fernández de Navarrete, Martín. 1964. *Colección de los viajes y descubrimientos que hicieron por mar los españoles desde fines del siglo XV*. 3 vols. Colección de Documentos Inéditos para la Historia de España 75–77. Madrid: BAE.

Fernández de Oviedo y Valdés, Gonzalo. 1996. *Sumario de la historia natural de las Indias*. Ed. José Miranda. México: Fondo de Cultura Económica.

Fisher, Will. 2001. 'The Renaissance beard: Masculinity in early modern England', *Renaissance Quarterly*, 54/i: 155–87.

Flores Hernández, Benjamín. 1977. '*La jineta indiana* en los textos de Juan Suárez de Peralte y Bernardo de Vargas Machuca', *Anuario de Estudios Americanos*, 4/ii: 639–64.

Florescano Mayet, Enrique. 1977. 'Las visiones imperiales de la época colonial, 1500–1811: La historia como conquista, como misión providencial y como inventario de la patria criolla', *Historia Mexicana*, 27: 195–230.

——. 1999. *Memoria indígena*. México: Taurus.

——. 2001. *La bandera mexicana: Breve historia de su formación y simbolismo*. México: Fondo de Cultura Económica.

——. 2002. *Memoria mexicana*. 3ª edic. México: Fondo de Cultura Económica.

—— y Isabel Gil Sánchez. 1987. 'La época de las reformas borbónicas y el crecimiento económico, 1750–1808', en *Historia general de México*. 3ª edic. 2 vols. México: Colegio de México, 1987: I. 473–589.

Foucault, Michel. 1968. *Las palabras y las cosas: Una arqueología de las ciencias humanas*. Trad. Elsa Cecilia Frost. México: Siglo XXI.

——. 1991. *La arqueología del saber*. Trad. Aurelio Garzón del Camino. 15ª edic. México: Siglo XXI.

——. 1992. *Microfísica del poder*. Ed. y trad. Julia Varela y Fernando Álvarez-Uría. Genealogía del Poder 1. 3ª edic. Madrid: La Piqueta.

——. 1997. *Vigilar y castigar: Nacimiento de la prisión*. Trad. Aurelio Garzón del Camino. 26ª edic. México: Siglo XXI.

Fraser, Valerie. 1990. *The architecture of conquest: Building in the Viceroyalty of Peru, 1535–1635*. Cambridge: Cambridge University Press.

Freedman, Paul H. 1999. *Images of the medieval peasant*. Stanford CA: Stanford University Press.

Freud, Sigmund. 1961. 'The dissolution of the Oedipus complex', en Freud 1910–53: XXIII. 173–79.

——. 1900–53. *The standard edition of the complete psychological works*. Ed. James Strachey *et al.* 24 vols. Londres: Hogarth.

Friedman, John Block. 1981. *The monstrous races in medieval art and thought*. Cambridge MA: Harvard University Press.

García Castañeda, Salvador (ed.). 1999. *Literatura de viajes: El viejo mundo y el nuevo*. Madrid: Castalia.

Garland, Robert. 1995. *The eye of the beholder: Deformity and disability in the Graeco-Roman world*. Londres: Duckworth.

Garin, Eugenio. 1981. *Medioevo y Renacimiento. Estudios e investigaciones*. Madrid: Taurus.

Gerbi, Antonello. 1973. *The dispute of the New World: The history of a polemic, 1750–1900* . Ed. y trad. Jeremy Moyle. Pittsburgh PA: University of Pittsburgh Press.

——. 1986. *Nature in the New World: From Christopher Columbus to Gonzalo Fernández de Oviedo*. Trad. Jeremy Moyle. Pittsburgh PA: University of Pittsburgh Press.

Gibson, Charles. 1984. *Los aztecas bajo el dominio español, 1519–1810*. Trad. Julieta Campos. 8ª edic. México: Siglo XXI.

Gilson, Étienne. 1952. *Les métamorphoses de la Cité de Dieu*. Lovaina: Publications Universitaires de Louvain.

Gimbernat de González, Ester. 1980. 'Mapas y texto: Para una estrategia del poder', *Modern Language Notes*, 95: 388–99.

Ginzburg, Carlo. 1989. *The cheese and the worms: The cosmos of a sixteenth-century miller*. Trad. John y Anne Tedeschi. Nueva York: Dorset.

Girard, René. 1986. *El chivo expiatorio*. Trad. Joaquín Jondá. Barcelona: Anagrama.

Glacken, Clarence J. 1967. *Traces on the Rhodian shore: Nature and culture in Western thought from ancient times to the end of the eighteenth century*. Berkeley CA: University of California Press.

Gliozzi, Giuliano. 1977. *Adamo e il nuovo mondo: La nascita dell'antropologia come ideologia coloniale: Dalle genealogie bibliche alle teorie razziali (1500–1700)*. Florencia: La Nuova Italia.

González Casanova, Pablo. 1986. *La literatura perseguida en la crisis de la colonia*. México: Secretaría de Educación Pública.

González Obregón, Luis. 1952. *Rebeliones indígenas y precursores de la independencia mexicana en los siglos XVI, XVII, y XVIII*. 2ª edic. México: Fuente Cultural.

González, S. Beatriz. 1987. 'Narrativa de la estabilización colonial: *Peregrinación de Bartolomé Lorenzo* (1586) de José de Acosta; *Infortunios de Alonso Ramírez* (1690) de Carlos de Sigüenza y Góngora', *Ideologies and Literature: A Journal of Hispanic and Luso-Brazilian Literatures*, 2/i: 7–52.

Grafton, Anthony, April Shelford, y Nancy G. Siraisi. 1992. *New worlds, ancient texts: The power of tradition and the shock of discovery*. Cambridge MA: Belknap Press of Harvard University Press.

Greenblatt, Stephen. 1991. *Marvelous possessions: The wonder of the New World*. Chicago: University of Chicago Press.

—— (ed.). 1993. *New World encounters*. Berkeley CA: University of California Press.

Gregory, Derek. 2004. *Colonial present: Afghanistan, Palestine, Iraq*. Oxford: Blackwell.

Grimshaw, Anna. 2001. *The ethnographer's eye: Ways of seeing in anthropology*. Cambridge y Nueva York: Cambridge University Press.

Grosz, Elizabeth. 1992. 'Bodies-cities', en Colomina 1992: 241–53

Guha, Ranajit. 1988. 'The prose of counter-insurgency', en Guha y Spivak 1988: 45–86.

—— y Gayatri Chakravorty Spivak (eds). 1988. *Selected subaltern studies*. Nueva York: Oxford University Press.

Gutiérrez, Ramón A. 1991. *When Jesus came, the Corn Mothers went away: Marriage, sexuality and power in New Mexico, 1500–1846*. Stanford CA: Stanford University Press.

Hanke, Lewis. 1949. *La lucha por la justicia en la conquista de América*. Trad. Ramón Iglesia. Buenos Aires: Sudamericana.

——. 1994. *All mankind is one: A study of the disputation between Bartolomé de Las Casas and Juan Ginés de Sepúlveda in 1550 on the intellectual and religious capacity of the American Indians*. DeKalb IL: Northern Illinois University Press.

—— y Celso Rodríguez. 1976–. *Los virreyes españoles de América durante el gobierno de la Casa de Austria*. 5 vols. Biblioteca de Autores Españoles 273–77. Madrid: Atlas.

Hardoy, Jorge E. 1972. 'Las fórmulas urbanas europeas durante los siglos XV al XVII y su utilización en América Latina: Notas sobre el transplante de la teoría y práctica urbanística de españoles, portugueses, holandeses, ingleses y franceses', en *Actas del XXXIX Congreso Internacional de Americanistas, Lima, 2–9 de agosto 1970*. 9 vols. Lima: Instituto de Estudios Peruanos. II. 57–90.

—— y Richard P. Schaedel (eds). 1975. *Las ciudades de América latina y sus áreas de influencia a través de la historia*. Buenos Aires: Sociedad Interamericana de Planificación.

Hardy, Charles O. 1919. *The negro question in the French Revolution*. Menasha WI: George Banta.

Harley, John Brian. 1988. 'Maps, knowledge, and power', en Cosgrove y Daniels 1988b: 277–312.

Hassig, Ross. 1985. *Trade, tribute and transportation: The sixteenth-century political economy of the Valley of Mexico*. Norman OK: University of Oklahoma Press.

Heller, Agnes. 1980. *El hombre del Renacimiento*. Trad. José Francisco Ivars y Antonio-Prometeo Moya. Barcelona: Península.

Hendricks, Margo y Patricia A. Parker (eds). 1994. *Women, 'race', and writing in the early modern period*. Londres y Nueva York: Routledge.

Herodoto. 1996. *The histories*. Ed. John Marincola. Trad. Aubrey de Sélincourt. Londres y Nueva York: Penguin Books.

Herrera García, M. 1925. 'Rasgos físicos y carácter en los textos del siglo XVII', *Revista de Filología Española*, 12: 157–77.

Higgins, Antony. 2000. *Constructing the 'criollo' archive: Subjects of knowledge in the 'Bibliotheca mexicana' and the 'Rusticatio mexicana'*. West Lafayette IN: Purdue University Press.

Hinkelammert, Franz J. 1998. *El grito del sujeto: Del teatro-mundo del evangelio de Juan al perro-mundo de la globalización*. San José, Costa Rica: Departamento Ecuménico de Investigaciones.

Hintze de Molinari, Gloria. 1991. 'Intertextualidad manierista en la *Grandeza mexicana* de Bernardo de Balbuena', *Revista de Literaturas Modernas*, 24: 197–210.

Hoberman, Louisa Shell y Susan Migden Socolow (eds). 1986. *Cities and society in colonial Latin America*. Albuquerque NM: University of New Mexico Press.

Hodgen, Margaret T. 1964. *Early anthropology in the sixteenth and seventeenth centuries*. Philadelphia PA: University of Pennsylvania Press.

Horowitz, Elliot. 1997. 'The New World and the changing face of Europe', *Sixteenth-Century Journal: Journal of Early Modern Studies*, 28/iv: 1181–201.

Horswell, Michael J. 2005. *Decolonizing the sodomite: Queer tropes of sexuality in colonial Andean culture*. Austin TX: University of Texas Press.

Huarte de San Juan, Juan. 1989. *Examen de ingenios para las ciencias*. Ed. Guillermo Serés. Letras Hispánicas 311. Madrid: Cátedra.

Hulme, Peter. 1989. 'Subversive archipelagos: Colonial discourse and the breakup of continental theory', *Dispositio*, 14: 1–23.

Ibarra, Antonio. 2003. 'El Consulado de Comercio de Guadalajara: Entre la modernidad institucional y la obediencia a la tradición, 1795–1818', en Valle Pavón 2003: 310–33.

Illich, Ivan. 1982. *Gender*. Berkeley CA: Heyday Books.

Iñigo Madrigal, Luis. 1992. '*Grandeza mexicana* de Bernardo de Balbuena o El interés, señor de las naciones', *Versants*, 22: 23–38.

Iser, Wolfgang. 1978. *The act of reading: A theory of aesthetic response*. Baltimore MD y Londres: The Johns Hopkins University Press.

Israel, Jonathan I. 1975. *Race, class and politics in colonial Mexico, 1610–1670*. Oxford y Nueva York: Oxford University Press.

Jara, René y Nicholas Spadaccini (eds). 1992. *Amerindian images and the legacy of Columbus*. Minneapolis MN: University of Minnesota Press.

Jáuregui, Carlos A. 2003. '*Brasil especular*: Alianzas estratégicas y viajes estacionarios por el tiempo salvaje de la *Canibalia*' en Jáuregui y Dabove 2003: 79–114.

——. 2008. *Canibalia: Canibalismo, calibanismo, antropofagia cultural y consumo en América Latina*. Madrid: Iberoamericana y Frankurt am Main: Vervuert.

—— y Juan Pablo Dabove (eds). 2003. *Heterotropías: Narrativas de identidad y alteridad latinoamericana*. Pittsburgh PA: University of Pittsburgh.

Johnson, Julie Greer. 1993. *Satire in colonial Spanish America: Turning the New World upside down*. Prólogo Daniel R. Reedy. Austin TX: University of Texas Press.

Johnson, Lyman L. y Sonya Lipsett-Rivera (eds). 1998. *The faces of honor: Sex, shame and violence in colonial Latin America*. Albuquerque NM: University of New Mexico Press.

Jones, Meredith. 1942. 'The conventional Saracen of the Songs of Gest', *Speculum*, 17: 201–25.

Jones, W. R. 1971. 'The image of the barbarian in medieval Europe', *Comparative Studies in Society and History*, 13: 376–407.

Jordan, Mark D. 1997. *The invention of sodomy in Christian theology*. Chicago: University of Chicago Press.

Kagan, Richard L. y Fernando Marías. 2000. *Urban images of the Hispanic world, 1493–1793*. New Haven CT: Yale University Press.

Kaplan, E. Ann. 1983a. 'Is the gaze male?', en Kaplan 1983b: 23–35.

——. 1983b. *Women and film: Both sides of camera*. Londres y Nueva York: Methuen.

Kaplan, Steven L. 1984. *Understanding popular culture: Europe from the Middle Ages to the nineteenth century*. Berlín, Nueva York y Amsterdam: Mouton.

Kappler, Claude-Claire. 1999. *Monstres, démons et merveilles à la fin du Moyen Âge*. 2ª edic. París: Payot y Rivages.

Kastan, David Scott y Peter Stallybrass (eds). 1991. *Staging the Renaissance: Reinterpretations of Elizabethan and Jacobean drama*. Nueva York: Routledge.

Katz, Friedrich. 1988a. 'Rural uprisings in preconquest and colonial Mexico', en Katz 1988b: 65–94.

——(ed.). 1988b. *Riot, rebellion, and revolution: Rural social conflict in Mexico.* Princeton NJ: Princeton University Press.

Keen, Benjamin. 1990. *The Aztec image in Western thought.* New Brunswick NJ: Rutgers University Press.

Kimble, George H. T. 1968. *Geography in the Middle Ages.* Nueva York: Russell y Russell.

Kinsbruner, Jay. 2005. *The colonial Spanish-American city: Urban life in the age of Atlantic capitalism.* Austin TX: University of Texas Press.

Knoppers, Laura Lunger y Joan B. Landes (eds). 2004. *Monstrous bodies/political monstrosities in early modern Europe.* Ithaca NY Y Londres: Cornell University Press.

Krampen, Martin. 1979. *Meaning in the urban environment.* Londres: Pion.

Kristeva, Julia. 1982. *Powers of horror: An essay on abjection.* Trad. Leon S. Roudiez. Nueva York: Columbia University Press.

Kubler, George. 1983. *Arquitectura mexicana del siglo XVI.* Trad. Roberto de la Torre, Graciela de Garay, y Miguel Ángel de Quevedo. México: Fondo de Cultura Económica.

Lacan, Jacques. 2007. *Los cuatro conceptos fundamentales del psicoanálisis.* Trad. Juan Luis Delmont-Mauri y Julieta Sucre. Buenos Aires: Paidós.

Lafaye, Jacques. 1987. *Quetzalcóatl and Guadalupe: The formation of Mexican national consciousness, 1531–1813.* Trad. Benjamin Keen. Prólogo Octavio Paz. 2ª edic. Chicago y Londres: University of Chicago Press.

Lamas, Marta y Frida Saal (eds). 1991. *La bella (in)diferencia.* México: Siglo XXI.

Lanctot, Brendan Harrison. 'Tomar lengua: La representación del habla de los indios en el *Diario del primer viaje* de Colón', *Espéculo: Revista de Estudios Literarios* 31 (2005); http://www.ucm.es/info/especulo/numero31/colon.html

Lane, Michael (ed.). 1970. *Structuralism: A reader.* Londres: Jonathan Cape.

Laqueur, Thomas W. 1990. *Making sex: Body and gender from the Greeks to Freud.* Cambridge MA: Harvard University Press.

Larson, James L. 1994. *Interpreting Nature: The science of living form from Linnaeus to Kant.* Baltimore MD y Londres: The Johns Hopkins University Press.

Lefebvre, Henri. 1986. *La production de l'espace.* 3ª edic. París: Anthropos.

Le Goff, Jacques. 1988. *The medieval imagination.* Trad. Arthur Goldhammer. Chicago: University of Chicago Press.

——. 1990. *The medieval world.* Trad. Lydia G. Cochrane. Londres: Collins y Brown.

——. 2005. *The birth of Europe.* Trad. Janet Lloyd. Malden MA: Blackwell.

León, *Fray* Luis de. 1967. *El cantar de las cantares. La perfecta casada.* Madrid: EDAF.

Leonard, Irving A. 1949. *Books of the brave, being an account of books and of men in the Spanish conquest and settlement of the sixteenth-century New World.* Cambridge MA: Harvard University Press.

———. 1959. *Baroque times in Old Mexico: Seventeenth-century persons, places, and pratices.* Ann Arbor MI: University of Michigan Press.

Leslie, Marina. 1998. *Renaissance utopias and the problem of history.* Ithaca NY: Cornell University Press.

Levin, Harry. 1969. *The myth of the Golden Age in the Renaissance.* Nueva York: Oxford University Press.

Lewis, Laura A. 1996. 'The "weakness" of women and the feminization of the Indian in colonial Mexico', *Colonial Latin American Review*, 5/i: 73–94.

Licate, Jack A. 1981. *Creation of a Mexican landscape: Territorial organization and settlement in the eastern Puebla basin, 1520–1605.* Chicago IL: University of Chicago: Department of Geography.

Lipsett-Rivera, Sonya. 2007. 'Language of body and body as language: Religious thought and cultural syncretism', en Schroeder y Poole 2007: 66–82.

Lombardo de Ruiz, Sonia. 1987. 'La reforma urbana en la ciudad de México del siglo XVIII', en Margadant *et al.* 1987: 103–26.

Lopéz de Gómara, Francisco. 1946–47. '*Historia general de las Indias y Conquista de Méjico*', en *Hispania Vitrix.* 2 vols. Biblioteca de Autores Españoles 22 26. Madrid: Iberia.

———. 1979. *Historia general de las Indias y Vida de Hernán Cortés.* Ed. Jorge Gurria Lacroix. 2 vols. Caracas: Biblioteca Ayacucho.

Lorente Medina, Antonio. 1996. *La prosa de Sigüenza y Góngora y la formación de la conciencia criolla mexicana.* Mexico: Universidad Nacional Autónoma de México y Fondo de Cultura Económica.

Low, Setha M. 1993. 'Cultural meaning of the plaza: The history of the Spanish-American gridplan-plaza urban design', en Rotenberg y McDonogh 1993: 75–93.

Lowenthal, David y Martyn J. Bowden (eds). 1976. *Geographies of the mind: Essays in historical geosophy in honor of John Kirtland Wright.* Nueva York: Oxford University Press.

McAlister, Lyle N. 1963. 'Social structure and social change in New Spain', *Hispanic American Historical Review*, 43: 349–70.

Maldonado Polo, José Luis. 2000. 'La expedición botánica a Nueva España, 1786–1803: El jardín botánico y la cátedra de botánica', *Historia Mexicana*, 5/i: 5–56.

Malmberg, Bertil. 1986. *Análisis del lenguaje en el siglo XX: Teorías y métodos.* Trad. Segundo Álvarez. Biblioteca Románica Hispánica III, 64. Madrid: Gredos.

Maravall, José Antonio. 1975. *La cultura del barroco: Análisis de una estructura histórica.* Letras e Ideas Maior 7. Barcelona: Ariel.

———. 1982. *Utopía y reformismo en la España de los Austrias.* Madrid: Siglo XXI de España.

Margadant, Florence *et al.* 1987. *La ciudad, concepto y obra: Sexto coloquio de historia del arte.* México: Universidad Nacional Autónoma de México, Instituto de Investigaciones Estéticas.

Marin, Louis. 1973. *Utopiques: Jeux d'espaces.* París: Éditions de Minuit.

Mariscal, George. 1991. *Contradictory subjects: Quevedo and Cervantes in seventeenth-century Spanish culture.* Ithaca NY: Cornell University Press.

Martínez de Salinas, María Luisa y Rogelio Pérez-Bustamante. 1991. *Leyes de Burgos de 1512 y Leyes de Valladolid de 1513: Reproducción facsimilar de los manuscritos que se conservan en el Archivo General de Indias (Sevilla) en las Secciónes de Indiferente General leg. 419, lib. IV y Patronato, legajo 174 ramo 1, respectivamente*. Burgos: Ergeria.

Martínez-Góngora, Mar. 2005. *El hombre atemperado: Autocontrol, disciplina y masculinidad en textos españoles de la temprana modernidad*. Nueva York: Peter Lang.

Martines, Lauro. 1979. *Power and imagination: City-States in Renaissance Italy*. Nueva York: Knopf.

Martínez-López, María Elena. 2002. 'The Spanish concept of *limpieza de sangre* and the emergence of the "race/caste" system in the viceroyalty of New Spain', tesis de doctorado, University of Chicago.

Marx, Karl. 1973. *Grundrisse: Foundations of the critique of political economy (rough draft)*. Trad. Martin Nicolaus. Harmondsworth: Penguin.

Mayer, Alicia. 1998. *Dos americanos, dos pensamientos: Carlos de Sigüenza y Góngora y Cotton Mather*. México: Universidad Nacional Autónoma de México.

Mazzotti, José Antonio. 2000a. 'Resentimiento criollos y nación étnica: El papel de la épica novohispana', en Mazzotti 2000b: 143–60.

——. 2000b. *Agencias criollas: La ambigüedad 'colonial' en las letras hispano-americanas*. Pittsburg, PA: Universidad of Pittsburg, Instituto Internacional de Literatura Iberoamericana.

Mbembe, Achille. 2001. *On the postcolony*. Berkeley CA: University of California Press.

Méndez Plancarte, Alfonso (ed.). 1964. *Poetas novohispanos: Primer siglo, 1521–1621*. 2ª edic. México: Universidad Nacional Autónoma de México.

Memmi, Albert. 1965. *The colonizer and the colonized*. Trad. Howard Greenfeld. Nueva York: Orion.

Merchant, Carolyn. 1980. *The death of Nature: Women, ecology, and the scientific revolution: A feminist reappraisal of the scientific revolution*. San Francisco: Harper y Row.

——. 1989. *Ecological revolution: Nature, gender and science in New England*. Chapel Hill NC: University of North Carolina Press.

Mignolo, Walter D. 1981. 'El metatexto historiográfico y la historiografía indiana', *Modern Language Notes*, 96: 358–402.

——. 1995a. *The darker side of the Renaissance: Literacy, territoriality, and colonization*. Ann Arbor MI: University of Michigan Press.

——. 1995b. 'Occidentalización imperialismo, globalización: Herencias coloniales y teorías postcoloniales', *Revista Iberoamericana*, 170/171: 27–40.

——. 2002. 'The enduring enchantment: (Or the epistemic privilege of modernity and where to go from here)', *The South Atlantic Quarterly*, 101/iv: 928–53.

——. 2005. *The idea of Latin America*. Malden MA: Blackwell.

Miller, William I. 1997. *The anatomy of disgust*. Cambridge MA: Harvard University Press.

Millett, Kate. 1970. *Sexual politics*. Garden City NY: Doubleday.

Millones Figueroa, Luis y Domingo Ledezma (eds). 2005. *El saber de los jesuitas: Historias naturales y el Nuevo Mundo.* Madrid: Iberoamericana y Frankfurt am Main: Vervuert.

Mintz, Sidney W. 1985. *Sweetness and power: The place of sugar in modern history.* Nueva York: Viking.

Miranda, José y Pablo González Casanova (eds). 1953. *Sátira anónima del siglo XVIII.* México: Fondo de Cultura Económica.

Montañés, Pilar Liria (ed). 1979. *Libro de las maravillas del mundo, de Juan de Mandevilla.* Zaragoza: Caja de Ahorros de Zaragoza, Aragón y Rioja.

Montrose, Louis. 1993. 'The work of gender in the discourse of discovery', en Greenblatt 1993: 177–211.

Moraña, Mabel (ed.). 1994a. *Relecturas del barroco de Indias.* Hanover NH: Ediciones del Norte.

——. 1994b. 'Apologías y defensas: Discursos de la marginalidad en el barroco hispanoamericano', en Moraña 1994a: 31–57.

——. 1998. *Viaje al silencio: Exploraciones del discurso barroco.* México: Universidad Nacional Autónoma de México, Facultad de Filosofía y Letras.

——. 2000. 'El "tumulto de indios" de 1692 en los pliegues de la fiesta barroca: Historiografía, subversión popular y agencia criolla en el México colonial', en Mazzotti 2000: 161–75.

Moreno, Roberto. 1981. 'La *Historia antigua de México* de Antonio de León y Gama', *Estudios de Historia Novohispana,* 7: 49–78.

Moreno Toscano, Alejandra. 1987. 'El siglo de la conquista', en *Historia general de México.* 3ª edic. 2 vols. México: Colegio de México, 1987: I. 289–369.

Morison, Samuel Eliot. 1974. *The European discovery of America: The southern voyages, AD 1492–1616.* Nueva York: Oxford University Press.

Mörner, Magnus. 1967. *Race mixture in the history of Latin America.* Boston MA: Little, Brown.

Motolinía, Fray Toribio de. 1990. *Historia de los indios de la Nueva España: Relación de los ritos antiguos, idolatrías y sacrificios de los indios de la Nueva España, y de la maravillosa conversión que Dios en ellos ha obrado.* Ed. Edmundo O'Gorman. 5ª edic. México: Porrúa.

Mullaney, Steven. 1991. 'Civic rites, city sites: The place of the stage', en Kastan y Stallybrass 1991: 17–26.

Mulvey, Laura. 1989. *Visual and other pleasures.* Basingstoke: Macmillan.

Mumford, Lewis. 1944. *The culture of cities.* Londres: Secker y Warburg.

——. 1961. *The city in history.* Nueva York: Harcourt, Brace y World.

Muriel, Josefina. 1974. *Los recogimientos de mujeres: Respuesta a una problemática social novohispana.* México: Universidad Nacional Autónoma de México, Instituto de Investigaciones Históricas.

Nicholson, Helen J. y David Nicolle (eds). 2005. *God's warriors: Crusaders, Saracens and the battle for Jerusalem.* Oxford: Osprey.

Nofal, Rossana. 1995. 'La letra y el poder: Alboroto y motín de los indios de México', *Cuadernos Americanos,* 9/i: 231–35.

Norberg-Schultz, Christian. 1977. *La signification dans l'architecture occidentale.* Bruselas: Pierre Mardaga.

Noreña, Carlos G. 1975. *Studies in Spanish Renaissance thought*. La Haya: Martinus Nijhoff.

O'Gorman, Edmundo. 1958. *La invención de América: El universalismo de la cultura de Occidente*. México: Fondo de Cultura Económica.

——. 1986. *Destierro de sombras: Luz en el origen de la imagen y culto de Nuestra Señora de Guadalupe del Tepeyac*. México: Universidad Nacional Autónoma de México.

Oliver, Kelly. 2001. *Witnessing: Beyond recognition*. Minneapolis MN: University of Minnesota Press.

Ong, Walter J. 1981. *The presence of the word: Some prolegomena for cultural and religious history*. Minneapolis MN: University of Minnesota Press.

Orchard, Andy. 1995. *Pride and prodigies: Studies in the monsters of the Beowulf manuscript*. Cambridge y Rochester NY: Brewer.

Osorio, Ignacio. 1989. *Conquistar el eco: La paradoja de la conciencia criolla*. México: Universidad Nacional Autónoma de México.

Owens, Craig. 1992. *Beyond recognition: Representation, power, and culture*. Ed. Scott Bryson. Prólogo Simon Watney. Berkeley CA: University of California Press.

Pagden, Anthony R. D. 1986. *The fall of natural man: The American Indian and the origins of comparative ethnology*. Cambridge: Cambridge University Press.

Palencia-Roth, Michael. 1985. 'Cannibalism and the New Man in Latin America in the fifteenth- and sixteenth-century European imagination', *Comparative Civilizations Review*, 12: 1–27.

——. 2003. 'Enemigos de Dios: Los monstruos y la teologia de la conquista', en Jáuregui y Dabove 2003: 39–62

Panofsky, Erwin. 1976. *Gothic architecture and scholasticism*. Nueva York: Meridian.

Parry, John H. 1966. *The establishment of the European hegemony, 1415–1715: Trade and exploration in the age of the Renaissance*. 3ª edic. Nueva York: Harper y Row.

Pastor Bodmer, Beatriz. 1988. *Discursos narrativos de la conquista: Mitificación y emergencia*. 2ª edic. Hanover NH: Ediciones del Norte.

Perelmuter-Pérez, Rosa. 1986. 'El paisaje idealizado en *La Araucana*', *Hispanic Review*, 54/ii: 129–46.

Pérez-Marchand, Monelisa Lina. 1945. *Dos etapas ideológicas del siglo XVIII en México a través de los papeles de la Inquisición*. México: Colegio de México.

Pérez de Oliva, Fernán. 1982. *Diálogo de la dignidad del hombre*. Ed. María Luisa Cerrón Puga. Madrid: Editora Nacional.

——. 1991. *Historia de la invención de las Indias*. Ed. José Juan Arrom. México: Siglo XXI.

Phelan, John L. 1969. 'The problem of conflicting Spanish Imperial ideologies in the sixteenth century', en Pike 1969: 39–64.

Phelan, Peggy. 1993. *Unmarked: The politics of performance*. Londres: Routledge.

Pike, Frederick B. (ed.). 1969. *Latin American history, select problems: Identity, integration and nationhood.* Nueva York: Harcourt, Brace y World.

Phillips, John R. S. 1988. *The medieval expansion of Europe.* Oxford y Nueva York: Oxford University Press.

Plinio (Caius Plinius Secundus). *Historia natural.* 1966. Ed. y trad Francisco Hernández. 3 vols. México: Universidad Nacional Autónoma de México.

Pocock, Douglas C. D. 1981. 'Sight and knowledge', *Transactions of the Institute of British Geographers*, 6: 385–93.

Poggioli, Renato. 1975. *The oaten flute: Essays on pastoral poetry and the pastoral ideal.* Cambridge MA: Harvard University Press.

Polić-Bobić, Mirjana. 1992. 'La concepción del espacio americano en *Lazarillo de ciegos caminantes*', en Zavala 1992: 157–66.

Pollock, Griselda. 1988. *Vision and difference: Femininity, feminism and histories of art.* Londres: Routledge.

Pratt, Mary L. 1992. *Imperial eyes: Travel writing and transculturation.* Londres y Nueva York: Routledge.

Price, Janet y Margrit Shildrick. 1999a. 'Openings on the body: A critical introduction', en Price y Shildrick 1999b: 1–15.

——— y ——— (eds). 1999b. *Feminist theory and the body: A reader.* Nueva York: Routledge.

Rabasa, José. 1993. *Inventing America: Spanish historiography and the formation of Eurocentrism.* Norman OK: University of Oklahoma Press.

———. 2000. *Writing violence on the Northern Frontier: The historiography of sixteenth-century New Mexico and Florida and the legacy of conquest.* Durham NC: Duke University Press.

Rama, Ángel. 1983. 'Fundación del manierismo hispanoamericano por Bernardo Balbuena', *University of Dayton Review*, 16/ii: 13–22.

———. 1984. *La ciudad letrada.* Introd. Mario Vargas Llosa. Prólogo Hugo Achugar. Hanover NH: Ediciones del Norte.

Ramírez, Susan E. 1986. 'Large landowners', en Hoberman y Socolow 1986: 19–45.

Ramos Medina, Manuel (ed.). 1992. *Documentos selectos del Centro de Estudios de Historia de México, Condumex, 1493–1913.* Chimalistac: Grupo Condumex.

Rawson, Claude. 1987. 'Narrative and the proscribed act: Homer, Euripides and the literature of cannibalism', en Thompson 1987: II. 73–103.

———. 1999. 'Unspeakable rites: Cultural reticence and the cannibal question', *Social Research*, 66/i: 167–93.

Restrepo, Luis Fernando. 2000. 'Somatografía épica colonial: Las *Elegías de varones ilustres de Indias* de Juan de Castellanos', *Modern Languages Notes*, 115/ii: 248–67.

Reyes, Alfonso. 1986. *Letras de la Nueva España.* 4ª edic. México: Fondo de Cultura Económica.

Rivera-Ayala, Sergio. 2000. 'Dance of the people: The chuchumbé', en Boyer y Spurling 2000: 178–84.

———. 2002. 'Riding high: The horseman's view: Urban space and body in México in 1554', en Arias y Meléndez 2002: 251–74.

Rivera Cusicanqui, Silvia y Rossana Barragán. 1997. *Debates postcoloniales: Una introducción a los estudios de la subalternidad*. La Paz: Historias y Rotterdam: SEPHIS.

Roa de la Carrera, Cristian. 2002. 'El Nuevo Mundo como problema de conocimiento: Américo Vespucio y el discurso geográfico del siglo XVI', *Hispanic Review* 70: 557–80.

Rodríguez Fernández, Celso. 1991. *La pasión de S. Pelayo: Edición crítica, con traducción y comentarios*. Santiago de Compostela: Universidad de Santiago y Vigo: Universidad de Vigo.

Rodríguez Temperley, María Mercedes. 2002. 'Edición crítica del manuscrito escurialense M-III-7 (*Libro de las maravillas del mundo*, de Juan de Mandevilla): Problemas y propuestas', *Incipit*, 22: 145–58.

Rojas Garcidueñas, José. 1982. *Bernardo de Balbuena: La vida y la obra*. México: Universidad Nacional Autónoma de México, Instituto de Investigaciones Estéticas.

Romero, José Luis. 1981. *La edad media*. México: Fondo de Cultura Económica.

———. 2001. *Latinoamérica: Las ciudades y las ideas*. 5ª edic. México: Siglo XXI.

Rose, Jacqueline. 1986. *Sexuality in the field of vision*. Londres: Verso.

Rosenthal, Angela. 2004. 'Raising hair', *Eighteenth-Century Studies,* 38/i: 1–16.

Ross, Kathleen. 1988. 'Alboroto y motín de México: Una noche triste criolla', *Hispanic Review*, 56: 181–90.

———. 1993. *The baroque narrative of Carlos de Sigüenza y Góngora: A New World paradise*. Cambridge y Nueva York: Cambridge University Press.

Rotenberg, Robert L. y Gary W. McDonogh (eds). 1993. *The cultural meaning of urban space*. Westport CT: Bergin y Garvey.

Rubiés, Joan-Pau. 2000. *Travel and ethnology in the Renaissance: South India through European eyes 1250–1625*. Cambridge y Nueva York: Cambridge University Press.

Ryan, Michael T. 1981. 'Assimilating new worlds in the sixteenth and seventeenth centuries', *Comparative Studies in Society and History*, 23/iv: 519–38.

Saal, Frida. 1991. 'Algunas consecuencias políticas de la diferencia psíquica de los sexos', en Lamas y Saal 1991: 10–34.

Sahagún, *Fray* Bernardino de. 1989. *Historia general de las cosas de Nueva España*. Ed. Ángel María Garibay Kintana. 7ª edic. México: Porrúa.

Said, Edward W. 1979. *Orientalism*. Nueva York: Vintage.

Saladino García, Alberto. 2001. *El sabio: José Antonio Alzate y Ramírez de Santillana*. Toluca: Universidad Autónoma del Estado de México.

Sandoval Zapata, Luis de. 2005. *Obras*. Ed. José Pascual Buxó. México: Fondo de Cultura Económica.

Sauer, Carl O. 1925. 'The morphology of landscape', *University of California Publications in Geography*, 2: 19–54.

Scanlan, Thomas. 1999. *Colonial writing and the New World, 1583–1671: Allegories of desire*. Cambridge: Cambridge University Press.

Scott, Joan W. 1988. *Gender and the politics of history.* Nueva York: Columbia University Press.

Schiebinger, Londa. 1993. *Nature's body: Gender in the making of modern science.* Boston MA: Beacon.

Schiesari, Juliana. 1994. 'The face of domestication: Physiognomy, gender, politics, and Humanism's others', en Hendricks y Parker 1994: 55–72.

Schilder, Paul. 1978. *The image and appearance of the human body: Studies in the constructive energies of the psyche.* Nueva York: International Universities Press.

Schroeder, Susan (ed.). 1998. *Native resistance and the 'Pax colonial' in New Spain.* Lincoln NE: University of Nebraska Press.

Schroeder, Susan y Stafford Poole (eds). 2007. *Religion in New Spain.* Albuquerque NM: University of New Mexico Press.

Sedgwick, Eve K. 1985. *Between men: English literature and male homosocial desire.* Nueva York: Columbia University Press.

Semo, Enrique. 1973. *Historia del capitalismo en México: Los orígenes, 1521–1763.* México: Era.

Sepúlveda, Ginés de. 1996. *Tratado sobre las justas causas de la guerra contra los indios.* Ed. Manuel García-Pelayo. México: Fondo de Cultura Económica.

Serpell, James. 1995a. 'From paragon to pariah: Some reflections on human attitudes to dogs', en Serpell 1995b: 246–56.

—— (ed.). 1995b. *The domestic dog: Its evolution, behaviour, and interactions with people.* Cambridge y Nueva York: Cambridge University Press.

Sigüenza y Góngora, Carlos de. 1938. '*Sobre los inconvenientes de vivir los indios en el centro de la ciudad*', Ed. Edmundo O'Gorman. *Boletín del Archivo General de la Nación,* 9: 1–34.

——. 1984. *Seis obras.* Ed. William G. Bryant. Prólogo Irving A. Leonard. Caracas: Biblioteca Ayacucho.

Sissa, Giulia. 2000. 'Filosofías del género: Platón, Aristóteles y la diferencia sexual', en Duby y Perrot 2000: 90–134.

Socolow, Susan Migden. 1986. 'Introduction', en Hoberman y Socolow 1986: 3–18.

Soriano Hernández, Silvia. 1994. *Lucha y resistencia indígena en el México colonial.* México: Universidad Nacional Autónoma de México, Centro de Investigaciones Humanísticas de Mesoamérica y Estado de Chiapas.

Stein, Stanley J. y Barbara H. Stein. 2000. *Silver, trade and war: Spain and America in the making of early modern Europe.* Baltimore MD: The Johns Hopkins University Press.

—— y ——. 2003. *Apogee of Empire: Spain and New Spain in the age of Charles III, 1759–1789.* Baltimore MD: The Johns Hopkins University Press.

Strickland, Debra H. 2003. *Saracens, demons, and Jews: Making monsters in medieval art.* Princeton NJ y Oxford: Princeton University Press.

Suárez de Peralta, Juan. 1950. *Tratado de la jineta y de la brida.* Ed. Janet L. Gammie. México: J. Álvarez del Villar.

——. 1990. *Tratado del descubrimiento de las Indias: Noticias históricas de la Nueva España*. Ed. Teresa Silva Tena. México: Consejo Nacional para la Cultura y las Artes.

Stallybrass, Peter y Allon White. 1986. *The politics and poetics of transgression*. Ithaca NY: Cornell University Press.

Strong, Roy. 1984. *Art and power: Renaissance festivals, 1450–1650*. Berkeley CA: University of California Press.

Synnott, Anthony. 1993. *The body social: Symbolism, self and society*. Londres: Routledge.

Tavera Alfaro, Xavier. 1963. *El nacionalismo en la prensa mexicana del siglo XVIII*. México: Club de Periodistas de México.

Tanck de Estrada, Dorothy. 1981. 'Tensión en la torre de marfil', en Vázquez 1981: 48–56.

Taylor, William B. 1979. *Drinking, homicide, and rebellion in colonial Mexican villages*. Stanford CA: Stanford University Press.

Thompson, Kenneth W. (ed.). 1987. *The history and philosophy of rhetoric and political discourse*. 2 vols. Lanham, MD: University Press of America.

Todorov, Tzvetan. 1987. *La conquista de América: El problema del otro*. Trad. Flora Botton Burlá. México: Siglo XXI.

Tolan, John V. 2002. *Saracens: Islam in the medieval European imagination*. Nueva York: Columbia University Press.

Tomás de Aquino, Santo. 1947–48. *Summa theologica*. 3 vols. Nueva York: Benziger Bros.

Tooley, Marian J. 1953. 'Bodin and the mediaeval theory of climate', *Speculum*, 28/i: 64–83.

Torquemada, Juan de. 1969. *Monarquía indiana*. Ed. Miguel León-Portilla. 4ª edic. 3 vols. México: Porrúa.

Toussaint, Manuel, Federico Gómez de Orozco, y Justino Fernández (eds). 1990. *Planos de la ciudad de México: Siglos XVI y XVII*. México: Universidad Nacional Autónoma de México.

Trexler, Richard C. 1984. 'We think, they act: Clerical readings of missionary theatre in sixteenth-century New Spain', en Kaplan 1984: 189–227.

Trinkaus, Charles E. 1970. *In our image and likeness: Humanity and divinity in Italian Humanist thought*. 2 vols. Londres: Constable.

Uebel, Michael. 1996. 'Unthinking the monster: Twelfth-century responses to Saracen alterity', en Cohen 1996: 264–91.

Valle Pavón, Guillermina del. 2001. 'Antagonismo entre el Consulado de México y el virrey Revillagigedo por la apertura comercial de Nueva España, 1789–1794', *Estudios de Historia Novohispana*, 24: 111–37.

—— (ed.). 2003. *Mercaderes, comercio y consulados de Nueva España en el siglo XVIII*. México: Instituto Mora.

Vázquez, Josefina Z. (ed.). 1981. *Ensayos sobre la educación en México*. México: El Colegio de México.

Verdesio, Gustavo. 2001. *Forgotten conquests: Rereading New World history from the margins*. Philadelphia PA: Temple University Press.

Verdon, Jean. 2003. *Travel in the Middle Ages*. Trad. George Holoch. Notre Dame IN: University of Notre-Dame Press.

Verner, Lisa. 2005. *The epistemology of the monstrous in the Middle Ages*. Nueva York: Routledge.

Vespuccio, Amerigo. 1951. *El nuevo mundo: Cartas relativas a sus viajes y descubrimientos: Textos en italiano, español e inglés*. Ed. Roberto Levillier. Buenos Aires: Nova.

Vidal, Hernán. 1985. *Socio-historia de la literatura colonial hispanoamericana: Tres lecturas orgánicas*. Minneapolis MN: Institute for the Study of Ideologies and Literature.

Vigil, Mariló. 1986. *La vida de las mujeres en los siglos XVI y XVII*. Madrid: Siglo XXI.

Villoro, Luis. 1996. *Los grandes momentos del indigenismo en México*. 3ª edic. México: Fondo de Cultura Económica.

Viqueira Albán, Juan Pedro. 1987. *¿Relajados o reprimidos? Diversiones públicas y vida social en la ciudad de México durante el siglo de las luces*. México: Fondo de Cultura Económica.

Vitoria, Francisco de. 1991. *Political writings*. Ed. Anthony Pagden y Jeremy Lawrance. Cambridge Texts in the History of Political Thought. Cambridge: Cambridge University Press.

Vives, Juan Luis. 1947–48. *Obras completas*. Ed. y trad. Llorenç Riber. 2 vols. Madrid: Aguilar.

Voltaire (François-Marie Arouet). 1963. *Essai sur les moeurs et l'esprit des nations et sur les principaux faits de l'histoire depuis Charlemagne jusqu'à Louis XIII*. Ed. René Pomeau. 2 vols. París: Garnier.

Wells, Robin H. 2000. *Shakespeare on masculinity*. Cambridge y Nueva York: Cambridge University Press.

Wallerstein, Immanuel M. 1974. *The modern world-system: Capitalist agriculture and the origins of the European world-economy in the sixteenth century*. Nueva York: Academic Press.

Wallace-Hadrill, John M. 1962. *The barbarian West, AD 400–1000: The early Middle Ages*. Nueva York: Harper y Row.

Weckmann, Luis. 1984. *La herencia medieval de México*. 2 vols. México: El Colegio de México.

Weiner, Jack. 2001. *El Poema de Mio Cid: El patriarca Rodrigo Díaz de Vivar trasmite sus genes*. Kassel: Reichenberger.

White, David G. 1991. *Myths of the dog-man*. Chicago IL: University of Chicago Press.

Williams, Andrew P. 1999a. 'Soft women and softer men: The libertine maintenance of masculine identity', en Williams 1999b: 95–117.

——. 1995b (ed.). *The image of manhood in early modern literature: Viewing the male*. Westport CT: Greenwood.

Williams, David. 1996. *Deformed discourse: The function of the monster in mediaeval thought and literature*. Montreal: McGill-Queen's University Press.

Wilson, W. Daniel y Robert C. Holub (eds). 1993. *Impure reason: Dialectic of Enlightenment in Germany*. Detroit MI: Wayne State University Press.

Wittkower, Rudolf. 1967. *Architectural principles in the age of Humanism*. 3ª edic. Londres: Gollancz.

Wright, John K. 1947. '*Terra incognitae*: The place of the imagination in geography', *Annals of the Association of American Geographers*, 37: 1–15.

Yates, Frances A. 1966. *The art of memory*. Chicago IL: University of Chicago Press.

Young, Robert J.C. 1995. *Colonial desire: Hybridity in theory, culture, and race*. Londres y Nueva York: Routledge.

Zamora, Margarita. 1993. *Reading Columbus*. Berkeley CA: University of California Press.

Zantop, Suzanne. 1993. 'Dialectics and colonialism: The underside of the Enlightenment', en Wilson y Holub 1993: 301–21.

Zavala, Iris M. (ed.). 1992. *Discursos sobre la 'invención' de América*. Amsterdam y Atlanta GA: Rodopi.

——. 1995. 'La ética de la violencia: Identidad y silencio en 1492', *Revista Iberoamericana*, 170/171: 13–26.

Zavala, Silvio A. 1935. *La encomienda indiana*. Madrid: Imprenta Helénica.

——. 1975. *Servidumbre natural y libertad cristiana, según los tratadistas españoles de los siglos XVI y XVII*. 2ª edic. México: Porrúa.

——. 1983. *América en el espíritu francés del siglo XVIII*. 2ª edic. México: Colegio Nacional.

Zea, Leopoldo. 1957. *América en la historia*. México: Fondo de Cultura Económica.

——. 1981. *Introducción a la filosofía: La conciencia del hombre en la filosofía*. México: Universidad Nacional Autónoma de México.

Zorita, Alonso de. 1941. *Breve y sumaria relación de los señores de la Nueva España*. Ed. Joaquín Ramírez Cabañas. México: Chávez Hayhoe.

Zumthor, Paul. 1994. *La medida del mundo: Representación del espacio en la Edad Media*. Trad. Alicia Martorell. Madrid: Cátedra.

ÍNDICE